PROKLA

201

BERTZ + FISCHER

PROKLA. Zeitschrift für kritische Sozialwissenschaft
Heft 201 | 50. Jahrgang | Nr. 4 | Dezember 2020

Impressum

Die PROKLA wird herausgegeben von der **»Vereinigung zur Kritik der politischen Ökonomie e.V.«**, die jährlich in ihrer Vollversammlung die Redaktion der Zeitschrift wählt.

Redaktion: Martin Beckmann, Jakob Graf, Tobias Haas, Inga Jensen, Dorothea Schmidt, Etienne Schneider, Mariana Schütt, Sandra Sieron, Jenny Simon, Ingo Stützle (geschäftsführend, presserechtlich verantwortlich), Felix Syrovatka, Markus Wissen.

Redaktionsbeirat: Alex Demirović, Michael Heinrich, Ulf Kadritzke, Martin Kronauer, Stephan Lessenich, Margit Mayer, Urs Müller-Plantenberg, Thomas Sablowski, Christoph Scherrer, Stefan Schmalz, Rudi Schmidt, Wolfgang Schöller, Gudrun Trautwein-Kalms.

In der PROKLA werden seit 1971 Themen aus den Bereichen der Politischen Ökonomie, der Politik, Sozialgeschichte und Soziologie bearbeitet. Im Zentrum stehen dabei gesellschaftliche Machtverhältnisse, Polarisierungen im internationalen System und das gesellschaftliche Naturverhältnis. Die Hefte werden jeweils nach thematischen Schwerpunkten zusammengestellt.

Die PROKLA erscheint viermal im Jahr mit einem Gesamtumfang von rund 640 Seiten. Das Einzelheft kostet 15,- €. Ein Jahres-Abonnement kostet im Inland 49,- €, im Ausland 59,- € jeweils inkl. Versand. Abonnieren können Sie unter www.bertz-fischer.de/prokla-abo oder per Mail an prokla-abo@bertz-fischer.de.

Druck und Bindung: Standartų spaustuvė, www.standart.lt, Vilnius, Litauen

Die kommenden Hefte:
PROKLA 202: Green New Deal!? Wie rot ist das neue Grün?
PROKLA 203: Die USA vor und mit (und nach) Trump

Alle Rechte vorbehalten © 2020 by

PROKLA
Postfach 100 529
10565 Berlin
redaktion@prokla.de
www.prokla.de

ISSN 0342-8176

Verlag
Bertz + Fischer GbR
Dieter Bertz + Katrin Fischer
Franz-Mehring-Platz 1
10243 Berlin
prokla@bertz-fischer.de
www.bertz-fischer.de

ISBN 978-3-86505-901-7

PROKLA 201
Die politische Ökonomie des Krieges

Einspruch

Jenseits des Schwerpunkts

PROKLA 201 | 50. Jahrgang | Nr. 4 | Dezember 2020 | S. 568-571
https://doi.org/10.32387/prokla.v50i201.1921

PROKLA-Redaktion

Editorial: Politische Ökonomie des Krieges

Krieg und Rüstung waren bereits mehrfach Schwerpunkte unserer Zeitschrift, zuletzt in PROKLA 162 (Nie wieder Krieg?). Derzeit sind diese Themen aus der öffentlichen Wahrnehmung weitgehend verschwunden und wurden durch die Bedrohungen des Corona-Virus in den Schatten gestellt. Doch Tod und unendliches Leid durch blutige Auseinandersetzungen haben ebenso wenig aufgehört wie die Bestrebungen von vielen Staaten, sich immer größere Waffenarsenale zuzulegen.

»Friedensdividende« – so lautete vor drei Jahrzehnten ein hoffnungsvoller Slogan. Mit dem Ende des Kalten Krieges würden auch das Wettrüsten der beiden großen Blöcke und die von ihnen geführten Stellvertreterkriege beendet. Ost und West hatten gigantische konventionelle, atomare, chemische und biologische Arsenale aufgebaut, die nunmehr überflüssig schienen. Statt der laufenden Aufrüstung könnte eine kooperative Bearbeitung der Menschheitsprobleme beginnen. Bekanntlich kam es anders. Einige Jahre lang sanken die weltweiten Militärausgaben, doch dann stiegen sie wieder an und liegen seitdem höher als in den späten 1980er-Jahren. Daran sind vor allem zwei Länder beteiligt, die sich noch dazu in handelspolitische Auseinandersetzungen verstrickt haben: die USA und China. Der US-amerikanische Militärhaushalt ist seit langem der größte der Welt und der militärisch-industrielle Komplex ist in den USA fest verankert. Seine Geschichte reicht bis zum Ersten Weltkrieg zurück, wie *Frank Jacob* anhand der anarchistischen Imperialismuskritik am Beispiel von Emma Goldmann und Alexander Berkman zeigt. Die beiden Anarchist_innen wurden während des Weltkriegs aufgrund ihrer Kritik an der Militarisierung und des sich formierenden militärisch-industriellen Komplexes des Landes verwiesen. Ideengeschichtlich wurden Kriegsökonomien jedoch häufig nicht nur negativ beurteilt, sondern durchaus auch als Konjunkturmotor gesehen – eine Einschätzung, die von Ökonom_innen und Historiker_innen, wie *Renata Allio* in ihrem Beitrag nachzeichnet, jedoch vielfach infrage gestellt wurde. Inzwischen ist es die Volksrepublik China, die den zweitgrößten Militärhaushalt aufweist. Das Land hat seine Militarisierung qualitativ wie quantitativ stark vorangetrieben. Es sieht danach aus, dass hier parallel zum ökonomischen Potenzial Chinas eine neue militärische Weltmacht entsteht. Für die USA und China (ebenso wie für Saudi-Arabien und Russland auf den folgenden Plätzen) bedeutet das nicht nur eine gigantische Vergeudung von Ressourcen. Die militärische Stärke soll auch demonstrieren, dass die Interessen des jeweiligen nationalen Kapitals notfalls gewaltsam durchzusetzen wären – selbst wenn die US-amerikanische Regierung zumindest in Bezug auf neue Kampfhandlungen mittlerweile zu einer gewissen Zurückhaltung neigt. Der Vietnam-Krieg ebenso wie alle darauffolgenden militärischen Interventionen haben sich als extrem kostspielige Fehlschläge erwiesen. Dennoch stellt sich weiterhin die Frage, inwieweit imperialistische Ambitionen alter und neuer Wirtschaftsmächte kriegerisch durchgesetzt werden könnten. Auch die wachsende Militarisierung der EU sowie die ihrer Außengrenzen ist in diesem Kontext daher kritisch zu untersuchen. Gleiches gilt für das NATO-Mitglied Türkei. *Axel Gehring* analysiert in seinem Beitrag die polit-ökonomische Bedeutung der türkischen Rüstungsindustrie und die Versuche, eine import-substituierende Industrialisierung voranzutreiben.

In Anbetracht der Umbrüche der 1990er-Jahre riefen Politikwissenschaftler_innen um die Jahrtausendwende eine Epoche von »neuen Kriegen« aus, die an die Stelle der traditionellen zwischenstaatlichen Auseinandersetzungen getreten seien. Es handele sich dabei um unkonventionelle Konflikte, in denen verschiedene Bürgerkriegsparteien danach trachten, sich gewaltsam zu behaupten. Doch weder ist diese Form der Kriege wirklich neu, noch bedeutet sie, wirtschaftliche und militärische Großmächte hätten nichts mit ihnen zu tun – im Gegenteil. Der klassische Fall dafür ist der bald ein Jahrzehnt andauernde Syrienkrieg mit bisher rund einer halben Million Toten und unzähligen Flüchtlingen. Zentrale Akteure sind die syrische Regierung und die sie bekämpfenden Rebellengruppen, außerdem Verbündete der Regierung wie Russland und Iran, regionale Mächte wie die Türkei, Saudi-Arabien und die Golfemirate, die westlichen Mitglieder der Anti-IS-Koalition wie die USA, Frankreich, Großbritannien und die Bundesrepublik, schließlich der IS und das kurdische Rojava. Sie beteiligen sich auf unterschiedliche Weise am Krieg: mit regulären Truppen, mit Milizen, mit finanzieller oder logistischer Unterstützung, mit Waffenlieferungen und mit militärischer oder geheimdienstlicher Expertise. Dieser neuen Unübersichtlichkeit widmet sich *Jens Warburg* in seinem Beitrag zu den geopolitischen Umbrüchen und den Determinanten deutscher militarisierter Außenpolitik. Dabei wird in einer Rückschau die geopolitische Positionierung Deutschlands untersucht und gezeigt, dass und in welchem Sinne die Bundeswehr zu einem außenpolitischen Instrument wurde. Aber wie steht es dabei um ihr Verhältnis zur Rüstungsindustrie und um deren Beziehungen zum Verteidigungsministerium? Dieser Frage geht *Dorothea Schmidt* nach und fragt, ob es in Deutschland einen militärisch-industriellen Komplex gibt, wobei sie drei Bereiche untersucht: die Beschaffungspolitik der Bundeswehr, die politische Förderung oder Begrenzung von Rüstungsexporten und die Aktivitäten »nicht legitimierter Machtzentren«, etwa innerhalb von Geheimdiensten wie dem BND.

Wirtschaftliche Interessen der mächtigen Länder betreffen von jeher den Zugang zu Rohstoffen. Entsprechende Kriege gibt es seit Jahrhunderten, sie haben allerdings gerade in neuerer Zeit dazu geführt, dass Länder mit reichen natürlichen Vorkommen an Erdöl, Diamanten, Lithium oder Kobalt häufig als solche gesehen werden, die unter einem »Ressourcenfluch« leiden. Handelt es sich um schwache Staaten, so werden sie zum Kampffeld widerstreitender wirtschaftlicher wie politischer Interessen und bringen eine Form der Kriegsökonomie hervor, bei der Warlords das Geschäft des Krieges über Jahre hinweg betreiben können, indem sie sich durch den Zugriff auf ebendiese Ressourcen finanzieren – etwa in Angola, Sierra Leone, Libyen, Kolumbien oder Afghanistan. Gleichwohl können, dies zeigt *Andreas Grünewald* in seinem Beitrag auf, eine hohe Biodiversität und die Ausweisung von Naturschutzgebieten einer Militarisierung ebenfalls Vorschub leisten. Damit werden koloniale Bilder einer schützenswerten, unberührten Natur reproduziert und die Marginalisierung der lokalen Bevölkerung legitimiert. Diese Entwicklung und die Rolle der Deutschen Bundesregierung wie auch von großen Umweltverbänden, etwa dem WWF, veranschaulicht er in seinem Einspruch am Beispiel zahlreicher afrikanischer Schutzgebiete.

Geht es bei allen genannten Themen um *Ursachen* für die Militarisierung von Staaten, so stellt *diese selbst* von jeher ein Geschäftsfeld für einschlägige Unternehmen dar. Die Produktion und der Handel mit Waffen aller Art haben sich unterschiedlich entwickelt. Die Bestände von Atomwaffen in Ländern wie den USA und Russland wurden reduziert, gleichzeitig werden sie allerdings laufend modernisiert. Bei schweren und leichten Waffen gab es einen Rückgang nach dem Ende des Kalten Krieges, doch hat sich dieser Trend seither umgekehrt. Nach wie vor sind es Kleinwaffen, die den allergrößten Teil der Kriegstoten weltweit verursachen. Um das Jahr 2000 war das ein großes Thema, was auch die UNO zu einem entsprechenden Aktionsprogramm veranlasste. Darüber hinaus wurden in der Bundesrepublik die Vorschriften zur Genehmigung von derartigen Exporten verschärft – aber an den realen Exporten hat das hier wie anderswo so gut wie nichts verändert. Gleichzeitig sind neue Bedrohungen durch Drohnenkriege und Risiken von Cyberkrieg entstanden, bei denen privates Kapital (wie im Fall von Huawei) eine Schlüsselrolle einnimmt. *Tobias Biehle* analysiert in seinem Beitrag die Bedeutung von Drohnen als Dual-Use-Technologie für die EU. Er analysiert anhand von Strategiepapieren die enge Verbindung von ziviler und militärischer Nutzung von Drohnen.

Außerhalb des Schwerpunkts wird dieses Heft durch zwei Beiträge ergänzt. *Stefan Kerber-Clasen* und *Franziska Meyer-Lantzberg* beleuchten kritisch die Debatte um Care. Sie argumentieren, dass die wachsende akademische und politische Aufmerksamkeit für die soziale Reproduktion einerseits einen Erfolg darstellt, andererseits jedoch eine stärkere Differenzierung des Care-Begriffs und der dort geleisteten Arbeit vorgenommen werden muss. Damit greifen sie unter anderem den Schwerpunkt der PROKLA 197 (Krise der Reproduktion) und den Beitrag »Das Gespenst der Care-Krise.

Ein kritischer Blick auf eine aktuelle Debatte« von Friederike Maier und Dorothea Schmidt in PROKLA 195 auf. *Christopher Wimmer* beschäftigt sich in seinem Beitrag mit geschichtsphilosophischen Prämissen, die mitunter bei Marx zu finden sind und argumentiert, dass man mit Marx gegen Marx argumentieren kann, und sich Marx selbst zunehmend einem kontingenten Geschichtsverständnis angenähert habe. Dabei kommt, so Wimmer, dem Begriff des historischen Milieus eine zentrale Bedeutung zu.

Der PROKLA Förderverein

Die PROKLA erscheint seit 1971 und bietet politisch engagierte sozialwissenschaftliche und ökonomische Analysen. Allein von den Verkaufserlösen kann sich die PROKLA nicht finanzieren, und in die Abhängigkeit von Parteien oder großen Verlagen wollte sie sich nie begeben. Deshalb wird die PROKLA von einem Förderverein herausgegeben, der »Vereinigung zur Kritik der politischen Ökonomie e.V.«, die jährlich in ihrer Vollversammlung die Redaktion der Zeitschrift wählt und die nächsten Themenschwerpunkte diskutiert.

Kritische Sozialwissenschaft kann nicht dem Markt überlassen werden. Ohne solidarische Strukturen und finanzielle Unterstützung sind Zeitschriften wie die PROKLA kaum möglich. Die finanziellen Beiträge der Vereinsmitglieder ermöglichen das Erscheinen der PROKLA, sie schaffen die Voraussetzungen für Kontinuität und Planbarkeit, wie sie für die Redaktionsarbeit unabdingbar sind. Wir freuen uns über weitere Mitglieder, regelmäßige Spenden oder einmalige Zuwendungen. Weitere Informationen teilen wir gerne per E-Mail mit (redaktion@prokla.de).

Vereinigung zur Kritik der politischen Ökonomie e.V. | Postbank Berlin | IBAN: DE17 1001 0010 0538 1351 00 | BIC: PBNKDEFF

PROKLA ABO

PROKLA abonnieren und verschenken!

Wer die PROKLA für sich oder als Geschenk abonnieren möchte, findet ein Abo-Formular auf der Website des Verlages: www.bertz-fischer.de/prokla-abo

Als Abo-Prämie können Sie sich einen der untenstehenden Titel aus unserem Verlagsprogramm aussuchen. Wenn Sie per SEPA-Lastschrift zahlen, sogar zwei!

Jens Renner
Neuer Faschismus? Der Aufstieg der Rechten in Italien

Au Loong-Yu
Revolte in Hongkong
Die Protestbewegung und die Zukunft Chinas

Bernd Kasparek:
Europas Grenzen: Flucht, Asyl und Migration
Eine kritische Einführung

Decio Machado • Raúl Zibechi
Die Macht ergreifen, um die Welt zu ändern? Eine Bilanz der lateinamerikanischen Linksregierungen. Übersetzung / Nachwort: Raul Zelik

Stephan Kaufmann • Antonella Muzzupappa
Crash Kurs Krise
Wie die Finanzmärkte funktionieren

PROKLA 201 | 50. Jahrgang | Nr. 4 | Dezember 2020 | S. 573-591
https://doi.org/10.32387/prokla.v50i201.1922

Renata Allio*

Der ökonomische Nutzen von Krieg und Rüstungsproduktion

Zusammenfassung: Ökonomen und Ökonominnen haben sich wiederholt mit dem Prosperitätsversprechen von Kriegsökonomien befasst, dem vermeintlichen wirtschaftlichen Nutzen von Kriegen und Nachkriegszeiten, wenn nicht nur die Arbeitslosigkeit sinkt, sondern auch die gesellschaftliche Gesamtnachfrage steigt oder die Überschusskapazitäten, die zu Krisen führen würden, beseitigt werden. Angesichts der Katastrophen und der Vernichtung, die allein der Zweite Weltkrieg gezeitigt hat, scheinen diese Überlegungen inakzeptabel zu sein. Ein Blick in die Geschichte der Politischen Ökonomie zeigt jedoch, dass das nicht davon abgehalten hat, über den Zusammenhang von Kriegsökonomie und Wirtschaftswachstum nachzudenken. Der Beitrag stellt zentrale Beiträge der Politischen Ökonomie vor, die sich dem Phänomen affirmativ oder kritisch zuwenden.

Schlagwörter: Wirtschaftswissenschaften, Politische Ökomomie, Krieg, Rüstungsproduktion

The benefits of war and the armaments industry

Abstract: Economists have repeatedly addressed the prosperity promise of war economies, the supposed economic benefits of war and post-war years that not only reduce unemployment but also lead to an increase in aggregate demand or destroy the surplus capacities that would lead to crises. In view of the catastrophes and destructions that the Second World War alone has brought about, these considerations seem unacceptable. A look at the history of political economy shows, however, that this has not stopped theorists from thinking about the connection between war economy and economic growth. This article presents central contributions to political economy that address the phenomenon affirmatively or critically.

Keywords: Economics, political economy, war, armaments industry

---

* **Renata Allio** war Professorin für Wirtschaftsgeschichte an der Universität Turin, Italien. Dieses Jahr erschien ihr Buch *War in Economic Theories over Time*.

Im Laufe der Zeit haben sich Ökonomen und Ökonominnen wiederholt mit dem Verhältnis zwischen Krieg und Wirtschaft beschäftigt. Die erste ökonomische Reflexion des Themas lieferten die Merkantilisten zwischen dem Ende des 15. nd dem Anfang des 16. Jahrhunderts, als die Nationalstaaten in Europa nach einer Vielzahl von Kriegen die Grenzen nach und nach absteckten. Sie hielten den Einsatz von Gewalt zur ökonomischen Konsolidierung und Stärkung des Staates für notwendig. Territoriale Annexion und Beuterecht führten zu Reichtums- und Machtzuwachs des Souveräns, dessen Interessen mit denen des Staates gleichgesetzt wurden. Diese Sicht änderte sich radikal mit der Entwicklung zur Industrialisierung. Es wurde offensichtlich, dass ein Land sich einfacher und sicherer dadurch bereichern konnte, wenn es effiziente Maschinen einsetzte, um so die Produktionspreise der Waren zu senken. Ein Regime von freiem Tausch zu etablieren lag in dieser Sicht näher, als kostspielige Kriege ohne sicheren Ausgang zu führen. Die Ökonomen wurden regelrechte Pazifisten – einige von ihnen auch militante, da sie den Frieden als eine unentbehrliche Bedingung für ein harmonisches Wirtschaftswachstum betrachteten. Auch würde das Interesse des Staates nunmehr mit dem seiner Bürger und Bürgerinnen übereinstimmen. Der Krieg war dagegen ein Nullsummenspiel: Was ein Staat gewann, verlor ein anderer. Im Frieden konnte der Reichtum der einzelnen Staaten zum Vorteil aller zunehmen.

In der zweiten Hälfte des 18. Jahrhunderts hatte sich die Lage verändert. In Europa verschwanden wichtige Investitionsmöglichkeiten. Aus den USA wurde Weizen importiert, mit dessen Preisen die europäische Getreideproduktion nicht konkurrenzfähig waren. Aufgrund der ungleichen Einkommensverteilung blieb der Konsum von Industrieprodukten beschränkt und die Preise stagnierten, was Ende des 18. Jahrhunderts eine lange Depression einleitete. Man kehrte zum Mittel der Kriege zurück, dieses Mal zu Kolonialkriegen. Die mächtigsten europäischen Staaten verwandelten sich in Kaiserreiche und erwarben Territorien – zuerst in Afrika und später in Asien. Die Kolonien dienten dazu, für die brachliegenden Kapitalien Investitionsmöglichkeiten zu finden, sich Rohstoffe anzueignen oder, wie im Fall des italienischen Kolonialismus, überschüssige Arbeitskraft aus der Heimat umzusiedeln. Die imperialen europäischen Staaten wurden aggressiv, kehrten zum Handelsprotektionismus und zu einer Machtpolitik zurück, die schließlich in zwei Weltkriege mündete.

Über die ökonomischen Gründe, warum die Kriege während der Jahrhunderte der Herrschaft der Bourgeoisie fortdauerten, haben viele Freihandelsökonomen nachgedacht. Sie waren der Überzeugung, die Bourgeoisie sei eine intrinsisch friedliche und pazifistische Klasse, nicht aus ethischen Gründen, sondern aus handfestem ökonomischem Interesse. Die Kriege dauerten aber an. Sie sind Teil unserer Gegenwart, auch wenn sie andere Formen angenommen haben und seltener zwischen Staaten geführt werden.

Am Ende des letzten Jahrhunderts hat der italienische Ökonom Paolo Sylos Labini die Hauptereignisse, die dieses gekennzeichnet hatten, folgendermaßen zusammengefasst:

> »Das sich zu Ende neigende Jahrhundert war durch unerhörte Gewaltexplosionen und eine beispiellose technologische Entwicklung gekennzeichnet. Eine solche Entwicklung ist Ergebnis des wissenschaftlichen Fortschritts und, allgemeiner, der kulturellen Evolution. Sie ist nicht nur Ursprung der Entwicklung der Wirtschaft in vielen Staaten, sondern auch des Aufkommens neuer Waffen, die die Gewalt in diesem Jahrhundert extrem zerstörerisch machten. Die drei Bereiche – kulturelle Evolution, ökonomische Entwicklung und Produktion von neuen Waffen – interagieren und verstärken sich gegenseitig« (Labini 1998: 57).[1]

Im Folgenden sollen vor diesem Hintergrund zentrale Beiträge der Politischen Ökonomie vorgestellt werden, die das Phänomen der Kriegsökonomie affirmativ oder kritisch diskutiert haben.

Die Kriegsprosperität

Angesichts von Krisen sei Krieg auch heute noch für anhaltendes wirtschaftliches Wachstum förderlich, wenn nicht sogar notwendig – eine Ansicht, die von vielen Ökonomen und Ökonominnen geteilt wird. Krieg könne durch Zunahme der staatlichen Nachfrage, durch Bekämpfung von Arbeitslosigkeit und damit einhergehenden öffentlichen Ausgaben dazu beitragen, ökonomischen Krisen entgegenzuwirken. Die Waffenproduktion sei mit einer Erhöhung der Arbeitsproduktivität verbunden, da der Rüstungssektor seit jeher der technologisch fortschrittlichste ist. Krieg könne Überproduktionskrisen vorbeugen, indem Überschüsse vernichtet werden. Allgemein herrscht in der ökonomischen Theorie Übereinstimmung darüber, dass Krieg für bestimmte Sektoren deutliche Vorteile brächte: für die Rüstungsindustrie, die Stahlindustrie und die metallverarbeitende Industrie, das Bauwesen und die Chemieindustrie. Unterschiedlich wird dagegen gesehen, ob dies für Länder insgesamt von Vorteil sein muss. Denn die öffentlich finanzierten Militärausgaben erhöhen zwar das Sozialprodukt, führen

1 Dieses und alle folgenden Zitate wurden ins Deutsche übertragen.

aber meist gleichzeitig zu Ausgabenkürzungen im Sozialbereich und stellen überdies unproduktive Ausgaben dar.

Nach dem Zweiten Weltkrieg schien es in vielen Ländern äußerst problematisch, von den ökonomischen Vorteilen von Kriegen zu sprechen. Dies war nur in den USA möglich, da das Land an den militärischen Auseinandersetzungen beteiligt war, auf dem eigenen Territorium aber keine negativen Kriegsauswirkungen erleiden musste, dabei jedoch die industrielle Produktion beträchtlich ausgebaut hatte, sowohl um die eigene Rüstung zu gewährleisten, als auch, um die Alliierten mit Waffen und Lebensmitteln zu versorgen. Die US-Wirtschaft erlebte während des Zweiten Weltkriegs einen Aufschwung, sodass von »Kriegsprosperität« die Rede war.

Auf den Ersten Weltkrieg folgte eine schwierige und mühsame Periode der Rekonstruktion, begleitet von sozialen Spannungen, anhaltender Inflation und einer schwierigen Wiederaufnahme des Außenhandels. Am Ende des Zweiten Weltkriegs setzte hingegen eine lange Phase von Prosperität ein, die mancherorts zu einem »Wirtschaftswunder« führte. Dies verleitete zu der Annahme, dass die Kriegszerstörungen die Bedingungen für einen gewinnbringenden Wiederaufbau geschaffen sowie neue und dynamischere ökonomische Kräfte gefördert hatten.

Der britische Wirtschaftshistoriker Alan Milward hat bereits in den 1970er-Jahren bewaffnete Konflikte als ökonomische Ereignisse analysiert und die Veränderungen der Produktivkräfte und der damit einhergehenden staatlichen Investitionsentscheidungen untersucht, vor allem im Hinblick auf jene Kreise, die militärische Konflikte unterstützt und möglich gemacht haben (Milward 1977). Ähnlich, wie das bereits Gerd Hardach, ebenfalls Sozial- und Wirtschaftshistoriker, für den Ersten Weltkrieg vertreten hat (Hardach 1973), unterstreicht auch Milward den »Normalitätscharakter« des Krieges »unter dem Gesichtspunkt der Funktionsweise der Ökonomie« (Collotti 1983: I).

In der Tat hatte bereits die Wirtschaftspolitik des Ersten Weltkrieges die ökonomischen Strukturen zwar verändert, aber ihre Grundlagen nicht grundsätzlich gefährdet. Die Zwangsmaßnahmen, die mit der Kriegsökonomie einhergingen, widersprachen allerdings den liberalen Traditionen und verletzten die Interessen maßgeblicher Wirtschaftskreise. Insbesondere Banken hatten schlechte Erfahrungen mit dem Staatsinterventionismus gemacht. Das Finanzkapital wünschte sich im November 1918 daher die Rückkehr zur Normalität, zum *business as usual*, ungeachtet der von bestimmten Gruppen erwirtschafteten Profite, die offensichtlich auf den Krieg zurückgingen (Léon 1977: 48).

Anders verhielt es sich mit jenen industriellen Bereichen, die während des Weltkrieges große Geldreserven angehäuft hatten. Sie erwarben damit

»friedliche« Branchen, die in den Kriegsjahren vor dem Bankrott standen und sich erst mit der Rückkehr zum Frieden erholen konnten. Die in den Jahren 1920/1921 erfolgten Fusionen, die neuen, in jenen Jahren entstandenen Trusts, wurden nach einem US-amerikanischen Ausdruck als »war babies« bezeichnet. Die Sektoren, die davon profitierten, vergaßen die leicht zu realisierenden Kriegsgewinne nicht, und die dirigistische Rolle des Staates wurde später abermals geschätzt – etwa, wenn der Staat konjunkturpolitisch eingriff, um die Arbeitslosigkeit zu bekämpfen oder die Industrie mit öffentlichen Mitteln unterstützte (ebd.).

Auf die für Industrie und Kapitalismus im Allgemeinen von der Kriegsökonomie herbeigeführten Vorteile ist Pierre Léon eingegangen:

> »Die Kriegsökonomie war von Erfolg gekrönt, weil das Ziel, das sie sich gesetzt hatte, d.h. die Mobilisierung der Produktivkräfte, um den Krieg im Gang zu halten, auch von den Verlierern erreicht wurde. Indem er einen kollektiven Zweck gesetzt hatte, aus welchem heraus alle Aktivitäten hervorgingen, hatte der Kapitalismus eine globale ökonomische Rationalität gefunden, die ihm bis dahin gefehlt hatte. Der Staat war gleichzeitig Initiator und Geldgeber; und das im Namen des Patriotismus herrschende Wetteifern zielte darauf ab, die Interessengegensätze momentan stillzulegen« (ebd.).

Stefan Possony, US-amerikanischer Ökonom und Militärstratege österreichischer Herkunft[2], veröffentlichte am Vorabend des Zweiten Weltkrieges die Schrift *Die Wehrwirtschaft des totalen Krieges*, in der er den Versuch unternahm, eine rationale Militärökonomie unter gleichzeitiger freier Konkurrenz zu entwerfen. Wenngleich er Probleme bezüglich der Verfügbarkeit von Rohstoffen, der Lieferungen und der Anpassung der Maschinen an die Erfordernisse der militärischen Konflikte sah, war Possony der Meinung, dass der Krieg unter bestimmten Aspekten ein gutes Geschäft sei – und das nicht nur für einzelne Produktionsbereiche. Selbst die Anpassung der Produktion an die Kriegserfordernisse habe positive soziale Auswirkungen: den Rückgang der Arbeitslosigkeit und somit der Kosten für die Unterstützung von Arbeitslosen. Er unterschlug allerdings die eigentlichen erheblichen Militärausgaben, und infolgedessen erschien ihm der Krieg imstande, gleichzeitig die Armut und das Budget des Staates zu verringern. Nicht nur, dass kriegerische Konflikte dazu beitragen würden, innenpolitischer Unzufriedenheit zu begegnen, in-

2 Possony konzipierte in der Zeit nach dem Zweiten Weltkrieg die Strategic Defense Initiative, unter dem Begriff Weltraumschild/Raketenabwehrschild/Raketenschutzschild bekannt. Zu Possony vgl. Bientinesi/Fabrizio 2017: 7-26.

dem soziale Spannungen in die Hoffnung auf einen Sieg verwandelt wurden, auch die Möglichkeiten einer allgemeinen ökonomischen Transformation würden vergrößert (Possony 1938). Die jüngsten Kriege zeigten eine besonders zerstörerische Kraft bei den militärischen Auseinandersetzungen, hatten aber hinterher die Wirkung, dass mit dem Wiederaufbau die Nachfrage stark angekurbelt wurde. Daher wird heutzutage die Nachkriegszeit oftmals als eine für die wirtschaftliche Entwicklung länger anhaltende Periode als der Krieg selbst angesehen.

Im Jahr 1982 organisierte die UNESCO einen Kongress für eine Bestandsaufnahme der Beziehung zwischen Ausgaben für die Verteidigung und ökonomischer Entwicklung. Die bei dieser Gelegenheit vorgestellten Berichte hoben hervor, dass es unmöglich sei, die Frage eindeutig zu beantworten. Die Ökonomen Jacques Fontanel und Jean-Pierre Matière gaben in diesem Zusammenhang zu Protokoll:

> »In Einklang mit der Theorie Keynes' kann die Erhöhung der Militärausgaben einen Wirtschaftsaufschwung begünstigen, sie scheint dennoch nicht in der Lage zu sein, kumulative Effekte der ökonomischen Entwicklung zu generieren. Überdies, obwohl einige Länder dank dieser militärischen Anstrengung eine neue Infrastruktur erhalten könnten, ist dieser Fall nicht verallgemeinerbar« (Fontanel/Matière 1985: 136).

Die Militärausgaben haben in den Industrieländern, in den Schwellenländern und in den Ländern der sogenannten Dritten Welt unterschiedliche Effekte. In letzteren, die für Rüstung oft hohe Summen ausgeben, waren die Auswirkungen der Rüstungsimporte auf die technologische Entwicklung im Land und die Industrialisierung bescheiden. Zudem erinnerte die Ökonomin Joan Robinson daran, dass die weniger entwickelten Länder, wenn sie Waffen von den Industrieländern kauften, ein Abhängigkeitsverhältnis eingingen, das häufig negative Auswirkungen auf das Wirtschaftswachstum insgesamt, auf den Ressourcenverbrauch und auf den Charakter des politischen Regimes hatte, weil damit der Aufbau von Diktaturen gefördert wurde. Allgemein, und das gelte für sämtliche Länder auf unterschiedlichsten Entwicklungsstufen, hätten Rüstungsausgaben einen stärkeren inflationistischen Effekt als produktive Ausgaben, weil sie die Produktion weder kurz- noch langfristig anregten. Investitionen im Rüstungssektor steigerten die produktiven Kapazitäten noch weniger, wenn sie verwendet würden, als wenn sie inaktiv blieben; Investitionen in der Basisindustrie ermöglichten hingegen eine Zunahme von Investitionen und leiteten die Aufwärtsspirale eines sich selbst tragenden Wachstum ein (Robinson 1979: 121-126).

Der technologische Spin-off von Waffenproduktion

Es gibt auch Autoren und Autorinnen, die der Auffassung sind, Rüstungsausgaben hätten einen weiteren positiven Effekt auf das ökonomische Wachstum, da die zivile Industrie technologisch nachziehen würde. Der Hauptvertreter dieser Auffassung ist Clive Trebilcock, dessen Analyse sich auf den Ersten Weltkrieg bezieht. Er war jedoch der Überzeugung, seine Beobachtungen ließen sich auf alle bewaffneten Konflikte anwenden. Ihm zufolge fand dank der Rüstungsindustrie zwischen Ende des 19. und Anfang des 20. Jahrhunderts ein Technologiefortschritt statt, der mit der Verbreitung der Eisenbahn in Europa zwischen 1850 und 1870 vergleichbar sei (Trebilcock 1976: 258; Segreto 1997: 145).

Trebilcock beklagte, die Analyse der ökonomischen Auswirkungen des Rüstungssektors sei wegen des schlechten Rufs der Branche unzureichend, da die vorwiegend pazifistische Forschungskultur eine objektive Prüfung des ökonomisch kreativen Charakters der Rüstungsproduktion verhindert habe. Der Sektor sei a priori bezichtigt worden, internationale Konflikte zwecks Expansion der eigenen Produktion zu nähren, Korruption beim Waffenhandel zu fördern und Kartelle ins Leben zu rufen, um schwache Regierungen zum Kauf von Waffen zu erhöhten Preisen zu zwingen. Dabei wollte sich der englische Historiker nicht für oder gegen Kriege aussprechen, befürwortete aber, die Rüstungsindustrie wie andere Industriebereiche, und Waffenproduzenten wie andere Unternehmer zu untersuchen. Im Gegensatz zu Joan Robinson behauptete er, der internationale Transfer von Rüstungstechnologie führe zu einer positiven Verflechtung von Waffenproduktion, wissenschaftlicher Forschung, ökonomischer Entwicklung und internationalen Beziehungen (Trebilcock 1976).

Trebilcock wandte sich außerdem gegen die Auffassung, Rüstungsunternehmen würden Länder in den Krieg treiben. Zumindest größere Konflikte seien nicht in ihrem Interesse und Waffen ließen sich besser als Abschreckungsmittel gegen Kriege verkaufen als während laufender Konflikte. Denn aus kriegerischen Auseinandersetzungen entstünden auch für die Waffenproduzenten wirtschaftliche Nachteile, etwa durch den Verlust von ausländischen Aufträgen oder durch Zahlungsschwierigkeiten der Kunden; auch käme es zu Rohstoffknappheit und staatlichen Eingriffen oder zur öffentlichen Kontrolle der Profite. Genauso falsch sei die Behauptung, Waffenproduzenten würden im Fall eines Krieges die Regierungen ausnützen. In Kriegszeiten stehe dem Staatsmonopol zwar ein Angebotsoligopol gegenüber, jedoch könnten den Produzenten deswegen keine unredlichen Absichten unterstellt werden. Trebilcocks Hauptargument war aber, die Rüstungsindustrie fördere die technologische Entwicklung, weshalb er vorschlug, hierzu auf den bis dahin in der Ökonomie verwendeten Begriff des *Spin-off* zurückzugreifen. Der historisch auf die Rüstungsindustrie ausgeübte Druck, ausgeklügelte Waffen zu produzieren, habe sie stets dazu gezwungen, umfangreicher technologische Forschungen zu betreiben, als das in der zivilen Produktion üblich war, weshalb bei ihr oft Innovationen entstanden, deren Mechanismen und Materialien auf den zivilen Bereich übertragbar waren. Aufgrund dieses *Spin-off*-Prozesses könnten Verteidigungsausgaben, obwohl an sich unproduktiv, nicht ausschließlich als Verschwendung betrachtet werden. Im Fall des Ersten Weltkriegs hatten die Forschungsausgaben in den Bereichen Kriegsschiffe, Sprengstoff und Leichtwaffen positive Auswirkungen auf den technologischen Fortschritt in der zivilen Metallurgie, im Schiffbau, in der Mechanik und Chemieindustrie. Der wichtigste Effekt war jedoch, dass die Standardisierung der Waffenproduktion am Ende des Krieges auf die Produktion von Autos sowie der Fahrrad- und Motorradproduktion erfolgreich angewandt wurde. Daher teilte und verallgemeinerte Trebilcock die Analyse von Henry Rosovsky, bei der dieser am Beispiel von Japan gezeigt hatte, dass Militärinvestitionen Multiplikator- und Akzeleratoreffekte sowie positive Auswirkungen auf die Schwerindustrie hätten (Rosovsky 1961: 22; Trebilcock 1976: 98).

Auch die Länder mit nachholender Entwicklung könnten Trebilcock zufolge aus der Kriegstechnologie Vorteile ziehen. Wenn der *gap* zwischen Produktion und Import sehr groß sei, würden Entwicklungsländer Techniker, Berater und Fachpersonal aus dem Ausland holen, und wenn sie höher entwickelte Waffen produzieren wollten, würden die technologischen Innovationen sich auch in der Schwerindustrie und der Metallverarbeitung ausbreiten und zur generellen Entwicklung des Landes beitragen. Dem wurde entgegengehalten, dass die Staaten beträchtliche Summen ihres Budgets für den Kauf von Waffen einsetzen müssten, was Probleme von *opportunity costs* aufwarf. Die Rüstungsinvestitionen gingen auf Kosten des zivilen Konsums, typischerweise vor allem der Wohlfahrtspflege. Waffen seien kostspielig und im eigentlichen Sinne unproduktiv. Der *Spin-off* aus dem Rüstungssektor erfolge zu übertrieben hohen Preisen und Ausgaben in gleicher Höhe für nicht militärische Zwecke hätten viel positivere Auswirkungen auf das Wirtschaftswachstum. Demgegenüber vertrat Trebilcock mit Blick auf die 1910er-Jahre, damals habe man Verteidigungsausgaben angesichts der internationalen Spannungen nicht als Last für die zivile Wirtschaft betrachtet, sondern vielmehr als deren Voraussetzung gesehen. In diesem Sinne hätten die reinen *opportunity costs* der Waffen auf eine Summe kalkuliert werden müssen, die niedriger war als die Kriegskosten. Dazu kam, dass die Welt am Anfang des 20. Jahrhunderts zu den Militärausgaben keine Alternativen wie später Wohnungsbau, Gesundheit, soziale Sicherheit oder internationale Hilfen hatte, die heutzutage den *opportunity costs* zugerechnet werden. Trebilcock schrieb all dies während der letzten Phase des Vietnamkriegs, als sich die US-amerikanische Zivilindustrie in einer Rezession befand und mögliche Vorteile eines Rüstungs-*Spin-offs* damals schwer zu erkennen waren. Dem hielt er entgegen, es sei nur eine Frage der Zeit, wann der Effekt eintreten würde und dieser könne sich schnell realisieren, wenn das militärische und zivile Niveau technologisch nicht allzu sehr voneinander zu sehr entfernt seien. Wenn der Abstand zwischen ihnen beiden groß sei, bedürfe es längerer Zeit, um den Technologietransfer zu vollziehen. Überdies dürften zeitgenössische Bewertungen nicht auf die Realität der Vergangenheit übertragen werden (Trebilcock 1976). Allerdings hatte Trebilcock selbst seine Betrachtungen zur edwardianischen Epoche in Großbritannien ohne Weiteres verallgemeinert.

Die Bedeutung der Industrialisierungsprozesse, die durch den Transfer von Kriegstechnologien in Länder der Peripherie begünstigt werden, stellte auch der US-amerikanische Militärhistoriker Paul Kennedy in einem Werk heraus, das in den USA und in Europa breit diskutiert wurde (Kennedy 1988). Kennedy rekonstruierte Aufstieg und Fall der großen Weltmächte in den letzten 500 Jahren anhand ihrer Fähigkeit, die erforderlichen Kosten für ihre militärische Vorherrschaft für längere Zeit aufzubringen, ohne dabei die Wirtschaft zu schwächen. Kennedy betrachtete dabei das Verhältnis zwischen der Militärtechnologie eines Landes und seinem ökonomischen Fortschritt. Wenn Reichtum für dessen militärischer Potenz erforderlich sei, dann sei die militärische Macht umgekehrt auch nötig, um Reichtum zu erwerben und zu schützen (Kennedy 1988: XVI). Die technischen Verbesserungen auf militärischem Gebiet wirkten zusammen mit dem technologischen Fortschritt im zivilen Bereich und leiteten so einen Wachstumsschub der Wirtschaft bei höherer militärischer Effizienz ein. Dieser Prozess würde diesen Ländern eine Vormachtstellung gegenüber anderen verschaffen. Wenn die produktive Kapazität wachsen würde, sei das Land auch imstande, massiv aufzurüsten. Wenn aber der militärische Aufwand den produzierten Reichtum übersteige, sei die Stärke der Nation geschwächt. Die zwei Extreme kennzeichneten jeweils den Beginn des Aufstiegs und des Niedergangs eines Landes (ebd.).

Wenige Jahre, bevor die Überlegungen von Trebilcock erschienen, hatten Paul A. Baran und Paul Sweezy allerdings bereits angemerkt, dass die während des Kalten Kriegs entwickelten neuen Kriegstechnologien nicht mehr im selben Maße die Wirtschaft stimulierten, wie dies früher der Fall gewesen war. Es war nicht nur eine Frage der Zeitdauer, sondern ein beträchtlicher Teil der Forschungsausgaben für Atomwaffen, Raketen und Spionageflugzeuge führte zu Ergebnissen, die nicht mehr auf die Friedenssektoren übertragbar waren. Im Ersten wie im Zweiten Weltkrieg waren »militärische Massenprodukte« wie Artillerie, Panzer, Flugzeuge, Schiffe und Lastkraftwagen entscheidend für den Transfer von Technologie in die Friedensproduktion gewesen. Inzwischen waren sie aber viel unwichtiger geworden (Baran/Sweezy 1966). In eine ähnliche Richtung ging der Befund von Christian Schmidt, zu dem er 1983 in einem für die UNO verfassten Bericht kam: dass die Rolle der zivilen Auswirkungen von Militärtechniken stark übertrieben worden sei. Wenn einige Sektoren der Friedenswirtschaft – Metallurgie, Schiffsbau, Transporte – der militärischen Forschung viel schuldeten, war es in anderen Fällen schwierig zu unterscheiden, ob der technologische Transfer vom Rüstungssektor in den zivilen Sektor stattgefunden hatte oder es sich nicht eher umgekehrt verhielt (Schmidt 1983: 86).

Während sich viele Wissenschaftler und Wissenschaftlerinnen intensiv mit der Bedeutung von Waffen-Technologien für die allgemeine Entwicklung von Technologien beschäftigt haben, haben andere die technologischen Implikationen von Kriegen weitgehend ignoriert. So widmete sich die in den 1970er-Jahren des vorigen Jahrhunderts in Europa als wegweisend angesehene Studie von David S. Landes *Unbound Prometheus* (1969) dem Verhältnis zwischen technologischen Transformationen und ökonomischer Entwicklung, ließ aber die Effekte des Ersten und Zweiten Weltkrieges für die zivile Industrietechnologie völlig außer Acht.

Militärischer Keynesianismus während des Kalten Krieges

In den Jahren des Kalten Krieges erreichten die Ausgaben für Rüstungsforschung, für die Produktion und das Testen von Waffen in den USA und in der Sowjetunion astronomische Größen. Diese Ausgaben betrafen Atomwaffen und konventionelle Waffen, Raketen, Spionageflugzeuge und -schiffe sowie Instrumente für die digitale Kriegsführung, die die Wirksamkeit der eigenen elektromagnetischen Emissionen garantieren und den Einsatz von feindlichen Emissionen durch Störaktionen verhindern sollten. Auch die Weltraumforschung jener Jahre kann in vielerlei Hinsicht als Rüstungsausgabe betrachtet werden. Hier verflochten und vermischten sich wissenschaftliche, wirtschaftliche und militärische Ziele, insbesondere wenn die Planungen direkt durch die Streitkräfte oder unter ihrer Kontrolle betrieben wurden. Manche Ökonomen und Ökonominnen warfen die Frage auf, ob diese Ausgaben Kriegskeynesianismus darstellten, oder aber bei den beiden Supermächten im Kalten Krieg vielmehr darauf abzielten, die Tragfähigkeit der öffentlichen Finanzen der jeweils anderen Großmacht zu beeinträchtigen.

Von den Analysen, die sich auf Marx bezogen, stammt eine der bedeutendsten von dem Ökonomen und sozialistischen Theoretiker Ernest Mandel. Er interpretierte das Golden Age, also die Jahre zwischen 1945 und 1965 mit ihrem starken Wirtschaftswachstum, als eine weitere Entwicklungsphase des für den Imperialismus typischen Monopolkapitalismus. Er bezeichnete diesen als Spätkapitalismus, zeigte sich jedoch selbst unzufrieden mit dem Begriff, da er sich auf eine imaginäre Chronologie bezieht, während er einen Terminus suchte, der eine Synthese zum Ausdruck bringen würde.[3] Die Waffenproduktion nach dem Zweiten Weltkrieges blieb ihm zufolge ein grundlegendes Element der Wirtschaft und Mandel sprach diesbezüglich von einer »permanenten Rüstungswirtschaft«. Insofern ergänzte er die marxschen Reproduktionsschemata aus dem zweiten Band des *Kapital*, die zwei Sektoren berücksichtigen (Produktionsmittel und Konsumtionsmittel), um den Rüstungssektor. Dieser stellte Güter her, die – anders als die Konsumtionsmittel – nicht in den Reproduktionsprozess einfließen. Dieser dritte Sektor ermöglichte es, dass die Tendenz des Kapitalismus zu Überproduktionskrisen abgeschwächt würde, ohne dieses Problem aber längerfristig zu lösen, zumal dann, wenn der technische Fortschritt stark wächst. Die Rüstungsnachfrage könne ohnehin nicht grenzenlos wachsen: über ein gewisses Maß hinaus würde sie zu einer inakzeptablen Verelendung der Bevölkerung führen oder in einen imperialistischen Krieg münden (Mandel 1975: 302). Die permanente Rüstungswirtschaft sei ein Ergebnis der Innen- und Außenpolitik sowie der Interessen von Rüstungsproduzenten, von militärischen Hauptquartieren und von politischen Gruppen, die imperialistische Tendenzen vertraten. Die Aufrüstungsökonomie hatte Mandel zufolge entschieden dazu beigetragen, die Kapitalakkumulation in der langen Welle zwischen 1945 und 1965 zu beschleunigen, obwohl er sie nicht als den ausschlaggebenden Faktor dafür sah (ebd.: 306). Die Aufrüstungspolitik schützte die Kapitalinvestitionen aus dem Ausland, erhielt die »freie Welt«, die »freien Kapitalinvestitionen« und die »freie Repatriierung von Profiten«, außerdem gewährleistete sie dem monopolistischen Kapital den freien Zugang zu einer Reihe von notwendigen Rohstoffen.

Auch Michael Kidron betrachtete Militärausgaben als Lösung für Überproduktionskrisen, lenkte die Aufmerksamkeit jedoch nicht so sehr auf die Waffenproduktion, sondern vielmehr auf die Effekte, die die Steuererhebung zur Finanzierung dieser Ausgaben zeitigte. Insofern das Kapital besteuert

3 Der Begriff Spätkapitalismus wurde bereits früher von Werner Sombart 1927 und später auch von Jürgen Habermas 1973 verwendet. Bei Mandel erstmals 1972 in seinem gleichnamigen Buch.

würde, um die Rüstungskosten zu tragen, würden ihm Ressourcen entzogen, die sonst anderweitig investiert werden konnten. Die Waffenproduktion sei daher der entscheidende und eventuell sogar permanent wirksame Bremsfaktor gegenüber dem von Marx konstatierten tendenziellen Fall der Profitrate (Kidron 1968). Wenn eine Militärökonomie sich einmal herausgebildet habe, müsse sie sowohl gegenüber der Bedrohung des Feindes als auch auf der rein ökonomischen Ebene aufrecht erhalten werden. Rüstung sei die beste Form von Verschwendung, weil Zerstören viel teurer sei als Produzieren, und weil die Höhe der Militärausgaben, also diese Verschwendung, vom Staat kontrolliert würde. Dennoch wiese eine Kriegsökonomie keine dauerhafte Stabilität auf, und der Rüstungswettlauf jener Jahre, angetrieben vonseiten der USA wie von der UdSSR, erschien Kidron als eine Herausforderung für beide Blöcke: als ein Wirtschaftskrieg, bei dem jede Seite hoffte, die enormen Ausgaben für Rüstung würden zum ökonomischen Zusammenbruch des Gegners führen (ebd.).

Kidron vertrat außerdem, dass Staaten bei der Preisfestsetzung für Rüstungsaufträge gegenüber den Waffenproduzenten benachteiligt seien, weil sie nicht über adäquate Informationen zu den Produktionskosten verfügten. Für den Kapitalismus sei das aber ein akzeptabler Nachteil angesichts der Vorteile, die auf die Militärausgaben zurückgingen: Sie brächten einerseits die Ökonomie wieder ins Gleichgewicht, andererseits hätte die militärische Forschung positive Wirkungen auf die Innovationen in zahlreichen zivilen Branchen. Überdies sei zu berücksichtigen, dass Rüstungsaufträge nicht auf Waffen beschränkt seien, sondern andere Sektoren wie Chemie, Elektronik, Metallurgie oder optische Instrumente damals in großem Maße von Staatsaufträgen abhingen. Ein Zustand von realem Frieden und auch nur schrittweiser Demilitarisierung hätte folglich einen bedeutenden Teil der US-amerikanischen und europäischen Industrie in eine Krise gestürzt (ebd.).

Für Marxisten wie Paul Baran und Paul Sweezy, Michael Kidron und Ernest Mandel hängen militärische Ausgaben und Kapitalismus eng zusammen: Sie dienen der »Stabilisierung« des ökonomischen Wachstums und markieren die zentrale Rolle des Staates in der Ökonomie.

In *The Age of Imperialism* ging Harry Magdoff von der leninschen Imperialismus-Theorie aus, um den US-amerikanischen Imperialismus der 1960er-Jahre in seiner konkreten Praxis zu untersuchen. Der Imperialismus ging auf die Monroe-Doktrin zurück und bediente sich zwar der traditionellen Methoden der Invasion und der Gewaltanwendung, seine aktualisierte Organisationsform gründete jedoch auf Einflusszonen und Blöcken, der Eroberung der Weltmärkte, Rohstoffmonopolen, »wirtschaftlichen Hilfen«, mächtigen Holdings, die auf den internationalen Markt Einfluss nehmen, sowie auf eine globalisierte Finanzsphäre (Perrone 1971: 7f.). Magdoff analysierte, wie sich diese Formen von Imperialismus jenseits seiner Maskierungen verwirklichten. Der Kapitalismus war und blieb nach seiner Auffassung ein expansionistisches System, und der Imperialismus war für die kapitalistische Gesellschaft keine Option unter vielen, sondern ihre »Lebensweise«, denn »die Notwendigkeit von Herrschaft ist dem *business* angeboren« (Magdoff 1969: 53, 65).

Die These, dass der Krieg oder zumindest hohe militärische Ausgaben für eine florierende Wirtschaft notwendig seien, wird auch in einem eigenartigen, seit 1967 in den USA zirkulierenden Buch vertreten, dem *Report from Iron Mountain on the Possibility and Desirability of Peace,* desssen Verfasser anonym blieben. Das Buch wurde ins Französische übersetzt und in Paris anonym unter dem Titel *La paix indésirable? Rapport sur l'utilité des guerres* (1968) veröffentlicht. Es erlebte unzählige Auflagen und zirkulierte auch als Raubdruck. Es gab die Vermutung, es handele sich um eine geheime Expertise, die im Auftrag der US-Regierung erstellt wurde, was diese stets zurückwies; von anderer Seite wurde verbreitet, die Schrift sei ein literarischer Hoax, eine Satire auf typische Expertengutachten. Die Annahme der Geheimexpertise fand bei Anhängern und Anhängerinnen von Verschwörungsideologien bereitwillige Akzeptanz. Dem Buch ist ein Vorwort von Herschel McLandress vorangestellt, dem literarischen Pseudonym von John Kenneth Galbraith, dem auch die Autorenschaft für das ganze Werk zugeschrieben wurde, was dieser jedoch nie bestätigt hat. Inhaltlich stellte sich die tatsächliche oder vermeintliche Expertenkommission die Frage, welche politischen, ökonomischen und sozialen Probleme auftreten würden, wenn die USA sich in der Situation eines permanenten, oder zumindest lang andauernden Friedens befänden. Sie sollte für diesen Fall auch Lösungsvorschläge formulieren. Die Kommission kam zu dem Schluss, der ewige Frieden sei in modernen industriellen Gesellschaften aus ökonomischem Gesichtspunkt keineswegs wünschenswert. Die Organisationsform, auf die sich Gesellschaft stütze, basiere auf Krieg, da nur die Rüstungsausgaben genügend Impulse für eine Stabilisierung des ökonomischen Fortschritts geben könnten. Gerade weil der Krieg Verschwendung sei, könne er diese Funktion erfüllen (Anonym 1968: 93). Tatsächlich entfesselten nicht zwischenstaatliche Interessenkonflikte Kriege, sondern die sichtbaren Gegensätze zwischen nationalen Interessen wurzelten letztlich in den dynamischen Anforderungen eines auf Krieg basierten Systems. Dieses erfordere Militärausgaben und somit periodisch wiederkehrende bewaffnete Konflikte (ebd.: 165).

In der Vergangenheit habe der Krieg Regulierungsfunktionen gehabt, die für die Konsolidierung der modernen Gesellschaft unentbehrlich waren. Er hielt das Bevölkerungswachstum in Grenzen, beförderte den politischen und sozialen Zusammenhalt sowie das ökonomische Gleichgewicht und spornte wissenschaftliche wie technologische Forschung an. Unter dem wirtschaftlichen Aspekt garantierten Kriege eine wirksame kontrollierte Vernichtung des Überschusses durch eine gewaltige Verschwendung von Ressourcen außerhalb des normalen Kreislaufes von Angebot und Nachfrage. Keine andere Methode als die Militärausgaben, etwa Investitionen in Wohlfahrtpolitiken oder Weltraumforschung (die im Übrigen damals viele Berührungspunkte mit dem Krieg hatte), sei vom Staat gleichermaßen kontrollierbar und in diesem Sinne funktional. Der ewige Frieden habe dagegen destabilisierende Auswirkungen und führe radikale Veränderungen in den ökonomischen Entscheidungen herbei. Ohne Krieg sei es deshalb nötig, neue Institutionen einzurichten, die seine zerstörerischen Funktionen genauso gut erfüllen könnten. Während überflüssige Ausgaben in der Wirtschaftstheorie von John M. Keynes Multiplikatoreffekte für die Produktion zeitigten, liege die Nützlichkeit der Rüstungsausgaben in ihrer Unfruchtbarkeit. Krieg sei nützlich, weil er zerstört, nicht weil er neue Investitionen fördert (ebd.).

Eine entgegengesetzte Perspektive wurde in einer Sammlung von 15 Essays US-amerikanischer Ökonomen eingeschlagen, die Kenneth E. Boulding und Emile Benoit im Jahr 1963 veröffentlichten. Es handelte sich um den Endbericht des Program of Research on Economic Adjustments to Disarmament, der von der Universität von Michigan gesponsert wurde. Angesichts der nuklearen Bedrohung unterstrichen die Autoren die Notwendigkeit einer ökonomisch nachhaltigen alternativen Strategie zum Rüstungswettlauf. Sie analysierten die ökonomischen Auswirkungen der Abrüstungsoption, die sie als Möglichkeit sahen, humane und finanzielle Ressourcen freizusetzen, um ein reales und nicht durch unproduktive Nachfrage nach Waffen aufgeblasenes Wachstum zu realisieren. Die Autoren zogen einen Zeitraum von zwölf Jahren in Betracht, während dessen die Verteidigungsausgaben laufend auf zivile Sektoren umgelenkt werden sollten: etwa auf den Wohnungsbau, öffentliche Verkehrsmittel, Schulen und das Gesundheitssystem. Dabei untersuchten sie die Folgen für Rüstungsproduzenten, für die Gesamtproduktion, die Beschäftigung, die Finanzstruktur und die Zahlungsbilanz. Die im Rüstungssektor entwickelten technologischen Neuerungen und Forschungen konnten ihnen zufolge dem zivilen Sektor zugutekommen, ebenso wie auch die Arbeitskraft, die technischen Anlagen und die Kapitalien. Für schwer zu konvertierende Ressourcen und Strukturen sahen sie staatliche finanzielle Hilfen vor, die durch die Ersparnisse aus dem Rückgang der Rüstungsausgaben zu finanzieren wären. Solche Ersparnisse, meinten sie, konnten auch Hilfsprogramme für ärmere Länder finanzieren, was die internationalen Spannungen wiederum zusätzlich reduzieren würde (Boulding/Benoit 1963).

Der militärisch-industrielle Komplex und der Pentagon-Kapitalismus

In den Jahren des Kalten Kriegs beschäftigte sich die US-amerikanische radikale Politikwissenschaft und Politische Ökonomie mit der gerade entstehenden Verbindung zwischen Industrie und Verteidigung, sowie mit den sozialstaatlichen Politiken, die immer mehr den Militärausgaben geopfert wurden. Eisenhower prangerte am 17. Januar 1961 in seiner Abschiedsrede den gefährlichen politischen Einfluss des in den USA entstehenden »militärisch-industriellen Komplexes« an (vgl. den Beitrag von Dorothea Schmidt in diesem Heft). Er unterstrich zwar die wichtige Rolle der militärischen Institutionen zur Aufrechterhaltung des internationalen Friedens und die abschreckende Wirkung des gewaltigen US-amerikanischen Waffensystems, warnte aber zugleich vor dem sich abzeichnenden Konnex zwischen einem enormen militärischen Komplex und der militärischen Großindustrie, deren Einfluss die Ökonomie, die Politik und auch die geistige Sphäre zunehmend prägte. Die damit verbundenen schwerwiegenden Implikationen sollten, so betonte Eisenhower, unbedingt begriffen werden, denn dieser Konnex setze die tragende Struktur der Gesellschaft aufs Spiel, indem sie deren Ressourcen, Arbeit und gar den Lebensstil träfe. Auf Regierungsebene solle man gegen offenkundige und verborgene Einflüsse des militärindustriellen Komplexes auf der Hut sein, weil die Gefahr einer verhängnisvollen Zunahme von Macht an den falschen Stellen existiere und in Zukunft weiterhin existieren werde. Man solle vermeiden, dass dieser Machtkomplex die demokratischen Freiheiten und Verfahren gefährde. Nichts dürfe als selbstverständlich erachtet werden. Nur eine achtsame und bewusste Bevölkerung könne kontrollieren, dass ein gerechter Kompromiss zwischen der gewaltigen industriellen Militärmaschinerie und den friedlichen Zielen des Landes gefunden werde, um zugleich Sicherheit und Freiheit zu garantieren.

Viele Reflexionen, die sich auf die Zeit des Vietnamkriegs und generell auf den Kalten Krieg bezogen, griffen die von Eisenhower verwendete Definition auf. Auch wenn er diesen nicht zitierte, griff der Psychologiedozent William Domhoff das Thema der herrschenden Klassen in den USA in zwei Werken auf. Im Jahr 1967 schrieb er in *Who rules America?* über das Militär, den CIA, den FBI und die enormen Kosten der US-amerikanischen Rüstung (Domhoff 1967: 251-275); 1971 verfasste er in einem Essay über die US-amerikanische *upper-class* der 1960er Jahre ein Kapitel *CIA and the struggle for minds*, in dem er vertrat, die CIA-Agenten gehörten der *upper-class* an und visierten eine permanente, auf die negative Ideologie des absoluten Feindes basierte Kriegspolitik an. Die Eliten an der Macht bedienten sich üblicherweise dieser Ideologie, um jegliche Aktion zu rechtfertigen, die sich zur Verteidigung ihrer eigenen Position und ihrer Privilegien als notwendig erweise. Domhoff erklärte, dass der CIA seine Ideologie allseits verbreite, angefangen von den Universitäten, die er mit Forschungsprojekten beauftrage und sie auf diese Art finanziere. Er untersuchte außerdem die in der Arbeitswelt, unter Studierenden und Intellektuellen eingesetzten Propagandamethoden. Ihnen würden hiermit Vorzeigeprojekte geboten, die ihren Narzissmus befriedigten (Domhoff 1971).

Seymour Melman hat sich besonders intensiv mit dem Thema des militärisch-industriellen Komplexes auseinandergesetzt. Ihm zufolge sei der US-Kapitalismus der 1970er-Jahre eine militärische Form von Staatskapitalismus. Er prangerte den enormen Zuwachs der wirtschaftlichen Macht des US-amerikanischen Militärs an, da dieses im Verlauf des Kalten Krieges zunehmend in unterschiedliche Felder des zivilen Lebens eindrang, auch in die universitäre Forschung. Dabei widmete Melman der in jenen Jahren entstehenden engen Verbindung zwischen dem Pentagon und den mit Rüstungsproduktion beauftragten Unternehmen besondere Aufmerksamkeit. Dieser Komplex habe sich seit Beginn der Kennedy-Präsidentschaft heimlich verwandelt, und zwar in eine eigene Organisation mit Sitz im Verteidigungsministerium. Dazu gehörten die Streitkräfte, die Rüstungslieferanten, die Geheimdienste, die in Universitäten und Institute für die Verteidigung tätigen Wissenschaftler sowie die Wortführer des Militärs beim Kongress. Diese Organisation agiere nicht entsprechend den nationalen Bedürfnissen, sondern vielmehr nach den Erfordernissen einer gewachsenen, jeglicher Kontrolle entzogenen Bürokratie. Zusammen mit der Kommission für Atomenergie und der NASA bilde die militärische Verwaltung eine Art großes staatliches Unternehmen, eine zentrale Direktion der Regierung, die nominell private, de facto dem Verteidigungsministerium unterstellte Unternehmen kontrollierte. Melman bekräftigte die dringende Notwendigkeit, die Arbeit dieses riesigen Komplexes, der so verschwenderisch wie ineffizient war und Skandale ausgelöst hatte, unter eine effektive Kontrolle zu stellen und transparent zu machen. Er bezeichnete diesen Komplex als *Pentagon Capitalism*, eine Struktur, die mächtiger als jegliche privaten Unternehmen sei und de facto eine Form des Staatskapitalismus darstelle (Melman 1970).

Schon vor Melman hatten andere Autoren hervorgehoben, dass in den USA durch das Verteidigungsministerium ein Block aus Rüstungsindustrie und Staat entstanden sei. In seinem 1967 veröffentlichten Buch *New Industrial State* argumentierte auch John Kenneth Galbraith, dass sich durch den Transfer von technischen Fachkräften eine Verbindung zwischen privaten und öffentlichen ökonomischen Strukturen herausbilde; außerdem erkannte er eine Tendenz, dass sich die großen Rüstungsunternehmen zunehmend mit

Regierungsorganisationen verbanden und in gewisser Weise begannen, mit diesen zu verschmelzen (Galbraith 1967). Ähnlich, aber kritisch gegenüber Galbraith, richtete Harry Magdoff sein Augenmerk auf die ökonomischen Entscheidungen der USA, wenn diese als ökonomische Weltmacht innerhalb des imperialistischen Systems agierten. Er untersuchte die Beziehungen zwischen den Aktivitäten des Unternehmenssektors und der US-amerikanischen Militärpolitik, insbesondere die Tatsache, dass die Handelsinitiativen der großen US-amerikanischen Unternehmen im Ausland auf die Aneignung von billigen Rohstoffen und Absatzmärkten abzielten. Diese Bestrebungen seien eindeutig imperialistisch und hätten internationale Spannungen zu Folge (Magdoff 1969: 8f.).

Melman sah bei den Beziehungen zwischen dem öffentlichen und dem privaten Sektors eine Dominanz des Verteidigungsministeriums gegenüber den privaten Rüstungsunternehmen. Die produzierten Waffen seien für die Abschreckung bestimmt, aber diese stelle keine Verteidigung dar: »Abschreckung ist kein Schutzschild. Abschreckung ist ein Experiment in angewandter Psychologie. Es gibt keine wissenschaftliche Grundlage für Prognosen zur Wahrscheinlichkeit, ob dieses Experiment zum Erfolg führen oder scheitern würde« (Melman 1970: 27). Ähnlich sah das Joan Robinson: »Der Prozess, ein Machtpotenzial der Zerstörung aufzubauen, trägt selbst dazu bei, den ideologischen Konflikt am Leben zu erhalten. Es ist richtig, dass eine Nation, die einen Feind hat, sich bewaffnen muss, es ist aber ebenso wahr, dass eine Nation, die über Waffen verfügt, auch einen Feind benötigt. Um die Bewaffnung zu rechtfertigen, müssen Ängste und Spannungen aufrecht erhalten werden, und jede Seite braucht die andere als Schreckgespenst.« (Robinson 1982: 263).

Arthur Burns erinnerte daran, dass die für die Verteidigung produzierenden Industrien (Luftfahrt, Elektro- und Kommunikationsunternehmen) in den USA zu den wichtigsten Branchen geworden waren und ihre Entwicklung das Wirtschaftswachstum der Gemeinden von Los Angeles, San Diego, Seattle und Baltimore begünstigt hatte. Dort konnten große Unternehmen dank der Verträge mit den Raumfahrtbehörden und dem Verteidigungsministerium außerordentliche technologische Kompetenzen vorweisen. Gleichzeitig hatten zivile Unternehmen Mühe, mit den Standards im Rüstungssektor mitzuhalten, ihren Technikern und Ingenieuren hohe Löhne zu zahlen und folglich auch ihre Produktionsprozesse zu erneuern (Burn 1971: 111-121). Melman zeigte anhand von Beispielen, dass der technologische Verfall vieler mechanischer Industrien, der Eisenbahn und der Handelsmarine darauf zurückzuführen war, dass Geld und wissenschaftliche Talente in den Rüstungssektor gedrängt wurden (Melman 1971: 122ff.).

Angesichts der Macht des Pentagons und dem allgemeinen Rüstungswettlauf der westlichen Länder in den Jahren des Kalten Krieges kam Ernest Mandel zu dem Schluss, dass die Intensivierung der Verteidigungsausgaben einen wachsenden staatlichen Eingriff in die Ökonomie der Industrieländer bedeutete. Wenn die Militärausgaben im Westen vor 1914 zwischen fünf und sieben Prozent des Nationaleinkommens oszillierten, so war dieser Prozentsatz in den Jahren des Kalten Krieges auf 15 bis 25 Prozent gestiegen, vereinzelt auch bis auf 30 Prozent (Mandel 1975: 75f.).

Einen ähnlich weiten zeitlichen Rahmen steckte der Historiker George W.F. Hallgarten ab, wenn er in einer alarmierenden historischen Rekonstruktion den Rüstungswettlauf vom Ersten Weltkrieg bis zu den 1960er-Jahren anprangerte, als es zur während des Kalten Krieges zur Verschmelzung von ökonomischen und militärischen Interessen sowie zur Militarisierung der Wissenschaft durch die Konstruktion von Nuklearwaffen kam. Er sah bereits in der Aufrüstung im Vorfeld des Ersten Weltkrieges eine bisher nie dagewesene Verflechtung von Dimensionen ökonomischer und militärischer Macht. Von daher schrieb er den großen Waffenindustrien, »den Antriebskräften des Wettrüstens«, den Großteil der Verantwortung für die Entfesselung des Konflikts zu, nämlich: Krupp, Vickers-Armstrong, Schneider-Creusot und Putilov. Diese Verflechtung hielt in den Folgejahren an und wurde durch die Entwicklung der Wissenschaft im Rüstungssektor noch enger. So kam Hallgarten zur apokalyptischen Vision einer möglichen »Menschheitsdämmerung« (Hallgarten 1972: 369). Auch wenn Hallgarten die Geburt des US-amerikanischen militärisch-industriellen Komplexes auf den Zweiten Weltkrieg datierte, als die Vereinigten Staaten zum »Arsenal der Demokratie« wurden, stellte er seine Überlegungen angesichts des Kalten Krieges an, und konzentrierte sich auf die beunruhigenden und unbeantworteten Probleme eines möglichen »Endes der Menschheit« aufgrund atomaren Wettrüstens, der Verschmelzung wirtschaftlicher und militärischer Interessen und der Militarisierung der Wissenschaft. Ein Thema, das aktuell bleiben sollte.

Übersetzung aus dem Italienischen

Literatur

Anonym (1968): La paix indésirable? Rapport sur l'utilité des guerres. Paris.

Baran, Paul Alexander / Sweezy Paul (1966): Monopoly Capital. An Essay on the American Economical Social Order. New York.

Benoit, Émile / Boulding Kenneth Ewart(1963): Disarmament and the Economy. New York-Evanston-London.

Bientinesi, Fabrizio (2017): An ›Austrian‹ Point of View on Total War. Stefan T. Possony. In: Ders. / Patalano, Rosario (Hg.): Economists and War. A Heterodox Perspective. New York.

Burns Arthur F.: The Defense Sector: an Evaluation of its Economic and Social Impact. In: Melman, Seymour (Hg.) (1971), a.a.O.: 111-121.
Collotti, Enzo (1983): Introduzione. In: Milward, Alan S.: Guerra, economia e società 1939-1945 (ital. Ausgabe von Milward 1976), Milano.
Domhoff, William George (1967): Who Rules America. Englewood Cliffs.
– (1971): The Higher Circles. New York.
Fontanel, Jacques / Matière Jean-Pierre (1985): La préparation à la guerre. Défense nationale et développement. In: Colloque Émile-Laugier, Unesco. Paris.
Galbraith, John Kenneth (1967): The New Industrial State. Boston.
Habermas, Jürgen (1973): Legitimationsprobleme im Spätkapitalismus. Frankfurt/M.
Hallgarten, Georg W. F (1972): Storia della corsa agli armamenti. Roma.
Hardach, Gerd (1973): Der Erste Weltkrieg. München.
Kennedy, Paul (1988): The Rise and Fall of the Great Powers. Economic Change and Military Power from 1500 to 2000. London.
Kidron, Michael (1968): Western Capitalism since the War. London.
Labini, Paolo Sylos (1998): Partite passive, potenzialità attive: evoluzione della cultura e della tecnologia. In: Ciocca, Pierluigi (Hg.): L'economia mondiale del Novecento. Bologna: 57-64.
Landes, David S. (1969): The Unbound Prometheus. Cambridge.
Léon, Pierre (1977): Guerres et Crises 1914-1947 – Histoire Économique et Sociale du Monde, Vol. 5. Paris: 7-27.
Magdoff, Harry (1960): The Age of Imperialism. The Economics of U.S.. New York.
Mandel, Ernest (1975): Late Capitalism. London.
Melman, Seymour (1970): Pentagon Capitalism. The Political Economy of War. New York.
– (Hg.) (1971): The War Economy of the United States. Readings on Military Industry and Economy. New York.
Milward, Alan S. (1976): Krieg, Wirtschaft und Gesellschaft. München.
Perrone, Nicola (1971): Introduzione. In: Magdoff, Harry (Hg.): L'età dell'imperialismo. Bari.
Possony, Stefan Thomas (1938): Die Wehrwirtschaft des Totalen Krieges. Wien.
Robinson, Joan (1979): Aspects of Development and Underdevelopment. Cambridge.
– The Arms Race (1982). In: The Tanner Lectures on Human Value 3. Salt Lake City.
Rosovsky, Henry (1961): Capital Formation in Japan 1868-1940. New York.
Schmidt, Christian (1983): Conséquences économiques et sociales de la course aux armements. Paris.
Segreto, Luciano (1997): Marte e Mercurio. Industria bellica e sviluppo economico in Italia 1861-1940. Milano.
Sombart, Werner (1927): Der moderne Kapitalismus. 3 Bände. Leipzig.
Trebilcock, Clive (1976): The British Armament Industries 1890-1914: False Legend and True Utility. In: Best, Geoffrey / Wheatcroft, Andrew (Hg.): War, Economy and the Military Mind. London: 89-107.

Solidarität
oder Barbarei?
Einzelheft 10 €
Im Abo 6,55/5,10 €
11'20
Blätter für
deutsche und
internationale
Politik
Probeabo
2 Monate
nur 10 €
Biden statt Trump:
Mehr New Deal wagen
James K. Galbraith
Solidarität oder Barbarei
Jedediah Purdy
Das Ende der
US-Demokratie?
Steven Levitsky und
Daniel Ziblatt
Die Verwahrlosung der Vernunft
Reinhard Olschanski
Völkisch grün?
Wolfgang Ehmke
TikTok: Der digitale Kalte Krieg
Daniel Leisegang
Make America again
George Packer
Südafrika: Letzte Chance des ANC?
Melanie Müller
Foto: Simon Shim / Unsplash
blaetter.de

PROKLA 201 | 50. Jahrgang | Nr. 4 | Dezember 2020 | S. 593-615
https://doi.org/10.32387/prokla.v50i201.1915

Jens Warburg*

Von geopolitischen Umbrüchen und den Determinanten deutscher militarisierter Außenpolitik

Zusammenfassung: Wie ist es um die US-Hegemonie in der Welt bestellt? Wie ist es möglich, dass in den aktuellen Krisen und Kriegen so viele Akteure über den Verlauf der Ereignisse entscheiden? Diese Fragen werden in dem Aufsatz behandelt. Dabei wird in einer Rückschau auf die vergangenen 30 Jahren die geopolitische Positionierung Deutschlands untersucht. Herausgearbeitet wird, dass die Bundeswehr zu einem außenpolitischen Instrument wurde. Gegenwärtig wird in den Medien und von unterschiedlichen politischen Akteuren für mehr außenpolitische Einflussnahme der Bundesrepublik, und das heißt, für mehr militärisches Engagement geworben. In diesem Zusammenhang wird die These vertreten, dass eine deutsche (militarisierte) Außenpolitik keinesfalls in die Fußstapfen der US-Außenpolitik treten sollte, wenn sie Menschenrechte, Demokratie und Frieden stärken will.

Schlagwörter: Geopolitik, Militär, USA, Deutschland, Europa, Bundeswehr

Of geopolitical upheavals and the determinants of German militarized foreign policy

Abstract: What is the state of US hegemony in the world? How is it possible that in the current crises and wars so many actors decide on the course of events? These questions are addressed in this essay. It examines Germany's geopolitical position over the past 30 years. The essay shows that the Bundeswehr has become an instrument of foreign policy. At present, the media and politics are campaigning for more influence of the Federal Republic in foreign policy and that means more military engagement. In this context, the thesis is advanced that a German (militarized) foreign policy should by no means follow in the footsteps of U.S. foreign policy if it is to strengthen human rights, democracy, and peace.

Keywords: Geopolitics, military, USA, Germany, Europe, Bundeswehr

* **Jens Warburg** ist Sozialwissenschaftler und Supervisor.

Früher war alles anders. Nicht unbedingt besser oder schlechter, eben anders. Anders kann meinen, die Welt war einfacher. Früher konnten die BeobachterInnen des Weltgeschehens darauf setzen, dass zwei Akteure, die Supermächte, über den Verlauf eines Konfliktes in der Welt entscheiden. Bis Anfang der 1990er-Jahre war die Blockkonfrontation zwischen den USA und der Sowjetunion die bevorzugte Sichtweise auf das Konfliktgeschehen in der Welt. Diese Sichtweise war zumindest in den jeweiligen Blöcken dominant.

Mit der Auflösung der Sowjetunion blieben als dominante Großmacht die USA übrig. Das Ergebnis war leider kein Plus an Frieden. In einigen Staaten gab es zwar hoffnungsvolle Zeichen, beispielsweise wurde in Südafrika die Apartheid beendet. Der Regelfall war, dass es zu Umbrüchen der staatlichen Ordnungen kam, die mit Gewalttätigkeiten einhergingen. Einige Staaten lösten sich auf und an ihre Stelle traten mehrere neue staatliche Gebilde. Die Vereinigung zweier Staaten war eine Ausnahme.

Die USA sahen sich als konkurrenzlose Weltmacht. Ihre Vorstellungen würden von nun an die Welt prägen und über die Zukunft entscheiden. Und sie könnten dafür sorgen, dass »Störenfriede« gemaßregelt werden. Deshalb konnte US-Präsident Bush sen. erklären, man sehe den Anbruch einer »neuen Ära, die freier von Terrordrohungen, stärker bei der Durchsetzung von Gerechtigkeit und sicherer im Bemühen um Frieden« sein würde (zit. in The Dallas Morning News 2017, Übers.: J.W.). Vor dem Hintergrund des bevorstehenden Angriffs von US-Truppen und ihrer Verbündeten auf die irakische Armee formulierte er explizit den Anspruch, die USA hätten eine Führungsrolle innerhalb dieser Weltordnung: »Die neueren Ereignisse haben zweifellos gezeigt, dass es keinen Ersatz für die amerikanische Führungsrolle gibt. Angesichts der Tyrannei sollte niemand an Amerikas Glaubwürdigkeit und Verlässlichkeit zweifeln. Niemand sollte an unserem Durchhaltevermögen zweifeln. Wir werden an der Seite unserer Freunde stehen« (ebd.). Dreißig Jahre später wird niemand mehr in der Region die USA an dieser Aussage messen wollen.

Was ist inzwischen geschehen? Bleiben wir in der Region und werfen wir einen Blick in die jüngere Vergangenheit.

Ende des Jahres 2018 kündigte die US-Administration erstmals an, ihre Truppen aus Syrien zurückzuziehen. Die US-Streitkräfte waren im Zuge der Kämpfe gegen den Islamischen Staat (IS) 2015 vom Irak aus in Syrien eingedrungen und unterstützten vor allem kurdische Milizen in Gefechten gegen den IS. Obwohl das syrische Regime keine Kontrolle über die von den Milizen eroberten Gebiete hatte, bedeuteten deren Kampf und das US-Engagement eine Entlastung für die Verbände des syrischen Regimes im seit 2011 tobenden Bürgerkrieg. Anfang 2019 verringerten die USA ihre militärische Präsenz in Syrien. Da der Truppenabzug in den USA und von Seiten ihrer Verbündeten heftig kritisiert wurde, schien es lange so, als würde er doch nicht im vollen Umfang stattfinden. Dies änderte sich plötzlich im Oktober 2019. Nach einem Telefonat der Präsidenten Trump und Erdoğan befahl Trump den Truppen, sich aus Nordsyrien zurückzuziehen und die Stationierungsorte fast vollständig in den Irak zu verlegen (nbcnews 2019). Die Entscheidung des US-Präsidenten machte den Weg frei für den Einmarsch türkischer Streitkräfte, unter deren Kommando auch sunnitisch syrische Milizen kämpften. Sie beabsichtigten, einen großen Grenzstreifen zu erobern, um die von syrischen Kurden dominierten politischen Strukturen des Demokratischen Rates Syriens (DRS) zu zerschlagen. Von ihren bisherigen Verbündeten USA alleine gelassen, konnten die Kampfverbände des DRS die Angreifer nicht aufhalten und in dieser Situation gewährten sie dem Assad-Regime unterstehenden Truppen Zugang zu ihrem Gebiet. Es kam zu Kämpfen zwischen türkischen Streitkräften, Assad-loyalen Verbänden (zu denen iranische Truppen und auch russische Verbände gehören) und den Truppen des DRS. Seit dem 17. Oktober 2019 gibt es einen Waffenstillstand zwischen den Kriegsbeteiligten. Die Kriegsakteure verloren das Interesse an einer Fortsetzung der Kämpfe, weil zunehmend die Gefahr bestand, dass es zu größeren Konfrontation zwischen den türkischen Streitkräften und ihren Verbündeten auf der einen Seite und der syrischen Armee und ihren russischen und iranischen Verbündeten auf der anderen Seite käme. Auch drohten die USA der Türkei mit Wirtschaftssanktionen, falls diese ihre Offensive fortsetzen würde. Als Folge der Kämpfe kann man festhalten, dass die Türkei Teile Nordsyriens besetzt hält und die politischen Kräfte in Nordsyrien, die eine Teilautonomie der Region vom syrischen Staat anstreben, nachhaltig geschwächt wurden. Der syrische Staat kontrolliert ebenfalls unmittelbar große Teile des Nordens. Der Iran und Russland haben vom (Teil-)Abzug der US-Truppen profitiert, weil sie mit ihrem Verbündeten, dem Assad-Regime, an Einfluss in der Region gewonnen haben. Die USA, aber indirekt auch ihre Verbündeten, vor allem ihre europäischen, haben an konkreten Machtoptionen sowie an Ansehen drastisch verloren.

Diejenigen, denen die Ereignisse im Oktober 2019 verwirrend erscheinen, sind vermutlich nicht in der Minderheit. Wie kam es dazu, dass es im gegenwärtigen Kriegsgeschehen eine derartige Vielzahl von Akteuren gibt? Erstens ist zu fragen, wie es inzwischen um die US-Hegemonie bestellt ist. Zweitens werden die geopolitischen Umbrüche sowie die überregional bedeutsamen Akteure und einige aktuelle Kriege und Krisen beleuchtet. Einer dieser überregionalen Akteure ist im Bündnis mit anderen europäischen Staaten die Bundesrepublik Deutschland. Drittens wird daher in der Rückschau auf die vergangenen 30 Jahre die geopolitische Positionierung Deutschlands untersucht und dabei herausgearbeitet, dass die Außenpolitik der Bundesrepublik durch die jeweiligen Bundesregierungen militarisiert wurde. Militarisiert heißt hier, dass die Bundeswehr zu einem außenpolitischen Instrument wurde, mit dem die Machtposition des deutschen Staates gegenüber den Bündnisstaaten verbessert werden soll, um eigene Interessen stärker akzentuieren zu können. Viertens ist dem Verhältnis von Bundesrepublik und EU nachzugehen. Abschließend geht es um die Folgerungen, die daraus zu ziehen sind, wenn unter dem Label *Verantwortung Deutschlands* für den Frieden in der Welt für eine weitere Militarisierung der Außenpolitik geworben wird, auch mit Hinweisen auf die Vereinigung der beiden deutschen Staaten und den Rückzug der USA aus vielen Regionen.

Was wurde aus der US-Hegemonie?

Dass heute so viele Akteure in einem Krieg auftreten, in dem die USA nicht klar dominieren, liegt sicher nicht daran, dass diese keine bedeutende Militärmacht mehr wären. Im Gegenteil: Die USA sind bis heute unangefochten die größte Militärmacht der Welt. Ihre Militärausgaben für 2019 werden von SIPRI mit 735 Mrd. US-Dollar angegeben und sind damit im Vergleich zu denen aller anderen Staaten exorbitant hoch. Sie übertreffen beispielsweise diejenigen von China, das die zweithöchsten Militärausgaben aufweist, um mehr als das 2,7-fache. Russland gibt nach Schätzung von SIPRI im Verhältnis zu den USA weniger als ein Zehntel für sein Militär aus. Allein die NATO-Staaten Frankreich, Deutschland und Großbritannien (sie nehmen die Ränge sechs bis acht ein) haben zusammen einen fast doppelt so hohen Militäretat wie Russland (SIPRI 2020: 10).

Es lag auch kein Mangel an militärischer Stärke vor, als es den USA bereits in den 1990er-Jahren nicht gelang, ihre Vorstellungen einer neuen Weltordnung durchzusetzen. Militärisch konnten die irakischen Truppen 1991 aus Kuwait vertrieben werden, aber in der damaligen US-Administration setzten sich die Kräfte durch, die sich davor scheuten, das Saddam-Regime durch eine Eroberung des Irak zu stürzen, denn damit hätten die USA die Verantwortung für eine Nachkriegsordnung des Irak übernehmen müssen, was sie nicht auf sich nehmen wollten.

Ähnliches lässt sich auch bei der nächsten großen US-Militärintervention beobachten. In diesem Fall bot Bush sen. 1992 den UN an, dass US-Streitkräfte im Rahmen eines multinationalen Truppenverbandes, zu dem auch die Bundeswehr gehörte, in Somalia intervenieren würden, um dort die Kampfhandlungen verschiedener somalischer Gruppierungen zu beenden und anschließend eine neue staatliche Ordnung herzustellen. Obwohl die USA den größten Teil der Truppe stellten und die Streitkräfte unter dem Kommando von US-Offizieren standen, konnte keines der genannten Ziele umgesetzt werden. Die Interventionstruppen wurden stattdessen wiederholt in heftige Kämpfe mit einheimischen Milizen verwickelt. Nachdem 1993 an einem Tag 18 US-Soldaten in Mogadischu getötet worden waren, zogen sich die US-Streitkräfte aus Somalia zurück. Damals wurde der Rückzug mit einer vermeintlich postheroischen Einstellung in den westlichen Gesellschaften begründet.[1] Die späteren Kriegseinsätze in Afghanistan (ab 2001) und im Irak (ab 2003), in deren Verlauf zehntausende GIs schwer verletzt wurden und tausende von ihnen starben, zeigen jedoch, dass die Militäreinsätze vor allem daran scheiterten, dass die jeweiligen US-Administrationen sich nicht in der Lage sahen, die örtlichen Verhältnisse zum Beispiel durch wirtschaftliche Transferleistungen zu verbessern. Um die hehren proklamierten Ziele zu erreichen, setzten die USA weder entsprechende ökonomische noch kulturelle Ressourcen ein. Auch gelang es ihnen nicht, verbündete Staaten dazu zu bewegen, entsprechende Ressourcen bereitzustellen. Zwar beteiligten sich einige davon an den Interventionen in Afghanistan und im Irak, aber stets wurden eher militärische Ressourcen zur Verfügung gestellt, als weitere Mittel, um die zivile Gesellschaft zu unterstützen. Die Erwartung der US-Administration von 2003, dass der Irak seinen Wiederaufbau mit Unterstützung der US-Verbündeten selber finanzieren könnte, erwies sich als Illusion (Mann 2004: 300). In diesem Zusammenhang stellte sich auch stets die Frage, inwieweit durch die militärische Präsenz dauerhafte direkte Herrschaft ausgeübt werden sollte. Sowohl im Irak als auch in Afghanistan wurde versucht, die Staaten durch Bündnisse mit den vorgefundenen Eliten indirekt neu zu formieren. Nur für eine kurze Zeit regierten US-Bürokraten aus dem Verteidigungs- und Außenministerium den Irak (April 2003 bis Juni 2004). Schon damals (2004) fragte sich der Journalist John Tierney, »wieso Neokonservative und andere Konservative, die ihrer Regierung normalerweise nicht einmal zutrauen, eine gewöhnliche Schule zu betreiben, glauben, Bürokraten der amerikanischen Regierung könnten in der Lage sein, einen ganzen Staat mit der fremden Kultur der Mittleren Ostens umzumodeln« (zit. nach Polk 2009: 290). Und tatsächlich sollten insbesondere die Entscheidungen des zweiten Verwalters Paul Bremer wesentlich zur späteren Gewalteskalation im Irak beitragen. Der andere Weg, territoriale Gebiete jenseits der eigenen Staatsgrenzen faktisch dauerhaft als Kolonien zu kontrollieren, wurde nicht

1 Die Rede von den postheroischen Gesellschaften kam mit Edward Luttwak ab den 1990er-Jahren auf (Luttwak 2003). Er behauptete, dass mit der verringerten Geburtenrate in westlichen Industrieländern die Opferbereitschaft in der Bevölkerung abgenommen habe.

begangen. Es ist davon auszugehen, dass in der US-Bevölkerung, aber auch bei den Verbündeten, ein solches Vorhaben auf wenig Zustimmung gestoßen wäre. Obendrein ist sicher, dass die faktische Kolonisierung eines Territoriums für den imperialen Staat enorme Transferkosten bedeutet hätte. Genau diese sollten aber durch die Bündnisse mit den jeweiligen etablierten einheimischen Eliten vermieden werden.

Die militärischen Interventionen in Afghanistan und dem Irak gehen in die zweite Dekade. Die USA sahen sich über Jahre hinweg in Abnutzungskriege verwickelt, die sie militärisch nicht gewinnen konnten. Ihre Bilanzen sind niederschmetternd. Die Niederlage der Koalitionstruppen ist unter anderem daran zu sehen, dass in Afghanistan seit 2001 ununterbrochen Krieg geführt wird, und die amtierende US-Administration sich jüngst gezwungen sah, über die afghanische Regierung hinweg einen Vertrag mit den Taliban zu schließen, der es ihr ermöglichen soll, das Land nicht unter Geschützfeuer verlassen zu müssen. Auch der Irak hat sich nicht zu einem Bündnispartner des Westens entwickelt, vielmehr hat sich eine Regierung etabliert, die eng mit dem Iran kooperiert und den Abzug aller US-Truppen im Land anstrebt.

Geopolitische Umbrüche

So unangefochten die USA als Militärmacht geblieben sind, so wenig eindeutig ist ihre geopolitische Vormachtstellung im Hinblick auf andere Indikatoren. Ein wichtiger Indikator ist, ob ein Staat über atomare Waffen verfügt. Deshalb gilt für Russland einerseits, dass das Land im Verhältnis zu den USA nicht als eine gleichrangige Macht eingestuft werden kann, andererseits ist es aufgrund des atomaren Waffenarsenals, das auch die USA bedrohen kann, zu keinem Zeitpunkt auf das Niveau einer Regionalmacht herabgesunken.[2]

Es gab Anfang der 1990er-Jahre die Hoffnung, dass der Alptraum des Einsatzes atomarer Waffen aus der Welt geschafft werden könnte. Tatsächlich kann man heute lediglich feststellen, dass die USA und Russland sich derzeit nicht mit atomaren Waffen gegenseitig bedrohen. Das gilt aber nicht für andere Staaten, die miteinander Konflikte haben. In mehreren Regionen stehen sich heute mehr Konfliktparteien mit atomaren Waffen gegenüber als je zuvor, so Pakistan, das seit 1998 über Atomwaffen verfügt, gegenüber der Atommacht Indien. 2006 zündete Nordkorea erstmals eine Atombombe, und im Falle des Irans wird zumindest vermutet, dass das Land versucht, ausrei-

2 Deshalb blieb Russland ein wichtiger Vertragspartner im Rahmen von Abrüstungsverhandlungen und der Begrenzung bzw. Ächtung von biologischen, chemischen und atomaren Waffen.

chende Menge waffenfähigen Urans herzustellen, um damit atomare Waffen bauen zu können. Alle genannten Staaten haben nicht nur atomare Waffen gebaut, sondern auch Trägersysteme entwickelt, die diese Waffen weit jenseits ihrer Landesgrenzen zur Detonation bringen können. Allein dies schwächt die Bedeutung der weltweit überlegenen konventionellen Bewaffnung der USA.

Die Welt ist nicht mehr in zwei bipolare Blöcke[3] unterteilt, sondern es gibt stattdessen eine Reihe von staatlichen Machtgebilden, die versuchen, das Geschehen in ihrer Region und darüber hinaus zu bestimmen. Als eines dieser überregionalen Machtzentren ist Russland zu nennen. Nachdem sich von der Sowjetunion eine Reihe von Staaten abgespaltet haben, bildet Russland heute den größten und mächtigsten Teilstaat der ehemaligen Sowjetunion. Gegenüber den Staaten, die sich in den 1990er-Jahren von der Sowjetunion ablösten, stellt es einen außerordentlichen Machtfaktor dar, der neben der militärischen Macht des Landes auf ökonomischen Verflechtungen und Abhängigkeiten beruht. Einige Staaten wie Georgien, Ukraine und die baltischen Staaten sehen sich permanent von Russland bedroht und die beiden erstgenannten Staaten sehen das Land als eine Kriegspartei an, die separatistische Kräfte in ihrem Land aktiv unterstützt. Spätestens in der zweiten Dekade des 21. Jahrhunderts versucht Russland auch wieder Einfluss auf Geschehnisse zu gewinnen, die weit von seinen Landesgrenzen entfernt stattfinden. Allerdings beruht der gestiegene Einfluss in der Region Syrien, Irak und Türkei wesentlich auf dem Bemühen der USA, sich aus den dortigen militärischen Aktivitäten zurückzuziehen. An ihre Stelle sollen Verbündete wie die NATO-Staaten treten. Konterkariert wird dieses Vorhaben aber durch die Weigerung der Verbündeten, bzw. im Falle der Türkei dadurch, dass das Land einen anderen Verbündeten, den DRS, bekämpft. Gleichzeitig ist die Türkei militärisch zu schwach, um die Truppen des Assad-Regimes und deren Verbündete, also Russland und den Iran, daran zu hindern Territorien zu erobern. Obwohl all dies wohlbekannt war, wurden die US-Truppen zurückgezogen. Trump ermöglichte damit den anderen Akteuren ihre Positionen auszubauen – auf Kosten des einzigen halbwegs zuverlässigen Verbündeten der USA in dieser Region.

Als eine weitere globale Macht ist die Volksrepublik China zu nennen. Sie ist mit ihrem enormen ökonomischen Wachstum der letzten drei Jahrzehnte und seiner Integration in den kapitalistischen Weltmarkt von einer Regionalmacht zu einem führenden Industriestaat und zu einer Militärmacht der Welt

3 Dies war schon vor über 30 Jahren eine Vereinfachung. So schlossen sich eine Reihe von Staaten zu den sogenannten blockfreien Staaten zusammen. Doch auch dieser Staatenbund war von der bipolaren Konfrontation zwischen dem »Osten« und dem »Westen« geprägt.

geworden. Die Volksrepublik verfügt nicht nur über Atomwaffen, sondern sie stellt allein schon durch ihre geografische Größe einen zentralen Machtfaktor in Ostasien, bzw. Südostasien dar. Sie hat gemeinsame Landesgrenzen zu 13 Staaten und grenzt über das Meer nochmals an sieben Staaten. Ab den 1990er-Jahren entwickelte sich China zur »Werkbank der Welt«, vor allem für die westlichen Industriestaaten, weil die Löhne niedrig waren, die Infrastruktur weit entwickelt, und Umweltstandards kaum existent. Inzwischen sind andere Staaten im Südosten Asiens, wie Vietnam, für Investoren interessanter als China geworden (Khanna 2020: 198f.), aber China ist weiterhin als riesiger Absatzmarkt für westliche Unternehmen von Interesse. Zugleich exportiert China nun nicht mehr nur Papier-Schirmchen für Cocktails, sondern hat eine Spitzenposition bei der Entwicklung von zukunftsträchtigen Technologien wie 5G und Künstliche Intelligenz (KI) eingenommen.

China betreibt seit den 2000er-Jahren eine weltweite Investitionspolitik. Mit diesen Investitionen will das Land seine Versorgung mit Rohstoffen absichern und zugleich die Märkte in anderen Staaten für seine Produkte öffnen. Als zentrale Ziele der chinesischen Wirtschaftspolitik gelten seit 2013 die »absolute Kontrolle und Unabhängigkeit vom Ausland.« (Widmann 2020: 19) Mit dieser Wirtschaftspolitik ist China in Konkurrenz zu den westlichen Industriestaaten getreten und scheint sogar US-Konzernen im Bereich Digitale Technologien die Marktführung streitig zu machen. Diese Entwicklungen bilden die Grundlage für die wirtschaftlichen Konflikte mit den USA, die zu einer allgemeinen Konfrontationssituation mit allen westlichen Industriestaaten führen kann. Es zeichnet sich eine weltweit wirkende wirtschaftliche, technologische, und damit verbunden auch politische Spaltung, also eine neue Blockbildung, ab. Die ökonomischen Interessen der einzelnen europäischen Staaten sind durch die drohende Spaltung unmittelbar betroffen. Völlig offen ist, wie sich die europäischen Staaten zu der drohenden Blockbildung verhalten werden. Es ist sogar unklar, ob es eine geschlossene Antwort der EU-Staaten geben wird. Vor diesem Hintergrund haben auch die Gebietsansprüche Chinas im sogenannten Südchinesischen Meer vor allem gegenüber den Anrainerstaaten Philippinen und Vietnam eine enorme Brisanz. Es geht bei diesen Gebietsansprüchen um die Nutzungsrechte für Fischvorkommen, mögliche Energieressourcen und aktuell um die Kontrolle regional wie international wichtiger Schifffahrtswege.

Schauen wir auf das aktuelle Kriegsgeschehen. Nach einem starken Anstieg des Kriegsgeschehens zwischen 1990 und 1993 gibt es seitdem auf der Welt jedes Jahr ungefähr 30 Kriege und Konflikte. Die Arbeitsgemeinschaft Kriegsursachenforschung (AKUF) kommt auf derzeit 27 Kriege bzw. bewaffnet ausgeführte Konflikte (AKUF-Presseerklärung 2019).

Die allermeisten Kriege finden innerhalb von Staaten statt.[4] Wenn andere Staaten als Kriegspartei auftreten, dann überwiegend als Unterstützer eines innerstaatlichen Akteurs. So führt Saudi-Arabien seit 2015 im Jemen eine Militärintervention durch, die von den USA, Frankreich und Großbritannien logistisch unterstützt wird. Truppen aus anderen arabischen Ländern, wie aus Ägypten und aus verschiedenen Golf-Anrainerstaaten beteiligten sich an der Intervention. Die jemenitische Regierung, die von Saudi-Arabien und seinen Verbündeten anerkannt wird, wirft dem Iran vor, die Huthi-Rebellen mit Waffen und Logistik zu unterstützen.

Sofern die Staaten ihre Interventionen nicht schlicht leugnen, legitimieren sie ihre Beteiligung stets mit Sicherheitsinteressen, vor allem mit der Abwehr terroristischer Aktivitäten, die das eigene Land bedrohen könnten. Der Schutz von Menschenrechten und die Stabilisierung einer legitimierten Ordnung werden auch oft erwähnt. Als ein eher neues Motiv für Interventionen kann gelten, dass auf diese Weise Flüchtlingsbewegungen verhindert werden sollen. Eher selten bis gar nicht genannt wird, dass die Intervenierenden ihre eigene politische Macht in einer Region ausbauen wollen, dass sie Interessen an der Extraktion von Rohstoffen in der Region haben und die Transportwege von Gütern sichern wollen.

Die USA sind als Akteur weiterhin in zahlreichen Kriegen und Krisen, so in Afrika und Westasien[5] aktiv. Auch als Waffenlieferant, beispielsweise an Saudi-Arabien, ist die Bedeutung der USA hoch einzuschätzen. Sie sind aber nicht mehr oder kaum mehr in der Lage, in das Kriegsgeschehen regulierend einzugreifen. Obwohl die USA über eine überlegene Militärmacht verfügen, haben die Kriege in Afghanistan und Irak offengelegt, wie gering ihre Durchsetzungsmacht ist. Tod und Zerstörung haben diese Kriege gezeitigt – mehr nicht. Der Einfluss der USA ist in vielen Teilen der Welt zurückgegangen. Diese Entwicklung wurde unter der Präsidentschaft von Obama eingeleitet, der im Januar 2012 erklärte, dass die USA zukünftig ihre Präsenz in Asien und im Pazifik stärken würden (Obama 2012a). Bereits damals wollten sie sich aus Kriegs- und Krisengebieten zurückziehen und ihre Verbündeten zwingen, mehr militärisches Engagement zu zeigen. Unter der Präsidentschaft Trump hat sich der Ton verschärft und durch die abrupten Umsetzungen der Handlungsdruck auf die europäischen Staaten erhöht. Beim Verlust an Durchsetzungsmacht des Hegemon USA erwächst, wie an den Geschehnissen

---

4 Sie werden von der AKUF als Antiregimekrieg definiert. Sie zielen auf den Sturz der Regierenden oder gar auf die Veränderung des politischen Systems, möglicherweise auch auf die des gesellschaftlichen Systems (AKUF 2000: 60).

5 Zur den hier verwendeten geografischen Begrifflichkeiten vgl. Khanna 2020: 10.

in Nordsyrien zu erkennen ist, nicht automatisch ein Mehr an Gerechtigkeit, Freiheit, Gleichheit und Frieden. Auch zukünftig wird wohl beim Abstieg der USA keine Freude aufkommen.

Einerseits ist die zu beobachtende Regionalisierung der Kriege und Krisen lediglich das Ergebnis einer angemesseneren Beobachtung der komplexen Kriegs- und Krisengeschehnisse auf der Welt. Andererseits kann man auch feststellen, dass es eine Reihe von Staaten gibt, die heute machtvoller jenseits ihrer Staatsgrenzen auftreten, weil sie beispielsweise über atomare Waffen verfügen. Ihre Chancen, Einfluss auf die Geschehnisse zu nehmen, sind zugleich gestiegen, weil der militärische Hegemon USA geschwächt ist. Das einseitige Setzen der USA auf den Erhalt der militärischen Dominanz schwächt schon lange auch ihre ökonomische Stellung. So fehlen die Milliarden US-Dollar, die für Kriege und Rüstung ausgegeben wurden, für die Instandhaltung und den Ausbau der Infrastruktur in den USA. Bereits der damalige US-Präsident Obama verkündete anlässlich eines Truppenabzuges aus Afghanistan, dass sich die USA keine weiteren kostspieligen Militärinterventionen mehr leisten können. Die massiven ökonomischen Probleme des Landes verlangten eine andere Politik: »Amerika, es ist Zeit, dass wir uns auf den nationalen Aufbau im eigenen Land konzentrieren« (Obama 2012b, Übers.: J.W.).

Auch die EU-Staaten bilden heute einen überregionalen Machtfaktor. Aber sie bilden keinen homogenen Machtblock. Aus der Perspektive der Europäischen Union (EU) wie der NATO dürfte es beunruhigend sein, dass ihre Mitgliedsstaaten auf verschiedenen Seiten für Kriegsgegner Partei ergreifen.

In Libyen stehen sich als Kriegsparteien ein Warlord und eine international anerkannte Übergangsregierung gegenüber. Beide Seiten werden von verschiedenen Anrainerstaaten, aber auch von Staaten unterstützt, deren Außengrenzen zum Teil Tausende Kilometer entfernt von Libyen liegen. So erhob Frankreich im Juli 2020 gegenüber der Türkei den Vorwurf, sie würde trotz des von den UN verhängten Waffenembargos ihre militärische Präsenz in Libyen verstärken »und massiv dschihadistische Kämpfer aus Syrien«, so der französische Präsident Macron, einschleusen (zit. nach Gutschker/Wiegel 2020). Die Türkei stützt damit die Regierungstruppen, während diese wiederum Frankreich beschuldigen, das Land würde die andere Kriegspartei, die des ehemaligen Armeeoffiziers Haftars, mit Waffen und Logistik ausstatten, für den auch Ägypten, Russland und die Vereinigten Arabischen Emiraten wiederholt als Verbündete genannt werden. Italien und Malta gelten ebenso wie Marokko und Tunesien eher als Verbündete der Übergangsregierung.

In Nordsyrien ist mit dem NATO-Staat Türkei ein Kriegsakteur zu nennen, der die Interessen von EU-Staaten an einer regionalen Stabilisierung untergräbt. Und dass es zwischen den NATO-Staaten Türkei und Griechenland immer wieder zu Spannungen kommt, ist zwar keine Neuigkeit. Neu dagegen ist, dass Frankreich deutlich zugunsten Griechenlands Partei ergreift und zusammen mit Ägypten und Israel gegen die Türkei vorgeht, die versucht, Gasvorkommen im östlichen Mittelmeer zu erkunden und später auszubeuten.

Der in Bedrängnis geratene Hegemon USA übt Druck auf seine Verbündeten aus. Das Motto der Regierung Trump »America First« erklärt im Kern, dass nur noch Verbündete akzeptiert werden, die die Vorherrschaft der USA auch auf ihre eigenen Kosten hinnehmen. Ökonomisch sind die USA ins Hintertreffen geraten. Durch die forcierte Ausbeutung der letzten einheimischen fossilen Brennstoffe (Stichwort Fracking) versuchen sie ihre ökonomische Position zu verbessern. Sie wollen gegenüber dem Weltmarkt autark werden und gleichzeitig ihre Dominanz auf diesem behaupten. Doch gibt es Konkurrenz, die die gleichen Produkte billiger anbieten kann. Hier hilft nur politischer Druck, und genau diesen kann man beim Streit um die Fertigstellung der Pipeline Nord Stream II beobachten. Ganz abgesehen davon, ob die hohen Investitionskosten angesichts des geplanten Ausstiegs aus der fossilen Energiewirtschaft sinnvoll sind, geht es bei dem Streit zwischen den USA und der Bundesrepublik um die Frage, woher Deutschland in den kommenden Jahren Erdgas beziehen wird.

Wie sind die komplexen Geschehnisse außerhalb der Bundesrepublik, außerhalb der EU zu bewerten? Die Stimmen, die in der gewachsenen ökonomischen Bedeutung Chinas und anderer Staaten in Ost- und Südostasien einen positiven, hoffnungsvollen Prozess sehen, der auf die ganz Welt ausstrahlen würde (hierfür steht der Analyst Parag Khanna) sind in der Minderheit. Mehrheitlich, zumindest in der Bundesrepublik, sind eher Stimmen wie die von Herfried Münkler und Hans-Dieter Heumann (2020) zu hören. Sie gehen von einer bedrohlich wirkenden multipolaren Weltordnung aus. Der Westen habe sich in zwei Teile aufspalten, »in einen US-amerikanischen und europäischen Teil« (so Münkler 2020: 9) und die Bundesrepublik müsse mit ihren Verbündeten noch beweisen, inwieweit sie außenpolitisch handlungsfähig ist (siehe Heumann 2020: 174f.). Im Folgenden soll der Frage nach der geopolitischen Positionierung Deutschlands nachgegangen werden.

Zur geopolitischen Positionierung der Bundesrepublik

Die Frage, welche Außen- und Militärpolitik der deutsche Staat betreiben soll, gehört zu den Gründungsfragen des Vereinigungsprozesses der Jahre 1990/1991. Der Angriff des Iraks auf Kuwait fiel in diese Zeit. Unstrittig war innerhalb der politischen Klasse, dass sich Deutschland an dem Krieg beteiligen solle. Doch auf welche Weise? In seiner ersten Regierungserklärung als Kanzler des vereinigten Deutschlands erklärte Helmut Kohl, das Kabinett habe am Vortag beschlossen, den USA 5,5 Milliarden Deutsche Mark zu überweisen. Er wies weiter darauf hin, dass Truppen zum Schutz der Türkei entsendet würden.[6] Vor allem die erhebliche finanzielle Unterstützung zog viel Aufmerksamkeit auf sich und sollte Gegenstand der Kritik im In- und Ausland sein. Eine derartige »Scheckheftdiplomatie« wurde seitdem in dieser Form nicht mehr praktiziert.

1990 sprachen sich in einer Allensbach-Umfrage nur 31 Prozent der Befragten dafür aus, dass Deutschland mehr Verantwortung in der Welt übernehmen solle. Dies sollte sich in den darauffolgenden Jahren – vor dem Hintergrund des Zweiten Golfkrieges, der Sezessionskämpfe in Jugoslawien und einer Vielzahl weiterer Kriege – ändern. Die Formulierung »mehr Verantwortung für die Welt«, zielte auf die Beteiligung mit Soldaten an den Kriegen und Konflikten ab. In den 1990er-Jahren wurden immer wieder steigende Zustimmungsraten für die Position eines stärkeren militärischen Engagements der Bundesrepublik erhoben (siehe Asmus 1995; Hellmann/Enskat 2004). Spätestens vor dem Hintergrund des Dritten Golfkrieges (2003) sank die Zahl der BefürworterInnen aber wieder. Eine Untersuchung des Allensbacher Instituts für Demoskopie kam 2016 zu dem Ergebnis, dass abgesehen von humanitären Hilfemaßnahmen gegenüber »allen anderen Maßnahmen [...] weitaus mehr Vorbehalte [bestehen]. Immerhin knapp die Hälfte der Bevölkerung unterstützt den Einsatz von Bundeswehrsoldaten bei einer UNO-Friedenstruppe, 44 Prozent Sanktionen, um Konfliktparteien unter Druck zu setzen. Schon das Entsenden von Militärberatern wird jedoch nur noch von 36 Prozent unterstützt, die Teilnahme an NATO-Einsätzen in Krisengebieten von 27 Prozent. Noch weniger unterstützt die Bevölkerung direkte Hilfen für Konfliktparteien, seien sie finanziell oder militärisch.« (IfD 2016: 6) Dies wird im Wesentlichen darauf zurückgeführt, dass die Auslandseinsätze als erfolglos angesehen werden (ebd.: 8). Es handelt sich keinesfalls um eine pazifistische Haltung – so galt der militärische Schutz von Handelswegen, z.B. gegen Piraten, für über 50 Prozent der Befragten als legitim. In einer neueren Umfrage vom Dezember 2019 stellt das Zentrum für Militärgeschichte und Sozialwissenschaften der Bundeswehr (ZMSBw) fest, dass die Zustimmung zum Einsatz in Afghanistan weiterhin gering ist (ZMSBw 2019: 174, 181) und viele BürgerInnen keine Kenntnisse von den meisten Interventionen haben (ebd.: 179). Kampfeinsätze der Bundeswehr werden zwar nur von 27 Prozent der Befragten uneingeschränkt befürwortet (ebd.: 43), gleichzeitig diagnostiziert das Institut aber deutliche Mehrheiten für Bundeswehreinsätze, zum Bei-

6 Siehe Regierungserklärung vom 30.1.1991 (Deutscher Bundestag 1991: 68).

spiel um die Versorgung mit Rohstoffen sicherzustellen, um Bündnispartner zu verteidigen und die »Lage in Krisenregionen zu stabilisieren« (ebd.: 167).

Andere Einschätzungen lassen sich bei den Eliten der Bundesrepublik finden. In einer Umfrage unter Führungskräften Ende 1995 stimmten diese mehrheitlich für einen deutschen Truppeneinsatz bei verschiedenen Kriegsszenarios. Die Zustimmung war bei »friedenserhaltenden Einsätzen« mit 93 Prozent am höchsten und erreicht bei der »Durchsetzung eines Wirtschaftsembargos gegen einen Aggressor« immerhin auch noch 59 Prozent (siehe Asmus 1996: 11). Die Haltung der (politischen) Eliten ist für die Außenpolitik eines Landes besonders wichtig. Denn im Gegensatz zu den allermeisten BürgerInnen beschäftigen sich die Eliten in Wirtschaft, Verwaltung und Politik häufig mit außenpolitischen Themen und verbinden mit ihnen auch unmittelbare Interessen. Es ist deshalb auch kein Zufall, dass sich die oben benannte Haltung schnell in regierungsoffiziellen Publikationen niederschlug. Dies zeigt ein Blick in das Weißbuch der Bundeswehr in verschiedenen Jahren. Hier steht 1985, dass die Bundeswehr als »Armee im Bündnis konzipiert« und »kein Instrument zur selbstständigen Machtentfaltung der Bundesrepublik« sei (BMVg 1985: 73). Im nächsten Weißbuch von 1994 kann man bereits anderes lesen: Deutschland falle »die Chance zu, ein mitbestimmender Faktor für Frieden und Fortschritt in Europa und in der Staatengemeinschaft zu werden«. Weiter heißt es, Deutschland »muss sich seiner gewachsenen Verantwortung stellen.« (BMVg 1994: 24) »Deutschland ist aufgrund seiner Interessen, seiner internationalen Verflechtungen und Verpflichtungen vom gesamten Risikospektrum betroffen. [...] Dabei muss stets das ganze Spektrum möglicher Maßnahmen betrachtet werden, die für dieses übergeordnete Ziel getroffen werden können. [...] Im Rahmen einer ursachenorientierten Politik zur Krisen- und Konfliktlösung kann auch der Einsatz militärischer Mittel erforderlich werden, um Gewalt oder Krieg zu verhindern, einzugrenzen oder zu beenden.« (BMVg 1994: 39)

Die Betonung eigener »deutscher Interessen« zeigte eine neue Einstellung in der Ausrichtung der Zwecksetzung des Militärs an. Der Einsatz der Streitkräfte galt nun sehr wohl auch als Mittel der eigenständigen Machtentfaltung der Bundesrepublik. Allerdings sollte dies weiterhin im Rahmen von Bündnisverpflichtungen stattfinden. »Deutschland hat die Lehren aus der Geschichte gezogen und wird daher die Politik der aktiven Integration und breiten internationalen Kooperation fortsetzen.« (BMVg 1994: 42) Man kann die neue Position zusammenfassen in der Zielsetzung, dass man beabsichtigte, nicht ein »Zahlmeister« von Kriegen zu sein, der selber keinen Einfluss auf die Art und Weise des militärischen Engagements und damit auf den Kriegsverlauf hat, weil er selber keine Truppen stellt. Verbunden war und ist mit dem angestrebten militärischen Engagement die Hoffnung, innerhalb der NATO sowie innerhalb der UN, eine gewichtigere Rolle spielen zu können. Letzteres gipfelte in dem forcierten Versuch unter der rot-grünen Regierung Schröder, einen ständigen Sitz mit Vetorecht im UN-Sicherheitsrat zu erhalten.

Im Hinblick auf militärische Aufträge für die Bundeswehr wurde das Weißbuch von 1994 nicht sonderlich konkret. Da zum Zeitpunkt seiner Veröffentlichung noch eine Entscheidung des Bundesverfassungsgerichts ausstand, ob Auslandseinsätze jenseits des Verteidigungsfalles des bundesdeutschen Territoriums überhaupt verfassungskonform seien, blieb dies späteren Weißbüchern vorbehalten. Im Weißbuch 2006 wird noch stärker als zwölf Jahre zuvor von Interessen gesprochen. Neu gegenüber dem Weißbuch von 1994 war die Betonung des Interesses Deutschlands an »einem offenen Welthandelssystem und freien Transportwegen.« (BMVg 2006: 19)[7] Neu war auch die Einstufung des »Internationalen Terrorismus« als Bedrohung der Sicherheit Deutschlands. Im Weißbuch 2016 wurde dieses Bedrohungsszenario weiter ergänzt. Neben dem inzwischen zum transnationalen mutierten Terrorismus werden als »Herausforderung für die deutsche Sicherheitspolitik«, nun Gefahren aus dem »Cyber- und Informationsraum« und der Klimawandel (BMVg 2016: 34-46) erwähnt. Die Ausführungen zur Migration wurden deutlich verschärft, denn »unkontrollierte und irreguläre Migration« stelle ein Gefährdungspotenzial Europas und Deutschlands dar.[8] Letztlich sind in den Weißbüchern jeweils aktualisierte Einschätzungen zur Bedrohungslage zu finden, aber im Kern bestätigen sie die bereits in den 1990er-Jahren eingeschlagene Richtung, dass die Bundeswehr auch weit jenseits des bundesdeutschen Territoriums eingesetzt werden müsse. Nicht geändert hat sich die Einschätzung, dass die Bundeswehreinsätze im Verbund mit Bündnispartnern erfolgen sollen. Im Weißbuch 2016 fällt auf, dass geradezu alles in »bi- und multilateralen Partnerschaften und Ad-hoc-Kooperationen« (insbesondere BMVg 2016: 80f.) umgesetzt werden soll. Hier deutet sich ein Problem an. Darauf wird noch einzugehen sein.

Bereits vor 1991 hat es Auslandseinsätze der Bundeswehr gegeben. Bei diesen handelte es sich ausschließlich um sogenannte humanitäre Einsätze. Es waren jeweils nur wenige Truppenteile an ihnen beteiligt und sie waren noch am bedeutsamsten für die Luftwaffe, die auf diese Weise Erfahrung für

7 Ganz neu war dies freilich nicht: In einem Papier des damaligen Verteidigungsministers Rühe aus dem Jahr 1992, den Verteidigungspolitischen Richtlinien, wurde »vom ungehinderten Zugang zu Märkten und Rohstoffen in aller Welt« (BMVg 1992: 4) gesprochen.
8 Die Thematik »Pandemie und Seuchen« ist bereits im Weißbuch 2006 zu finden, wird aber in der Fassung von 2016 noch ausführlicher behandelt.

den Flugbetrieb über weite Strecken erwarb (siehe Merziger 2018). Dass in den darauffolgenden Jahren Auslandseinsätze mit dem Bild des Brunnenbohrens verbunden wurden, lag an dem bis dahin umfangreichsten Einsatz der Bundeswehr im Ausland, in Somalia von 1993 bis 1994. Auch bei diesem Einsatz handelte es sich um eine UN-Mission, doch während die Bundeswehr-Truppen vor allem mit dem Bohren von Brunnen und der Verteilung von Wasser und Nahrungsmitteln beschäftigt waren, gelang es nicht, das Land mit Waffengewalt zu befrieden. Deshalb wurden die UN-Truppen 1994 abgezogen. Bei diesem Einsatz tötete ein Soldat der Bundeswehr erstmals einen Menschen im Ausland.[9] Seit dieser Zeit ist kein Jahr vergangen, in dem Bundeswehr-SoldatInnen nicht für Militärinterventionen ins Ausland entsandt wurden. Im Verlauf der Interventionen kamen alle Teilstreitkräfte, wenn auch auf je spezifische Weise, zum Einsatz. Es sollte sich auch nicht mehr ausschließlich um UN-Missionen handeln. Vielmehr nahm die Bundeswehr an vielen unterschiedlichen Formen militärischer Interventionen im Ausland teil. Sie war auch am ersten Kriegseinsatz der NATO 1999 beteiligt, für den es kein UN-Mandat gab, und der sich gegen die jugoslawische Armee richtete.

Ende 2001 begann für die Bundeswehr ihr bislang personalintensivster Auslandseinsatz. Die Bundeswehr-Verbände sollten die gewählte Regierung Afghanistans unterstützen und für Sicherheit und Frieden im Lande sorgen. Bis zu 100 Soldaten des Verbandes Kommando Spezialkräfte unterstützten obendrein bis 2008 die dortigen US-Streitkräfte bei ihren sogenannten Anti-Terror-Operationen (Seiffert/Langer/Pietsch 2012: 11f.). In Afghanistan traf die Bundeswehr auf Gegner, die diese wiederholt attackierte. Über Jahre hinweg wurden die entsandten Truppenkontingente immer größer. Es wurden SoldatInnen durch Anschläge getötet und die Einheiten waren einige Male in Gefechte verwickelt. Für die SoldatInnen bedeutete der Einsatz in Afghanistan-Einsatz, in einer bedrohlichen Umgebung zu leben, die sie in einem hohen Ausmaß mit Elend und Not konfrontierte, was im bundesrepublikanischen Alltag kaum vermittelbar ist. Von Frieden war und ist in Afghanistan nicht viel zu sehen. Nach Angaben der Bundeswehr starben hier 59 Soldaten, davon 35 durch »Fremdwirkung«. Seit Beginn des Einsatzes klagten die SoldatInnen über die Belastungen, denen sie ausgesetzt waren, und über mangelnde Anerkennung durch die Politik. Ungeeignete Bewaffnung, zu wenig Ausrüstung, die Verschleierung der Einsatz-Verhältnisse in Afghanistan und der Umgang des Verteidigungsministeriums mit traumatisierten SoldatInnen, all dies führte zu einer massiv verschlechterten Stimmung in der Trup-

9 Ein Wachsoldat erschoss einen 20jährigen unbewaffneten Somali, der nachts in ein Treibstofflager eingedrungen war (Deutscher Bundestag 1994)

pe. Obendrein wurde vom Sozialwissenschaftlichen Institut der Bundeswehr festgestellt, dass sich die »Erfahrungswelten im Einsatz und am Heimatstandort weiter auseinander entwickeln.« (Seifert 2012: 97) Das Verhältnis vieler Militärangehörigen zur politischen Führung gilt seitdem zumindest als angespannt. Die Vorkommnisse, bei denen Soldaten das politische System in toto in Frage stellen und sogar Sympathie für den Nationalsozialismus bekundeten, sind auch vor diesem Hintergrund zu verstehen.

Von 1992 bis zum April 2018 wurden über 418.000 SoldatInnen, davon mehr als 18.000 Frauen, zu 54 Auslandsmissionen abkommandiert.[10] Der damalige Wehrbeauftragte Hans-Peter Bartels kommt für das Jahr 2019 auf 17.500 SoldatInnen, die von Auslandmissionen beansprucht wurden.[11] In keinem Fall hatten sie unmittelbare Kampfaufträge, sondern waren vor allem in den Bereichen Logistik, Instandhaltung sowie See- und Flugüberwachung tätig. Weitere SoldatInnen hatten die Aufgabe, Soldaten anderer Staaten auszubilden, insbesondere die größten Einsatzkontingente in Afghanistan und Mali.

Mit dem Ukraine-Krieg und dem Krim-Konflikt (2014) haben Auslandsstationierungen von Bundeswehr-SoldatInnen in Osteuropa an Bedeutung gewonnen. So wurden im Rahmen der sogenannten erweiterten Vornepräsenz der NATO in Litauen rund 500 SoldatInnen stationiert. Hinzukommen noch Abkommandierungen für Übungen, die in Polen und anderen osteuropäischen NATO-Staaten durchgeführt werden.

Das Verhältnis EU – Bundesrepublik

Die Bundeswehr wurde in den 1990er-Jahren ein Mittel der Außenpolitik, um die Stellung der Bundesrepublik auf internationaler Ebene, wie bei den UN, der EU und auch der NATO zu verbessern. Sicher kann man darüber streiten, ob und wenn ja, welche Auslandseinsätze sinnvoll waren, und welche als erfolgreich zu beurteilen sind. Das Ziel eines außenpolitischen Positionsgewinns durch eine Militarisierung der Außenpolitik dürfte auf jeden Fall als erreicht gelten.

In den vergangenen 30 Jahren wurden keine militärischen Alleingänge unternommen. Die Entscheidungen zugunsten von Militärinterventionen erfolgten stets zusammen mit anderen Bündnispartnern. Es handelte sich um

10 Auch hier gilt: die SoldatInnen, die mehrfach an Einsätzen teilgenommen haben, wurden auch mehrfach gezählt (Deutscher Bundestag 2018).

11 In dieser Zahl sind auch Einsätze enthalten, die nicht als vom Bundestag mandatierte Missionen gelten, und über die das Parlament allenfalls Berichte erhält. Die Zahl dieser Einsätze ist Teil der Klage des Berichts des Wehrbeauftragten (Bericht des Wehrbeauftragten 2019).

Einzelfallentscheidungen. Ihnen lag kein Masterplan zugrunde. Ein solcher ist auch nicht in den Weißbüchern und in anderen offiziellen Papieren zu finden. Die Prozesse lassen sich als *patchworking* beschreiben, mit denen auf äußere Anlässe reagiert wurde, die wiederum gerade bei den umstrittenen Interventionen zu komplizierten Abstimmungsvorgängen mit Bündnispartnern führten. Mitunter wirkten die Akteure deshalb auch eher wie von äußeren Umständen Getriebene, denn als souverän Entscheidende.

Gleichzeitig sind generelle strategische Überlegungen bei den jeweiligen Regierungen zu erkennen. Für die 1990er-Jahre lässt sich das Ziel ausmachen, durch eine Militarisierung der Außenpolitik innerhalb des westlichen Bündnisses eine stärkere Position zu erlangen. Dies hieß damals, vor allem mit den USA und in Folge auch mit den anderen westlichen Staaten mehr auf Augenhöhe verhandeln zu können. Die weltumfassende Kriegsführung der USA in verschiedenen Staaten, die im Irak und Afghanistan den Tod Hunderttausender und umfassendes Leid hervorgerufen hat, sowie ihr aggressives Vorgehen gegen den Iran führten verstärkt zu einer Außenpolitik, die darauf setzt, dass die EU eine eigenständigere Rolle gegenüber den USA einnehmen kann. Dies setzte und setzt voraus, dass zwischen den EU-Staaten gemeinsame Interessen formuliert werden können, die sie aber nicht unbedingt haben. Außenpolitische Interessensunterschiede sind in der Vergangenheit nicht nur zwischen den USA und der Bundesrepublik offen zu Tage getreten, massiv etwa bei der Weigerung der Bundesregierung unter Gerhard Schröder, sich 2003 mit der Bundeswehr direkt am Krieg gegen den Irak zu beteiligen.[12] Interessensunterschiede zwischen den EU-Staaten und innerhalb der NATO traten 2011 darüber auf, ob NATO-Truppen bzw. Soldaten von EU-Staaten militärisch zugunsten aufständischer Milizen gegen das Regime Gaddafis intervenieren sollen. Die Regierung unter Angela Merkel enthielt sich 2011 im UN-Sicherheitsrat, als über ein entsprechendes Mandat entschieden wurde, und entsandte keine Truppen nach Libyen. Frankreich dagegen trat als treibende Kraft für die Intervention zugunsten der Milizen auf und stellte neben den USA den größten Teil der Interventionsstreitmacht.

Bemühungen innerhalb der EU, eine gegenüber den USA eigenständigere Außenpolitik auch mit militärischen Mitteln zu betreiben, sind älter als der Amtsantritt der Administration Trump 2017. Sie setzten in der zweiten Dekade des 21. Jahrhunderts ein, als die US-Regierung unter Obama sich dafür entschied, sich zukünftig stärker dem Pazifik und Asien zuzuwenden.

12 Gleichwohl wurde die sogenannte Koalition der Willigen bei ihrer Kriegsführung in vielerlei Hinsicht von der Bundesrepublik unterstützt. So konnten die USA von ihren deutschen Basen aus den Krieg vorbereiten und durchführen.

Die EU formulierte 2016 eine »Globale Strategie für die Außen- und Sicherheitspolitik« (EUGS). Aufgrund dieses Papiers konnte man damals noch zu dem Schluss kommen, dass »sich Europa sehr viel enger als zuvor an die Nato [bindet] und [in] [...] in der Allianz seine eigentlichen Verteidigungsanstrengungen« konzentriert (Bendiek 2016: 4). In der Zusammenfassung einer Fortschreibung dieses Papiers im Jahr 2019 kann man inzwischen eine andere Schwerpunktsetzung herauslesen. Dabei ist neu, dass die EU als Globalplayer empfohlen wird, der sich mit anderen globalen Mächten auf gleicher Augenhöhe engagiere könne (Auswärtiger Dienst der EU 2019: 29). Von einem Bruch mit der NATO ist zwar nicht die Rede, aber die Betonung der Eigenständigkeit ist auffällig.

Auf unterschiedlichen Ebenen wird spätestens seit 2017 verstärkt für eine solche Eigenständigkeit der EU-Außenpolitik gegenüber den USA geworben. So berichtete die Bonner Akademie für Forschung und Lehre praktischer Politik (BAPP)[13] 2018 in einer Publikation von einem Fachgespräch *Strategische Diplomatie*. Europa, so das Fazit, bleibe »nichts anderes übrig [...], als sich weiter zu einem handlungsfähigen Akteur in der multipolaren Welt zu entwickeln und seine Beziehungen vor allem zu den USA, zu China und zu Russland teilweise neu auszurichten. Deutschland und Frankreich müssen hierbei eine führende Rolle spielen.« (BAPP 2018: 29) Erwartet wird, dass die Aufspaltung des Westens in die EU-Staaten und in die USA von Dauer sein wird (siehe hierzu auch Heumann 2020: 48f.). Das Selbstverständnis der Strategischen Diplomatie ist, dass sie »die politischen Kräfte im Innern eines Staates von den nationalen Interessen überzeugen, hierbei auch manchmal in Führung gehen (muss).« (Ebd.: 32f.) In diesem Sinne kann man auch einen Artikel verstehen, der vom Staatssekretär Martin Jäger in der FAZ am 4.9.2020 veröffentlicht wurde. Jäger erklärt, dass mit dem absehbaren Abzug der US-Truppen aus Afghanistan, die »Ära amerikanisch geführter Interventionen« enden würde. Wie das Beispiel Syrien zeige, hätten die Folgen des US-Rückzuges in Syrien verhindert werden können, wenn der Westen, also die europäischen Staaten mit ihrem Militär, präsent gewesen wären. Es gälte Deutschland interventionsfähig zu machen: »Zur Wahrung des Weltfriedens und der internationalen Sicherheit, zum Schutz eines Partnerlandes und unserer Handelswege.« In diesen Zusammenhang wird vor allem die Militärintervention Frankreichs in der Sahelzone erwähnt, der sich Deutschland anschließen sollte.

13 Die BAPP ist ein Think Tank, der sich ausdrücklich an Unternehmen und Organisationen wendet, »die ihre Mitarbeiter praxisnah weiterbilden möchten«, um sie »auf eine spätere berufliche Tätigkeit in Wirtschaft, Medien, Politik oder Verwaltung« (BAPP 2020) vorzubereiten. Ihr Auftrag ist also, die Elite in Verwaltung, Wirtschaft und Politik mitzuprägen.

Die syrischen KurdInnen und ihre Verbündeten wären 2019 sicherlich froh gewesen, wenn eine EU-Streitmacht dafür gesorgt hätte, dass sie nicht gleichzeitig von den Truppen des Assad-Regimes sowie dem türkischen Militär und den mit ihm verbündeten Milizen in die Zange genommen worden wurden. Vergessen wird über diesem Umstand, dass die US-Politik auch in dieser Region als gescheitert eingestuft werden muss. Vergessen wird, dass eine EU-Außenpolitik, die lediglich versucht, die Machtpolitik der USA mit ihren eigenen Mitteln zu imitieren, genauso wie diese scheitern wird. Dies wird am Beispiel der Militärintervention in Mali deutlich. Frankreich setzte 2013, mit Zustimmung des UN-Sicherheitsrates, seine Streitkräfte in Mali gegen die von Norden kommenden Rebellen ein, die dabei waren, ganz Mali zu erobern. Die französischen Truppen stoppten die Offensive der Rebellen und eroberten zusammen mit den malischen Regierungstruppen alle bedeutenden Städte und Dörfer zurück. Derzeit setzt Frankreich in der gesamten Region, also noch in weiteren vier Staaten, Truppen »zur Terrorbekämpfung« ein. In Mali versuchen derzeit verschiedene militärische Missionen die staatlichen Verhältnisse zu stabilisieren. Auch zahlreiche afrikanische Staaten sind mit Truppen vor Ort. Das umfangreichste Truppenkontingent untersteht den UN im Rahmen einer Friedensmission (MINUSMA). Sie gilt als die verlustreichste Mission der UN seit dem Korea-Krieg von 1950-1953. Auch die Bundeswehr ist in Mali im Einsatz und bildet im Rahmen der MINUSMA und einer EU-geführten Mission malische Soldaten aus. All diesen Bemühungen haftet freilich die Aura der Vergeblichkeit an. Seit acht Jahren sollen die verschiedensten Interventionstruppen für Frieden sorgen. Der Unmut der Bevölkerung mit der Regierung ist seitdem gewachsen, da sie die Sicherheitslage nicht verbessern konnte und als korrupt galt. Die im Land stationierten ausländischen Streitkräfte wurden zunehmend abgelehnt. Vor diesem Hintergrund putschten Einheiten des malischen Militärs und übernahmen die Regierungsverantwortung. Große Teile der Bevölkerung begrüßten jubelnd den Putsch, der von der Bundesregierung offiziell abgelehnt und das Ausbildungsprogramm ausgesetzt wurde. In der Wochenzeitung Die Zeit wird im August 2020 Verständnis für den Putsch signalisiert. Die Bundesregierung habe über die Korruption hinweggesehen, weil der in Mali regierende Präsident als Verbündeter gegen den Terror galt, aber deren Regierung habe »mehr Schaden als Nutzen angerichtet« (Die Zeit 2020).

Noch einmal anders: Eine Außenpolitik, die im Grunde lediglich den Status quo erhalten will, die meint, die EU, genauer ein Militärbündnis, in dem vor allem Frankreich und Deutschland seine Streitkräfte einbringen, könnte zu einem Globalplayer werden, der den Rückzug der USA in Nordafrika und Westasien kompensieren könnte, verleugnet wesentliche Gründe für das

Scheitern der US-Hegemonie. Sicherheitspolitik, die sich als Stabilitätspolitik versteht, ignoriert allzusehr die Gründe für die Instabilitäten. Sie läuft stets auf ein Bündnis mit den regionalen Eliten hinaus, die für die Fortsetzung des Status quo stehen. In den *failed states* sind es vor allem diese Eliten, die einerseits von der staatlichen Desintegration bedroht und zugleich durch ihre Politik selber mitverantwortlich für diese Prozesse sind.[14] Die kleptokratischen Eliten zerstören Entwicklungspotentiale in den jeweiligen Ländern ebenso wie die EU, die etwa mit ihren Agrarprodukten die einheimischen Märkte überschwemmt.

In den vergangenen drei Jahrzehnten haben pazifistische und auch antimilitaristische Kritiken die Militarisierung der bundesdeutschen Außenpolitik nicht verhindern können. Ab den 2000er-Jahren zog nur noch der Militäreinsatz in Afghanistan eine gewisse öffentliche Aufmerksamkeit auf sich. Selbst wenn die Zustimmung zu diesem Einsatz über lange Zeit eher gering war und ist, sah sich keine Bundesregierung zum Abzug aus innenpolitischen Erwägungen gezwungen. Erst der absehbare Abzug der US-Streitkräfte wird die Truppenstationierung der Bundeswehr in Afghanistan beenden.

In einer Umfrage vertritt eine Mehrheit der bundesrepublikanischen Bevölkerung »insgesamt [eine] wohlwollende Meinung [...) zur europäischen Verteidigungszusammenarbeit.« (ZMSBw 2019: 62). Würde eine EU-Armee im Ausland etwa einen als terroristisch eingestuften Gegner bekämpfen, so kann man aus der gleichen Umfrage schließen, dann wäre mit einer mehrheitlichen Zustimmung zu rechnen. Ebenso könnte das Argument, anderen Regionalmächten wie der Türkei, möglicherweise aber auch Russland, politische Räume nicht einfach zu überlassen, auf Mehrheiten stoßen. Dass selbst eine Mehrheit der WählerInnen der Partei Die Linke einer Militärintervention zugunsten der syrischen DRS begrüßt hätte, dafür gibt es Hinweise in der gleichen Umfrage (ebd.: 41, 45, 102). Zweifellos sind, Meinungsbilder nicht mit Abstimmungen im Bundestag gleichzusetzen, und sie können sich im Verlauf einer Militärintervention auch wieder ändern, zumal diese sich nicht unbedingt so entwickeln müssen, wie sie anfangs geplant waren.

Die Beteiligung Deutschlands an Militärinterventionen wird in der Öffentlichkeit derzeit unter dem Label *Verantwortung für den Frieden* erörtert. Neben dem Kriegsgeschehen wird auch immer wieder auf instabile Staaten, auf Elend und Not hingewiesen, die Menschen in den betroffenen Regionen zur Flucht treiben. In einer Studie des Münchner Instituts vom Oktober 2020

14 Neben Jordanien und dem Irak werden vor allem das Militär und die Polizei afrikanischer Staaten im Rahmen der Ertüchtigungsinitiative unterstützt (Bundesministerium für Verteidigung/Auswärtiges Amt 2019)

wird festgestellt, dass von den AnhängerInnen der Union 50 Prozent, der FDP über 60 Prozent und der AfD 74 Prozent der Meinung sind, dass Deutschland aufgrund seiner Geschichte keine größere Verantwortung als andere Staaten für den Frieden in der Welt habe (Bunde u.a. 2020: 108f.). Diejenigen, die andere Parteien, von der SPD bis hin zur Linken präferieren, treten in ihrer Mehrheit für eine größere Verantwortung ein. Mehrheitlich bevorzugen sie dabei den Einsatz von diplomatischen und zivilen Mitteln (ebd.: 113). In den letzten zehn Jahren hat die Bundesrepublik ihre Ausgaben in diesem Bereich erheblich gesteigert. So wurden im Jahr 2019 zwölfmal so viel Beiträge an das UNHCR angewiesen als 2010 (ebd.: 76). Kritisch sehen die Autoren der Studie vor allem den trotz der jüngsten Erhöhungen immer noch als zu gering erachteten Militäretat Deutschlands. Sie plädieren für eine viel stärkere Aufrüstung und für einen gesteigerten militärischen Einsatz der Bundeswehr, weil es nun maßgeblich darauf ankomme, dass Deutschland unter den europäischen Bündnisstaaten, neben Frankreich, zu einer Führungsmacht werde. Damit die Zustimmung in der Bevölkerung für diese Politik steige, wird in der Studie dafür geworben, dass »noch regelmäßiger, intensiver und ehrlicher über Außen- und Sicherheitspolitik« (ebd.: 138) diskutiert werde. »Ehrlicher« meint hier, vor allem auf die Notwendigkeit des Einsatzes von Waffengewalt hinzuweisen.

Welche Positionen kann man zu diesem Ansinnen einnehmen? Die Schwächung der US-Hegemonie, die gleichzeitige Stärkung von Akteuren, die für Unterdrückung und Entrechtung stehen, die schrecklichen Verhältnisse in vielen Regionen auch im Nahbereich der EU, sprechen aus friedenspolitischer, demokratischer und menschenrechtlicher Perspektive nicht dafür, diese Verhältnisse zu ignorieren. Sie sprechen auch nicht für eine nationale bzw. nationalistische Positionierung Deutschlands. Aus innen- wie außenpolitischen, aus soziokulturellen wie ökonomischen Gründen ist nur eine Handlungsperspektive sinnvoll, die das Bündnis mit europäischen Partnern sucht. Dies gilt sowohl auf der Ebene der Staaten als auch auf der Ebene von sozialen und politischen Bewegungen. Friedenspolitik ist nur jenseits nationaler Befindlichkeiten möglich.

Eine glaubwürdige Perspektive kann ein solches Bündnis allerdings nur entwickeln, wenn es ihm gelingt, einen Entwicklungspfad zu beschreiten, in dem die übrige Welt nicht nur als Extraktionsobjekt vorkommt, sondern tatsächlich innerhalb wie außerhalb des Bündnisses für Menschenrechte und demokratische Fortschritte eintritt. »Statt in die Defensive zu gehen und Zäune zu bauen, sollten wir alles daran setzen, aktiv in das Geschehen um uns her wie innerhalb des Kontinents selbst einzugreifen und gestaltend mitzuwirken.« (Wertheimer 2020: 518)

Wer *failed states* verhindern will und Fluchtgründe minimieren möchte, sollte nicht mit kleptokratischen Eliten paktieren und die Interessen der Extraktionsökonomie in den Mittelpunkt seiner Überlegung stellen. Ein guter Anfang wäre es, die dort lebenden Menschen nicht als bloße Objekte wahrzunehmen. Es müssten in diese Regionen Ressourcen transferiert werden, um ihre Lebensqualität zu verbessern, und nicht nur eine Extraktion von Rohstoffen stattfinden bzw. die Regionen als bloße Absatzmärkte für EU-Produkte angesehen werden. Nur dies würde Menschen, die dort von Wohlstand und Frieden ausgeschlossen leben müssen, die keine Hoffnung haben, dass sich ihre Lebensverhältnisse verbessern werden und sogar befürchten müssen, dass sich ihre Lage weiter verschlechtert, motivieren, nicht ihr Land zu verlassen.

Ob Europa dazu fähig ist? Besser wäre es!

Literatur

AKUF (2000): Das Kriegsgeschehen 2019. Opladen. URL: https://www.wiso.uni-hamburg.de/, Zugriff: 24.8.2020.

AKUF-Presserklärung (2019): 2019 weltweit 27 bewaffnete Konflikte – Afrika am stärksten betroffen. URL: https://www.wiso.uni-hamburg.de/ (19.12.2019), Zugriff: 24.8.2020.

Asmus, Ronald D. (1995): Germany's Geopolitical Maturation. Public Opinion and Security Policy. Santa Monica.

– (1996): Kein Kult der Zurückhaltung mehr. In: FAZ 11.4.1996: 11.

Auswärtiger Dienst der EU (EEAS): The European Unions's Global Strategy Three Years On, Looking Forward. URL: https://eeas.europa.eu/, Zugriff: 9.9.2020.

Bald, Detlef (2005): Die Bundeswehr. Eine kritische Geschichte 1955-2005. München.

BAPP (Bonner Akademie für Forschung und Lehre praktischer Politik) (2018): Strategische Diplomatie im 21. Jahrhundert. Bonn. URL: http://www.bapp-bonn.de/, Zugriff: 10.9.2020.

Bendiek, Annegret: Die Globale Strategie für die Außen- und Sicherheitspolitik der EU. SWP-Aktuell 44. Berlin 2016. URL: swp-berlin.org/, Zugriff: 9.11.2020.

Bericht des Wehrbeauftragten (2019): Unterrichtung durch den Wehrbeauftragten, Jahresbericht 2019 (61. Bericht). URL: https://dipbt.bundestag.de/, Zugriff: 7.9.2020.

Bunde, Tobias / Hartmann, Laura / Stärk, Franziska u.a. (2020): Zeitenwende | Wendezeiten. Sonderausgabe des Munich Security Report (Münchner Sicherheitskonferenz). München. Zugriff: 2.10.2020. DOI: https://doi.org/10.47342/YSUC7634.

Bundesministerium für Verteidigung / Auswärtiges Amt (Hg.) (2019): Die Ertüchtigungsinitiative der Bundesregierung. Bonn.

Bundesministerium für Verteidigung (BMVg) (1985): Weißbuch der Bundeswehr. Bonn.

– (1992): Verteidigungspolitische Richtlinien. Bonn.

– (1994): Weißbuch der Bundeswehr. Bonn.

– (2016): Weißbuch der Bundeswehr. Berlin.

Bundesministerium für Verteidigung / Auswärtiges Amt (Hg.) (2019): Die Ertüchtigungsinitiative der Bundesregierung. Bonn.

Bundeswehr (2020): Todesfälle in der Bundeswehr. URL: https://www.bundeswehr.de/, Zugriff 7.9.2020.

Deutscher Bundestag (Hg.) 1991: Stenografischer Bericht 12/5. 5. Sitzung. URL: dipbt.bundestag.de/doc/btp/12/12006.pdf. Zugriff: 31.8.2020.

– (1994): Kleine Anfrage an die Bundesregierung, 8.3.1994. URL: https://dipbt.bundestag.de/, Zugriff: 3.9.2020.
– (2018): Kleine Anfrage an die Bundesregierung, 16.4.2018. URL: https://dipbt.bundestag.de/, Zugriff: 11.9.2020.
Issio Ehrich: In Mali hat das Militär geputscht. In: Die Zeit (2020), Nr. 36, 27.8.2020.
Gutschker, Thomas / Wiegel, Michaela: Kurz vor dem Feuerbefehl. In: FAZ, 3.7.2020.
Hellmann, Gunther / Enskat, Sebastian (2004): Umfragedaten zu deutscher Außenpolitik und Deutschlands Rolle in der Welt seit 1990. Eine Dokumentation. URL: https://www.fb03.uni-frankfurt.de/, Zugriff: 10.9.2020.
Heumann, Hans-Dieter (2020): Strategische Diplomatie. Paderborn.
IfD (Institut für Demoskopie – Allensbach) (2016): Die außenpolitische Agenda der Bevölkerung in einem Umfeld von Krisen und Konflikten (Berichte für das Bundespresseamt). Allensbach. UR: https://www.ssoar.info, Zugriff: 2.9.2020.
Jäger, Martin (2020): Deutschland sollte interventionsfähig sein. In: FAZ, 4.9.2020.
Khanna, Parak (2020): Unsere asiatische Zukunft. Berlin.
Köhler, Horst (2010): »Sie leisten wirklich Großartiges unter schwierigsten Bedingungen«. URL: https://www.deutschlandradio.de, Zugriff: 2.9.2020.
Luttwak, Edward N. (2003): Strategie. Lüneburg.
Mann, Michael (2004): Die ohnmächtige Supermacht. Frankfurt/M.
Merziger, Patrick (2018): Out of Area. Humanitäre Hilfe der Bundeswehr im Ausland (1959–1991). In: Zeithistorische Forschungen/Studies in Contemporary History, 15(1): 40-67. URL: https://zeithistorische-forschungen.de/, Zugriff: 3.9.2020.
Münkler, Herfried (2020): Zum Geleit. In: Heumann, Hans-Dieter (2020): Strategische Diplomatie. Paderborn: 7-12.
nbcnews (2019): Chaos in Syria, Washington after Trump call with Erdogan unleashed Turkish military. URL: https://www.nbcnews.com/, Zugriff: 22.8.2020.
Obama (2012a): Remarks by the President on the Defense Strategic Review. Rede am 12.1.2012. URL: https://obamawhitehouse.archives.gov, Zugriff: 27.8.2020.
– (2012b): Remarks by the President on the Way Forward in Afghanistan. Rede am 22.6.2012. URL: https://obamawhitehouse.archives.gov/, Zugriff: 14.9.2020.
Polk, William R. (2009): Aufstand. Hamburg.
Seiffert, Anja (2012): ›Generation Einsatz‹ – Einsatzrealitäten, Selbstverständnis und Organisation. In: Seiffert, Anja / Langer, Phil C. / Pietsch, Carsten (Hg.): Der Einsatz der Bundeswehr in Afghanistan. Wiesbaden: 79-100.
– / Langer, Phil C. / Pietsch, Carsten (2012): Einführung. In: Dies. (Hg.): Der Einsatz der Bundeswehr in Afghanistan. Wiesbaden: 11-22.
SIPRI: Yearbook 2020. URL: https://www.sipri.org/, Zugriff: 23.8.2020.
The Dallas Morning News (2017): The other 9/11: George H.W. Bush's Speech 1990 New World Order Speech, 8.9.2017, www.dallasnews.com. Zugriff: 15.10.2020.
Timmermann-Levanas, Andreas / Richter, Andrea (2010): Die reden. Wir sterben. Frankfurt/M.
Wertheimer, Jürgen (2020): Europa. Eine Geschichte seiner Kulturen. Berlin.
Widmann, Marc (2020): Wie fair ist China. In: Die Zeit Nr. 35, 20.8.2020: 19.
ZMSBw (Zentrum für Militärgeschichte und Sozialwissenschaften der Bundeswehr) (Hg.) (2019): Sicherheits- und verteidigungspolitisches Meinungsbild in der Bundesrepublik Deutschland. Forschungsbericht 122. Potsdam.

»nd« Probe lesen
mit dem Kombi-Mini-Abo
4 Wochen für nur 9,90 Euro

_ **Digital und immer verfügbar:** als nd-App oder E-Paper
PLUS _ **Gedruckt:** jeden Samstag nd.DieWoche in ihrem Briefkasten und beigelegt einmalig unsere Wirtschaftszeitung Oxi – Wirtschaft anders denken

Jetzt bestellen und
überall zu jeder Zeit »nd« lesen:
Telefon: (030) 29 78-18 00
http://dasND.de/kombiminiabo **Abo endet automatisch**

PROKLA 201 | 50. Jahrgang | Nr. 4 | Dezember 2020 | S. 617-641
https://doi.org/10.32387/prokla.v50i201.1916

Dorothea Schmidt*

Gibt es in Deutschland einen militärisch-industriellen Komplex?

Zusammenfassung: Mit dem Begriff «militärisch-industrieller Komplex« wird eine Zweckgemeinschaft von Rüstungsindustrie, Militär und Teilen des politischen Apparats angesprochen, die vor allem in den USA seit langer Zeit existiert. Ein solcher »Staat im Staat« hat sich weitgehend verselbständigt und kann durch Parlamente und Öffentlichkeit nur unzureichend kontrolliert werden. Es wird gefragt, inwieweit sich auch in der »alten« Bundesrepublik und im vereinigten Deutschland ein derartiger Komplex herausgebildet hat. Dabei werden drei Bereiche untersucht: die Beschaffungspolitik der Bundeswehr, die politische Förderung oder Begrenzung von Rüstungsexporten und die Aktivitäten »nicht legitimierter Machtzentren«, etwa innerhalb von Geheimdiensten wie dem BND.

Schlagwörter: Militärisch-industrieller Komplex, Deutschland, Rüstungsindustrie, militärische Beschaffung, Rüstungsexporte, BND

Is there a military-industrial complex in Germany?

Abstract: The concept of »military-industrial complex« applies to an alliance between a nation's military and the defense industry that supplies it, and parts of the political apparatus. This »deep state« acquires a relative political autonomy and is insufficiently controlled by parliaments and the public. Usually, the USA are seen as prototypical for this phenomenon. This poses the question if it refers as well to the »old« Federal Republic of Germany and to the reunited Germany. The investigation focuses on three areas: the procurement policy, the political support or restriction of arms exports, and the activities of »not legitimate centres of power« such as intelligence services, notably the german BND.

Keywords: Military-industrial complex, Germany, arms industry, military procurement, arms exports, german foreign intelligence service (BND)

* **Dorothea Schmidt** war Professorin für Wirtschafts- und Sozialgeschichte an der HWR Berlin und ist Mitglied der PROKLA-Redaktion.

Der Begriff »militärisch-industrieller Komplex« wird heutzutage meist von Kapitalismus-KritikerInnen benützt und man könnte meinen, in deren Umfeld sei er auch entstanden. Doch weit gefehlt. Es war der US-amerikanische General und damalige Präsident Dwight D. Eisenhower, der sich 1961, am Ende seiner zweiten Amtszeit, kritisch zu dem Milieu äußerte, in dem er Jahrzehnte seines Berufslebens verbracht und zu dessen Institutionen er stets loyal gestanden hatte. In seiner Abschiedsrede sprach er nun jedoch von einer Zusammenballung von Macht, die ihm höchst bedenklich schien:

> »Diese Verbindung eines gewaltigen Militärapparates mit einer großen Rüstungsindustrie stellt eine neue Erfahrung in den USA dar. Der gesamte Einfluss – wirtschaftlich, politisch, ja sogar geistig – wird in jeder Stadt, in jedem Parlament unserer Bundesstaaten und jeder Behörde der Bundesregierung wahrgenommen. [...] In den Gremien der Regierung müssen wir uns dagegen verwahren, dass sich der militärisch-industrielle Komplex, ob darum angesucht wurde oder nicht, eine unbefugte Einmischung aneignet. Das Potenzial für eine verheerende Zunahme der Macht an den falschen Stellen existiert und wird weiter bestehen bleiben. Wir dürfen niemals zulassen, dass diese einflussreiche Allianz unsere Freiheiten und demokratischen Prozeduren in Gefahr bringen.« (Yale Law School, o.J., Übers.: D.S.)

Was veranlasste Eisenhower zu dieser düsteren Warnung? Es waren Erfahrungen, die er in den Jahren zuvor mit den »Falken« (also Befürwortern von kriegerischen Interventionen) bei den Militärs und im Pentagon gemacht hatte. Im Nationalen Sicherheitsrat hatten sie Hand in Hand mit einer um neue Aufträge bangenden Rüstungsindustrie daran gearbeitet, jegliche Bemühungen um Abrüstung und eine Politik der Entspannung gegenüber der Sowjetunion zu sabotieren, wie er selbst sie befürwortete. Während Eisenhower sich auch gegen Spionage-Flüge über sowjetischem Gebiet ausgesprochen hatte, konnte Nikita Chruschtschow wenige Tage vor der Pariser Abrüstungskonferenz im Mai 1960 triumphierend bekannt geben, dass ein derartiger Flug mit dem Piloten Gary Powers abgeschossen worden war. Eisenhower schien die Kontrolle über Teile des Regierungsapparats verloren zu haben, stand blamiert da und die Konferenz scheiterte (Ploppa 2016).

Seither gilt der militärisch-industrielle Komplex als eine Zweckgemeinschaft der Rüstungsindustrie, des Militärs und von Teilen des politischen Apparats, eventuell auch unter Einschluss von Wissenschaft und Forschung, die die Militarisierung der Politik vorantreibt und Verhandlungslösungen bei internationalen Konflikten sabotiert. Wenn dabei von einer Gemeinschaft die Rede ist, muss das nicht heißen, hier ginge es um eine harmonische Allianz von Gleichgesinnten. Die Interessen der Akteursgruppen treffen sich bei dem Punkt der Förderung von Rüstungsprojekten im eigenen Land, im Einzelnen können sie aber sehr unterschiedliche Ziele verfolgen: wachsende Umsätze, Karrieresprünge, politische Einflussnahme, Zustimmung bei Wahlen oder auch ganz schlicht finanzielle Zuwendungen. Dabei ist es nicht »die« Politik, sondern es sind Teile des Regierungsapparats, wie das Verteidigungsministerium oder Nachrichtendienste, die in Übereinstimmung oder auch im Gegensatz zur Regierungsspitze und zu anderen Teilen des politischen Systems handeln und dabei oftmals – wie im Fall von Eisenhower – ein Eigenleben entwickeln, sodass man von einem »Staat im Staate« reden kann (Feinstein 2012: 367ff.; Massarrat 2015).

Gemeinhin gilt der militärisch-industrielle Komplex als eine Erscheinung, die die Politik der USA lange vor Eisenhower geprägt hat und sie bis zum heutigen Tag entscheidend bestimmt (Koistinen 1980; Hennes 2003). Mohssen Massarrat zufolge hat der Komplex »das schon vorhandene Netz um sämtliche gesellschaftliche Bereiche gespannt, alle Geheimdienste eingebunden, den NSA geschaffen, zahlreiche neue Think Tanks und Stiftungen entstehen lassen, die bestehenden infiltriert, die Forschung international in seinem Sinne beeinflusst oder gar gelenkt, die Medien systematisch mit eigenen Agenten unterwandert.« (Massarrat 2015) Er sieht dieses fest etablierte Machtzentrum als treibende Kraft für die im Zeitverlauf andauernde Hochrüstung des Landes sowie für sämtliche Kriege, die das US-Militär seit Eisenhowers Zeiten vom Zaun gebrochen und oftmals jahrelang weitergeführt hat, es sei daher die »größte Bedrohung für den Weltfrieden in unserer Zeit.« (Ebd.)

Wiederholt wurde gefragt, inwieweit diese Charakterisierung auch für andere kapitalistische Länder zutrifft. Der Militärhistoriker Dieter H. Kollmer organisierte dazu 2011 zusammen mit dem Militärgeschichtlichen Forschungsamt eine Tagung, bei sie neben den USA unter anderem auch für Großbritannien und Frankreich bestätigt wurde (Kollmer 2015). Im Folgenden soll der Fall der Bundesrepublik bzw. des vereinigten Deutschlands in den Blick genommen werden.

Einen (bundes)deutschen militärisch-industriellen Komplex hat erstmals 1971 Claus Grossner diagnostiziert. Er machte ihn an der Beschaffungspolitik der Bundeswehr fest und argumentierte, dass es eine enge Verflechtung zwischen der Bundeswehr und der Rüstungsindustrie gebe, die durch persönliche Kontakte, vor allem aber durch die wachsende Unternehmenskonzentration, insbesondere in der Luftfahrtindustrie, gefördert wurde. Insgesamt sei es dazu gekommen, dass die wenigsten Beschaffungsprojekte ausgeschrieben würden und die freie oder »beschränkte« Vergabe vorherrsche, die Preise also letztlich Verhandlungssache seien. Dazu zitierte Grossner den damaligen Präsidenten des Beschaffungsamtes Suhle mit den Worten: »Wir wurden schon kräftig hereingelegt.« (Grossner 1971: 92)

Michael Brzoska nahm den Ball 1989 auf und kam ebenfalls zu dem Schluss, in der Bundesrepublik bestehe ein solcher Komplex. Dieser weise jedoch deutliche Unterschiede zu den USA auf, da die meisten großen Unternehmen nicht ausschließlich Rüstung, sondern auch zivile Produkte herstellten, der Sektor sei viel kleiner dimensioniert und die Beschaffungspolitik des Militärs sei nicht nur auf nationale Unternehmen orientiert. Aber auch er hielt fest, dass die freihändige Vergabe dominiere, so insbesondere bei schweren Panzern, Radpanzern, schwerer Artillerie und U-Booten, für die es nur noch ein bis zwei Hersteller gebe. Neben der Beschaffungspolitik diagnostizierte Brzoska bei der Genehmigung von Rüstungsexporten eine enge Verflechtung von Rüstungsindustrie und Politik. Trotz aller Beteuerungen der Regierung, diese Exporte einzuschränken, habe es die Rüstungsindustrie inzwischen erreicht, dass die »Genehmigungsbehörden zunehmend lascher in der Befolgung ihres Kontrollauftrages« wurden (Brzoska 1989: 508).

In den folgenden Jahren wurde es in Bezug auf das vereinigte Deutschland zunächst still um das Konzept. Dieter H. Kollmer hat es bei der erwähnten Tagung aber auch für die Bundesrepublik zur Diskussion gestellt und kam zu dem Schluss, es habe für sie keine Gültigkeit, sondern vorherrschend sei hier ein »Rüstungsinterventionismus«, der sich dadurch auszeichne, dass das Verteidigungsministerium gegenüber der Rüstungsindustrie eine starke Position einnehme, denn bei Beschaffungen sei das Verfahren der Ausschreibung vorgesehen, und die beschränkte Ausschreibung oder die freihändige Vergabe von Aufträgen fänden nur ausnahmsweise statt (Kollmer 2015b: 135).

Im Anschluss an diese Befunde soll im Folgenden danach gefragt werden, ob sich in der »alten« Bundesrepublik und im vereinigten Deutschland ein militärisch-industrieller Komplex herausgebildet hat, und inwieweit dabei drei Bereiche von Bedeutung sind: die *Beschaffungspolitik der Bundeswehr,* die *Genehmigung von Rüstungsexporten* und schließlich auch die *Aktivitäten »nicht legitimierter Machtzentren«* etwa innerhalb von Geheimdiensten – ein Bereich, den von den bisher genannten Autoren nur Massarrat ausdrücklich erwähnt, der aber auch von Kollmer (wenngleich nicht in Bezug auf Deutschland) angeführt wird (Kollmer 2015a: 15).

Die Beschaffungspolitik der Bundeswehr

Im Mai 1945 beschlossen die vier Siegermächte des Zweiten Weltkriegs, Deutschland vollständig zu entmilitarisieren, und der erste deutsche Bundestag lehnte eine nationale Wiederbewaffnung gleichfalls ab. Doch hatte diese Position nur kurze Zeit Bestand. Um die deutsche Souveränität zu untermauern, trieb Bundeskanzler Konrad Adenauer die Wiederbewaffnung zielstrebig voran. Zehn Jahre nach dem Ende des Zweiten Weltkriegs trat die Bundesrepublik der NATO bei und sollte somit auch wieder eigene Streitkräfte aufstellen. Dabei sollte die militärische Beschaffung, genauso wie andere Aufträge der öffentlichen Hand, grundsätzlich nach der Verdingungsordnung für Leistungen (VOL) erfolgen: im Normalfall als öffentliche Ausschreibung, fallweise als »beschränkte Ausschreibung« und nur im Ausnahmefall als »freihändige Vergabe«. Da die Wiederbewaffnung unter erheblichem Zeitdruck stand, wurde der Ausnahmefall bald zum Normalfall, vor allem wenn es um große Beschaffungsprojekte ging (Kollmer 2010).

Das erste davon betraf neue Schützenpanzer und wurde ohne Ausschreibung an die schweizerisch-spanische Firma Hispano-Suiza vergeben. Der Haushalts- und Verteidigungsausschuss des Deutschen Bundestages bewilligte im Juli 1956 2,5 Mrd. DM für ein Rüstungsvorhaben, für das lediglich Rohskizzen, also weder Konstruktionszeichnungen noch ein Prototyp vorlagen, und das somit auch nicht erprobt worden war. Nach Aussage eines Oberstleutnants der Bundeswehr war der Schützenpanzer HS 30 »eine Mistkarre von Anfang an« (zit. in Der Spiegel 1967a: 60). Als die Fahrzeuge ab 1959 ausgeliefert wurden, waren die meisten davon nicht funktionsfähig und standen häufiger in der Werkstatt, als dass sie fuhren. Die Entscheidung für den HS 30 war so teuer wie willkürlich und kam unter äußerst dubiosen Umständen zusammen. Es gab vielfache Hinweise, dass dabei größere Geldsummen an die Parteikasse der CDU geflossen waren, doch konnte dies auch durch einen parlamentarischen Untersuchungsausschuss nicht aufgeklärt werden (Der Spiegel 1967b). Der Beschaffungsvorgang stellte zwar noch keinen Startschuss für einen militärisch-industriellen Komplex dar, da ausländische, nicht jedoch (damals noch fehlende) einheimische Unternehmen begünstigt wurden; er zeigte aber ein Muster, das sich später häufig wiederholen sollte: Machenschaften über persönliche Beziehungen.

Franz Josef Strauß, ab 1956 Verteidigungsminister, war für solche Kontakte bekannt, die auch beim nächsten großen Waffenprojekt entscheidend wurden: dem Starfighter. Die Bonner Militärplaner wollten ein Mehrzweck-Flugzeug haben, das gleichzeitig Jagdbomber, Abfangjäger und Aufklärer sein sollte. Auch hier kam nur ein ausländischer Anbieter in Frage, und Strauß entschied sich für die kalifornische Firma Lockheed. Doch was diese den Deutschen anbot, stellte nichts als einen »superschnellen Schönwetter-Jäger« dar (Der Spiegel 1966: 27). Weitreichende konstruktive Änderungen machten die Lockheed F-104G nicht nur sehr viel teurer, sondern führten auch zu massiven Problemen bei Elektronik und Hydraulik sowie beim Triebwerk.

Es kam zu einer einzigartigen Katastrophenserie mit 269 Abstürzen und 116 toten Piloten: »Die Beinamen ›Witwenmacher‹ und ›fliegender Sarg‹ kamen nicht von ungefähr.« (Westdörp 2015) Strauß selbst hatte die Entscheidung für den Starfighter durchgeboxt, unter anderem, weil er mit der Wahl eines US-amerikanischen Unternehmens hoffte, »durch eine Nato-Hintertür Deutschlands atomare Teilhaberschaft schnell zur vollendeten Tatsache [zu] machen« (Der Spiegel 1966: 31). Darüber hinaus kam vermutlich auch hier ein persönliches Netzwerk, diesmal über einen Lockheed-Vertreter und Duz-Freund von Strauß, zum Tragen. Der kalifornische Konzern soll der CSU 10 Mio. US-Dollar überwiesen haben (Feinstein 2012: 373ff.; Der Spiegel 1976).

Im Bereich der militärischen Luftfahrt entwickelten sich dann seit den 1980er-Jahren sehr viel engere Beziehungen zwischen dem Verteidigungsministerium und einheimischen Unternehmen – genauer gesagt zu einem einzigen Unternehmen, das allerdings bald mit anderen europäischen Anbietern kooperieren musste. Ende der 1960er Jahre nahmen bundesdeutsche Militärs zusammen mit anderen westlichen Ländern Planungen für ein Mehrzweckkampfflugzeug als Ersatz für den Starfighter auf. Das Ergebnis davon war der MRCA Tornado, dessen deutsche Komponenten von MBB gefertigt wurden (Messerschmitt-Bölkow-Blohm entstand 1969 durch den Zusammenschluss dieser drei Flugzeugbauunternehmen), andere Teile wurden in Italien und Großbritannien hergestellt. Auch in diesem Fall existierte noch nicht einmal ein Prototyp, dennoch stimmte der Bundestag abermals einem extrem kostspieligen Projekt zu. Ging man 1976 von einem Stückpreis von 29,2 Mio. DM aus, so belief sich dieser 1996 auf 55 Mio. DM – im Vergleich dazu war der Starfighter für 6 Mio. DM zu haben gewesen (Deutscher Bundestag 1996: 2; Kulke 2015).

Die Luftfahrt-Projekte der folgenden Jahrzehnte wurden noch sehr viel teurer, zugleich steigerten sich ihre Funktionsmängel dramatisch. Nachdem es MBB gelungen war, den Auftrag für Teile des Tornados zu bekommen, setzten sich die Manager bereits Mitte der 1970er-Jahre umgehend an Planungen für seinen Nachfolger, den später als Jäger 90 bekannten Abfangjäger und Jagdbomber. Mit ihren Hinweisen auf ein »sich ständig verstärkendes Allwetter-Kampfpotenzial« des Ostens fanden sie Gehör bei den Bonner Militärs, für das europäische Gemeinschaftsprojekt von deutscher Seite für die kommenden Jahre nicht weniger als 100 Mrd. DM für das Gesamtsystem festzulegen, was mehr als die Hälfte des Beschaffungsaufwands der Luftwaffe und 15 Prozent der gesamten Rüstungsausgaben ausmachte (Der Spiegel 1988: 49). Auch diesmal ging es um ein Projekt, das nur auf dem Reißbrett existierte und vor allem aus vollmundigen Versprechungen der Herstellerfirmen bestand. Ab 1997 sollte die Luftwaffe über die neuen Maschinen verfügen. War

1983 noch von einem Stückpreis von 65 Mio. DM die Rede, so betrug dieser fünf Jahre später 83,2 Mio. DM. Bereits zur Zeit der Bewilligung des Mega-Projektes schien fraglich, ob es überhaupt noch zeitgemäß war. Von sowjetischer Seite unterbreitete Gorbatschow Vorschläge zu Abrüstung und auf dem Beschaffungsmarkt lagen günstigere Alternativen vor. Trotz eines vernichtenden Gutachtens des Bundesrechnungshofs scheiterten später selbst die Verteidigungsminister Hans Apel (SPD) und Volker Rühe (CDU) daran, das Projekt zu stoppen. Inzwischen lief es unter der Ägide der Deutschen Aerospace (die MBB übernommen hatte) und sollte abgespeckt werden, änderte aber lediglich seinen Namen. Der Jäger 90 wurde zum Eurofighter 2000 (Der Spiegel 1994). Mit mehrjähriger Verspätung wurde die erste Tranche 2003 ausgeliefert. Der Stückpreis stieg 2012 auf 139 Mio. Euro, hat sich also seit den 1980er-Jahren fast vervierfacht (Fuchs 2018).

Doch damit nicht genug. Bei dem inzwischen unter dem Dach der EADS produzierten Eurofighter häuften sich die Qualitätsmängel. Wiederholt mussten die Prüfer der Bundeswehr im Werk Manching gravierende Mängel feststellen: »Mal leckten die Tanks, dann öffnete sich auf dem Weg zur Startbahn das Kabinendach wie von Geisterhand [...] Bei der Produktion wurde offensichtlich geschlampt. Und dafür tragen sowohl EADS als auch die Bundeswehr die Verantwortung. Denn EADS hat die Probleme im Werk Manching lange Zeit nicht in den Griff bekommen. Und die Bundeswehr hat zu lange die laxe Fertigungsmoral bei EADS toleriert.« (Nassauer u.a. 2013: 62) Zu den Problemen, die sich über die Jahre angehäuft hatten, kamen zuletzt noch fehlende Ersatzteile. Im Jahr 2018 wurde festgestellt, dass von 128 Eurofighter-Kampfjets 39 einsatzbereit waren, kampfbereit überhaupt nur vier (Gebauer 2018).

Man könnte nun meinen, ein Unternehmen wie EADS (bis 2000 Aerospace, ab 2013 Airbus Group) habe sich nach diesen Erfahrungen als Lieferant diskreditiert. Doch der Militärtransporter A400M wurde 2003 gleichfalls von mehreren europäischen Armeen ebendort bestellt. Ausgeliefert werden sollte er ab 2009, die Bundeswehr bekam die ersten Maschinen 2014. Der Stückpreis, der ursprünglich bei 125 Mio. Euro liegen sollte, betrug nun 175 Mio. Euro. Und auch hier kumulierten sich die Qualitätsmängel (Hegmann 2016; Traufetter/Gebauer 2018). Im neuesten Fall des NH90 Sea Lion wurde bei dem überwiegend von Airbus produzierten Marine-Hubschrauber zwar der Liefertermin eingehalten, doch die technische Dokumentation war so lückenhaft, dass der Flugbetrieb fürs Erste nicht aufgenommen werden konnte (Hegmann 2019).

Und dann gibt es noch Projekte, die mit großem Aufwand entwickelt werden, jedoch letztlich in den Schubladen verschwanden. Eines der teuersten davon dürfte der Euro Hawk gewesen sein, eine Aufklärungs-Drohne, deren Anschaffung seit 1998 verfolgt wurde. Bereits damals war klar, dass ihre Zulassung in Deutschland daran scheitern könnte, dass die Konstruktion den internationalen Regeln für den Luftverkehr nicht entsprach, sie also nicht kollisionssicher war. Dennoch wurde das Projekt bis 2013 verfolgt, wobei die Aufklärungstechnik von EADS hergestellt werden sollte. Nachfragen von Bundestagsabgeordneten wegen der Zulassungsprobleme und der explodierenden Kosten wurden gar nicht oder falsch beantwortet. Letztlich wurde der hochfliegende Plan des Euro Hawk zu einem Debakel von 680 Mio. Euro, die in den Sand gesetzten wurden (Friedrichs 2017; Biermann 2013).

Hauke Friedrichs resümiert: »Von einem solchen Kunden träumen andere Branchen: Um Jahre verspätete Lieferungen nimmt er ungerührt hin. Ebenso drastisch steigende Preise und Produkte, die weniger können als eigentlich vereinbart. Trotz aller Ungemach, dieser Kunde bleibt sklavisch treu. Er heißt Bundesverteidigungsministerium und seine Lieferanten kommen aus der deutschen Rüstungsindustrie.« (Friedrichs 2017) Auch Otfried Nassauer stellte fest, dass diese Art der Partnerschaft durch sicherheitspolitische Erwägungen nicht zu erklären sei, allenfalls durch industriepolitische, als verdeckte Subventionen: »Zu oft hat die Rüstungsindustrie zu spät, zu teuer und zu schlecht geliefert. Tatsächlich einsatzbereit sind die meisten Truppenteile und Waffen nicht.« (Nassauer 2016) Gefördert wird die Nähe von Industrie und Politik im Übrigen durch persönliche Netzwerke. Tom Enders etwa war Fallschirmjäger bei der Bundeswehr und Major der Reserve, arbeitete dann im Verteidigungsministerium und bei MBB, später in leitender Position bei Airbus, zuletzt als Vorstandsvorsitzender der Airbus-Gruppe (Sauer 2015).

Die freie Vergabe von Aufträgen hat sich seit der Jahrtausendwende in einem weiteren, nicht unmittelbar militärischen Bereich etabliert: bei Beratungsleistungen. Vorreiter soll hier Verteidigungsminister Rudolf Scharping ab 1998 gewesen sein, aber die Praxis, weitgehend wertlose Gutachten zu überhöhten Stundensätzen einzuholen, wurde auch unter Ursula von der Leyen fortgesetzt. Nach internen Berichten hatten die Unternehmensberatungen (darunter insbesondere McKinsey) die Bundeswehr »ausgenommen wie eine Weihnachtsgans« (zit. bei Steinmann 2020). Bei diesen für die Unternehmen äußerst lukrativen Geschäften dürften ebenfalls persönliche Kontakte im Sinn des »Drehtüreffekts« eine Rolle gespielt haben, in diesem Fall über die frühere McKinsey-Managerin Katrin Suder, die im Verteidigungsministerium Staatssekretärin wurde (ebd.).

Die weitgehend krisenfesten Kontakte zwischen Verteidigungsministerium und MBB/Aerospace/EADS/Airbus (sowie zu angrenzenden Unternehmensbereichen) weisen für den Bereich der Luftfahrt auf Merkmale eines militärisch-industriellen Komplexes hin – dies allerdings nicht im Sinn einer gesteigerten Kriegsfähigkeit des Militärs, sondern von guten Geschäften für die Industrie (oder auch für Dienstleistungsunternehmen). Anders sieht es für Rüstungslieferanten aus, die auf Märkten mit einer Vielzahl von Anbietern operieren, wie an der wechselvollen Beziehungsgeschichte zwischen dem Ministerium und Heckler & Koch zu sehen ist. Das Unternehmen wurde 1949 von Mitarbeitern der früheren Waffenfabrik Mauser gegründet und musste sich zunächst auf zivile Produkte beschränken. Man nutzte die Zeit jedoch, um einen Ingenieur nach Spanien zu schicken, wo er das spätere Schnellfeuergewehr G3 entwickelte. Als die Entscheidung zur Wiederbewaffnung fiel, stand Heckler & Koch somit mit einem fertigen Produkt am Start. Im Jahr 1959 wurde das Sturmgewehr G3 zur Standardwaffe der Bundeswehr und die Firma zum »Hoflieferanten«. Damit begann die Erfolgsgeschichte des Unternehmens, das 1974 damit beauftragt wurde, ein neues Gewehr mit hülsenloser Munition zu entwickeln und von der Bundeswehr dafür mit 87 Mio. DM gefördert wurde. Ab 1990 sollte das geplante G11, von Journalisten als »die präziseste Tötungsmaschine der Welt« angekündigt, bei der Bundeswehr und in anderen NATO-Ländern eingeführt werden. Anders als im Bereich der Luftwaffe bedeuteten der Zerfall des Ostblocks und das Ende des Kalten Krieges das unmittelbare Aus für das ehrgeizige Projekt (Grässlin 1994: 46; taz 1990).

Heckler & Koch geriet in eine Existenzkrise und schien finanziell am Ende zu sein, doch gelang es dem Unternehmen (zwischenzeitlich im Besitz des britischen Rüstungskonzerns BEA) danach mit dem neuen Sturmgewehr G36 wieder Fuß zu fassen. Es wurde 1995 bei der Bundeswehr eingeführt und zur neuen Standardwaffe – auch als »Braut des Soldaten« bekannt. Der Glanz früherer Zeiten schien zurückzukehren, denn das Unternehmen belieferte die Bundeswehr darüber hinaus mit Pistolen, Maschinengewehren und Granatmaschinenwerfern. Die guten Beziehungen zu politischen Entscheidungsträgern wurden mindestens seit 2001 jahrelang durch gezielte Spenden an Parteiorganisationen von FDP und CDU gefördert, und insbesondere der langjährige CDU-Fraktionsvorsitzende Volker Kauder galt als Schutzpatron von Heckler & Koch (Lobbypedia o.J.).

Ab 2012 erschienen vermehrt Berichte über die mangelnde Treffsicherheit des G36 bei Einsätzen in Afghanistan. Das Verteidigungsministerium stellte sich zunächst hinter die Firma, ließ aber mehrere Testserien durchführen, die zu unterschiedlichen Ergebnissen kamen. Heckler & Koch verteidigte seinen Qualitätsanspruch mit dem Argument, es sei wohl die falsche Munition verwendet worden. Gleichzeitig gab es Hinweise zu engen Verbindungen zwischen dem Unternehmen und Beamten des Ministeriums, die auch dazu führten, dass die in den Erfahrungsberichten aufgezeigten Probleme im Sinn der Firma heruntergespielt werden sollten. Die damalige Verteidigungsministerin Ursula von der Leyen beschloss dennoch, das G36 auszumustern und setzte eine europaweite Ausschreibung für ein neues Sturmgewehr in Gang. Hier funktionierten die alten Netzwerke nicht mehr. Es wurden umfangreiche Vergleichstests durchgeführt und im September 2020 wurde bekannt, dass sich der Thüringer Waffenhersteller C. G. Haenel durchsetzen konnte. Diese Firma ist allerdings ein Kleinbetrieb und gehört zu einem Staatskonzern der Vereinigten Arabischen Emirate. Zudem war inzwischen zu erfahren, dass sie sich bei ihrem Angebot möglicherweise einer Patentrechtsverletzung schuldig gemacht hat. So wird die Ordonanzwaffe der Bundeswehr eventuell doch nicht im Nahen Osten gefertigt, sondern Heckler & Koch bekommt abermals eine Chance (Schmale 2015; Sauer 2015; Gebauer 2020).

Inwiefern die Beschaffung der Bundeswehr nach den Regeln des militärisch-industriellen Komplexes erfolgt, hängt demnach entscheidend von den Verhältnissen auf den Anbietermärkten ab. Bei militärischen oder auch zivilen Produkten, die in großen Serien hergestellt werden (wie Schusswaffen oder Munition), gibt es auf den heimischen wie internationalen Märkten zahlreiche Anbieter und Ausschreibungen sind die Regel. Anders sieht es bei Schiffen, Panzern und Flugzeugen aus, wenn hier nur wenige Unternehmen tätig sind. Sie verfügen über eine geballte Lobbymacht, die sie immer wieder zu nutzen wissen.

Politik und Rüstungsexporte

Rüstungsunternehmen verfolgen nicht nur das Interesse, die Armee des eigenen Landes zu beliefern, sondern auch jenes, ihre Produkte zu exportieren. Dafür gibt es in vielen Ländern Beschränkungen. Regierungen möchten oftmals die Kontrolle darüber behalten, in welchen Weltgegenden solche Exporte zu deren Aufrüstung beitragen oder sie verhindern. Auf der Bundesrepublik lastete hierbei das Erbe des deutschen Militarismus, der zu zwei Weltkriegen geführt hatte, weshalb die Wiederaufrüstung anfangs ebenso umstritten war wie später Waffenexporte. Im Jahr 1961 wurden dazu zwei Gesetze verabschiedet: das Kriegswaffenkontrollgesetz (KWKG), das den Export von Kriegswaffen und ihrer Komponenten verbietet, sofern er nicht ausdrücklich genehmigt wird, und das Außenwirtschaftsgesetz (AWG), das den Export von Rüstungsgütern und *dual-use*-Produkten (Handelsgüter mit doppeltem Verwendungszweck) prinzipiell erlaubt, sofern er nicht ausdrücklich verboten wird. Es gab aber auch Politiker wie Franz Josef Strauß, der in einem Spiegel-Interview von 1978 zu Bedenken gegen bundesdeutsche Waffenlieferungen in Spannungsgebiete freimütig erklärte, dies sei »eine der oberflächlichen Kitschformeln, die nicht dadurch besser wird, dass sie schon von

CDU/CSU-Regierungen vorfabriziert wurde. Ich verstehe überhaupt nicht, was Waffen in Nicht-Spannungsgebieten verloren haben.« (Der Spiegel 1978: 81) Zumindest rhetorisch folgten ihm dabei damals und später nur wenige. Im Jahr 2000 beschloss die rot-grüne Regierung Politische Grundsätze, mit denen die bisherigen Regelungen präzisiert wurden, und die seither als Leitlinie gelten. Demnach dürfen Rüstungsgüter nicht in Länder exportiert werden, wenn es in ihnen bewaffnete Auseinandersetzungen gibt oder solche drohen. Auch sei die Situation der Menschenrechte zu berücksichtigen (Politische Grundsätze 2000).

Seither rühmt sich jede Bundesregierung, eine besonders »restriktive und verantwortungsvolle« Politik der Rüstungsexporte zu betreiben, so zuletzt Wirtschaftsstaatssekretär Urich Nußbaum, als er die Zahlen der genehmigten Ausfuhren für 2019 vor dem Bundestag präsentierte – sie zeigen allerdings den höchsten Wert, der für die Bundesrepublik jemals erreicht wurde (spiegel.de 2019). Dazu kommt, dass sich in den letzten Jahren die Zusammensetzung der Lieferländer gravierend verändert hat. Gingen in der Zeit der rot-grünen Koalition 30 Prozent der Exporte in sogenannte Drittländer, so stieg dieser Anteil 2017 auf 61 Prozent. Das bedeutet, wie in einer Kleinen Anfrage der Fraktion DIE LINKE erläutert wurde, »dass die Genehmigungspolitik der Bundesregierung zunehmend Länder mit Waffen und Militärgerät ausstattet, die sich als Nicht-EU- und Nicht-NATO-Staaten einer politischen Kontrolle weitgehend entziehen und/oder sich aufgrund ökonomischer, ökologischer, sozialer, geostrategischer oder ethnischer Problemlagen am Rande von – oder schon mitten in – gewaltvollen Konflikten befinden.« (Deutscher Bundestag 2017: 1)

International nimmt die Bundesrepublik im Rüstungsexport eine Spitzenstellung ein. Deutschland steht seit Jahren auf einem der vorderen Plätze bei den einschlägigen Rankings, nach dem neuesten Bericht des Stockholmer Friedensforschungsinstituts SIPRI derzeit auf Platz vier (Der Tagesspiegel 2020). Immer wieder wird durch journalistische Recherchen bekannt, dass deutsche Waffen – vor allem leicht zu transportierende und vielfältig einsetzbare Schusswaffen – bei Kämpfen und Kriegen in Ländern angetroffen werden, in die sie nach den offiziellen Richtlinien niemals gelangen hätten dürfen. Wie ist der Widerspruch zwischen hochtönender Rhetorik und ernüchternder realer Praxis also zu erklären?

Vor der Jahrtausendwende galt generell noch das Motto des langjährigen Außenministers Hans-Dietrich Genscher, dass nur solche Waffen exportiert werden durften, mit denen die belieferte Regierung nicht in Konflikte im eigenen Land eingreifen oder die Menschenrechte der eigenen Bürger und Bürgerinnen verletzen konnte: »Was schwimmt, geht, was rollt, geht nicht«

(zit. bei Nassauer 2013). Demnach schien es zulässig, autokratischen Ländern Fregatten, Schnell- und U-Boote zu liefern, nicht aber Panzer. Doch das hat sich in den letzten beiden Jahrzehnten geändert. Panzer und eine Reihe anderer Rüstungsgüter durften in Länder wie Saudi-Arabien oder in die Türkei geliefert werden. Dabei wurden die Fragen von Demokratie und Menschenrechten durch ein als höherrangig deklariertes Prinzip in den Schatten gestellt: wenn es sich um »strategische Partner« handelte, die für die Stabilität der Region als wichtig galten.

So gehörte Saudi-Arabien, das weltweit an der Spitze aller Waffenimporte steht, im letzten Jahrzehnt zu den bevorzugten Destinationen für deutsche Rüstungslieferungen. Diese nahmen seit 2008 stark zu und das Land zeigte sich insbesondere interessiert am Kauf von hunderten von Leopard-Panzern, doch formierte sich hier unter dem Motto »Legt den Leo an die Kette« eine große öffentliche Gegnerschaft, der sich auch die SPD (damals nicht Regierungspartei) anschloss. Tatsächlich kam der Panzer-Export nicht zustande, dennoch wurde Saudi-Arabien ab 2012 mit einer Vielzahl anderer Rüstungsgüter wie Waffenzielgeräten oder der Software für die Steuerung von Flugkörpern der wichtigste Exportkunde für Deutschland. Ab 2015 stand das Land an der Spitze einer Allianz, die militärisch gegen die sunnitischen Huthi-Rebellen im Jemen vorgeht. Auch dies änderte an der eigentümlichen Einschätzung des Landes als Stabilitätsanker zunächst einmal nichts und die Lieferungen nahmen (mit gewissen Schwankungen) bis 2017 zu. Doch nach dem Mord an dem regierungskritischen Journalisten Jamal Khashoggi stieg der öffentliche Druck auf die Regierung, die Exporte einzustellen, was dann tatsächlich geschah. Otfried Nassauer kommentierte: »Richtiger Schritt aus falschem Anlass«. Denn das damit verbundene Signal lautete: »Riad muss die Causa Khahshoggi bereinigen und nicht den Krieg im Jemen beenden, wenn es wieder deutsche Rüstungsgüter kaufen will.« (Nassauer 2018) Die gewundene Regierungslogik zeigte sich auch daran, dass die Vereinigten Arabischen Emirate, die ebenfalls am Jemen-Krieg beteiligt sind, weiterhin beliefert werden.

Ähnlich generös sah die Bundesregierung in der Türkei darüber hinweg, dass das Land seit Jahren die Gruppe der Kurden und Kurdinnen im eigenen Land und die Opposition gegen das Regime gewaltsam verfolgt. Das NATO-Land ist seit langer Zeit Abnehmer von Leopard-Panzern und verfügt mittlerweile über mehr als 700 davon. Auch bei anderen Rüstungsgütern zeigte sich die Bundesrepublik großzügig mit Genehmigungen, die bis dato anhielten, obwohl das Land 2018 mit ebendiesen Leopard-Panzern in Nordsyrien die Kurden-Miliz YPG bekämpft und sich somit an die Seite von islamistischen Gruppen gestellt hat. Die militärische Intervention wurde von Kanzlerin Merkel als »humanitäres Drama mit großen geopolitischen Folgen bezeichnet«, was die Bundesregierung jedoch nicht davon abhielt, der Türkei weitere große Waffenlieferungen zuzugestehen, und zwar mit der spitzfindigen Begründung, die betreffenden Marinewaffen würden in diesem Konflikt ja nicht verwendet werden (faz.net 2018; DW 2019).

Eine weitere Chance für Rüstungsunternehmen, ihre Exporte über den Kreis der zulässigen Länder hinaus zu erweitern, kommt dadurch zustande, dass die Empfängerländer diese weitergeben, obwohl sie gegenüber der Bundesrepublik eine sogenannte Endverbleibserklärung unterschrieben haben, die Militärgüter nur für die eigene Armee zu verwenden. Das das dennoch geschieht, wird nur in den seltensten Fällen bekannt, so aber die Lieferung von zehntausenden halbautomatischen Pistolen der deutschen Waffenfirma Sig Sauer, die offiziell für Privatkunden in die USA bestimmt waren. Tatsächlich sollte die dortige Niederlassung der Firma jedoch nur dazu dienen, den weiteren Export nach Kolumbien zu verschleiern. Ein weiteres Vorkommnis dieser Art betrifft wiederum die Türkei. Wiederholt wurden in Nordsyrien deutsche Panzer in der Hand der mit der Türkei verbündeten Syrischen Nationalen Armee beobachtet. Die Türkei hatte sich offenbar über die Verpflichtung hinweggesetzt, die Kettenfahrzeuge nicht weiterzugeben. Während der Fall Sig Sauer zumindest Jahre später gerichtlich verfolgt wurde, hat die Bundesregierung bis dato keinerlei Anstrengung unternommen, die Endverbleibserklärung für die Türkei zu überprüfen (welt.de 2018; Merkur 2020).

Heckler & Koch hat sich des Mittels der Falschdeklaration ebenfalls in einem besonders dramatischen Fall bedient. Das Unternehmen verkaufte ab 2006 offiziell 8.000 G36-Sturmgewehre an das Verteidigungsministerium Mexikos. Sie waren für die Polizei gedacht und durften ausdrücklich nicht in vier Provinzen (darunter Guerrero) geliefert werden, da diese als Unruheherde und Schauplätze brutaler Drogenkriege galten, und überdies für eine besonders korrupte Polizei bekannt waren. Doch nur wenig später tauchten die Waffen in Guerrero auf, und zwar in der Hand von Polizisten, die ein Massaker an 43 protestierenden Lehramtsstudenten der dortigen Hochschule verübten. Diese skandalöse Umleitung der Sturmgewehre geschah vermutlich mit Wissen leitender deutscher Beamter, sicherlich aber wurde sie durch das Management von Heckler & Koch eingefädelt. Mehrere Angestellte der Firma wurden in einem Prozess angeklagt und verurteilt. Dieser kam jedoch überhaupt nur dadurch zustande, dass AktivistInnen einer rüstungskritischen Initiative Recherchen und Nachforschungen unternommen hatten, sonst wäre das skandalöse Geschäft klaglos über die Bühne gegangen (Röhn 2016).

Schließlich können politische Entscheidungen, die Unternehmen indirekte Exportmöglichkeiten verschaffen, auch darin bestehen, dass sie anderen

Ländern Lizenzen zum Nachbau ihrer Erzeugnisse erteilen. Diese Praxis ist besonders verhängnisvoll, da sich die politische Situation im Lauf von Jahren und Jahrzehnten immer wieder grundlegend verändern bzw. verschlechtern kann. Auch hier spielte Heckler & Koch eine zentrale Rolle. In der langen Periode der gut eingespielten Beziehungen zwischen der Bundesregierung und dem Unternehmen konnte dieses vor allem für das Sturmgewehr G3 ab 1961 an mehr als 20 Länder Lizenzen vergeben. Darunter waren mehrere, die wiederholt militärisch gegen Minderheiten oder Oppositionelle im eigenen Land vorgingen: Pakistan bekam die Lizenz ab 1967, Iran und die Türkei ab 1967, Saudi-Arabien ab 1969, Mexiko ab 1979, Birma (Myanmar) ab 1981. Wann immer die lokale Nachfrage von Polizei, Armeen, Warlords oder Bürgerkriegsparteien in Konfliktregionen zunahm, tauchten Waffen aus den Lizenzproduktionen dieser Länder auf – in Afrika unter anderem in Angola, Äthiopien, Ghana, Kenia, Marokko, Nigeria, Togo und Uganda. Von der türkischen G3-Produktionsstätte ist bekannt, dass sie ihre Produkte an 38 Länder geliefert hat, darunter Burundi und Libyen. In keinem dieser Fälle hat irgendeine Bundesregierung Anstalten gemacht, mit der ihr zustehenden Endverbleibskontrolle Ernst zu machen, geschweige denn eine Lizenz zurückzuziehen, wozu sie rechtlich in der Lage wäre: »Die Lizenzvergabe ist für den Kleinwaffenbereich das größte Problem: Zwar haben die Lizenznehmer gegenüber der Bundesrepublik eine Endverbleibserklärung unterschrieben, die einen weiteren Export ausschließt, die Einhaltung dieser Vorschrift ist jedoch kaum zu überwachen.« (Paes 2000: 8; vgl. auch Grässlin 1994: 116ff.).

In neuerer Zeit hat sich an diesem gravierenden Mangel, der sowohl die Lizenzvergaben, als auch die direkten Exporte betrifft, nichts geändert. Im Jahr 2010 stellte die Bundestagsfraktion DIE LINKE eine Kleine Anfrage zu deutschen Waffenexporten und hielt dabei unter anderem fest: »Jenseits der rein formalen Endverbleibserklärungen verzichtet die Bundesregierung jedoch auf Überprüfungen, ob die Waffen und Rüstungsgüter, für die sie Exportgenehmigungen erteilt hat, tatsächlich im Besitz des importierenden Landes verbleiben.« (Deutscher Bundestag 2010: 1) Weiterhin wurde in der Kleinen Anfrage ausgeführt, dass weltweit zwischen sieben und zehn Millionen Sturmgewehre G3 von Heckler & Koch zirkulierten und auf allen Kriegsschauplätzen zu finden seien: in Afghanistan wie in Darfur, in Kurdistan wie in Somalia. Auch beim russisch-georgischen Krieg habe man auf georgischer Seite massenhaft G36 Gewehre im Einsatz gesehen, doch habe die Bundesregierung für Georgien nach eigenen Angaben keine Exporte erlaubt: »Vermutlich sind die Waffen von einem Land, das sie legal bezogen hat, illegal nach Georgien weitergegeben worden. Bis heute ist die Bundesregierung nicht willens oder in der Lage, den illegalen Bezug dieser Gewehre durch Georgien aufzuklären.« (Ebd.: 2) Die Antwort der Bundesregierung war, wie stets in solchen Fällen, allgemein und ausweichend.

Im Jahr 2015 wurde bekannt, dass saudische Militärflugzeuge über dem Flughafen von Aden zahllose Kisten mit Sturmgewehren von Heckler & Koch abwarfen, die für die Milizen im Kampf gegen die Huthi-Rebellen bestimmt waren. Als dies im Bundestag diskutiert wurde, sah sich die Bundesregierung zu dem Eingeständnis genötigt, eine physische Endverbleibskontrolle der in Saudi-Arabien gefertigen G3 und G36-Gewehre sei »auf Basis der zugrundliegenden Genehmigungen nicht möglich» und über die im Jemen abgeworfenen Waffen habe man »derzeit keine eigenen Erkenntnisse« (zit. bei Gebauer 2015).

Offensichtlich hat die Bundesregierung grundsätzlich ein offenes Ohr für Unternehmen im Rüstungssektor, die Exporte tätigen wollen. Das für die Umsetzung des Außenwirtschaftsgesetzes zuständige Bundesamt für Wirtschaft wurde seit den 1980er-Jahren nicht umsonst als »Tränenbehörde« bezeichnet (Der Spiegel 1989: 32). Ob dabei bestimmte Branchen oder Sektoren bevorzugt werden, ist nicht bekannt. Der bei der Beschaffung dominante Sektor der Luftfahrt ist bisher angesichts mangelhafter Produkte bei seinen Exportbemühungen häufig daran gescheitert, dass Länder, die zunächst Interesse daran zeigten, dann doch absprangen, wie beim Eurofighter, bei dem die Bestellung von 126 Kampfjets durch Indien schließlich storniert wurde (Dickow/Buch 2012). In zahllosen anderen Fällen war das Ausland interessiert, wie beim Export von Leopard-Panzern oder bei den Sturmgewehren G3 und G36, und die Ausfuhren erfolgten legal oder illegal, wobei die Bundesregierung notfalls gezielt wegschaute. Sie landeten in Kampfgebieten – genauso wie Franz Josef Strauß sich das mit seiner Kritik an der »Kitschformel« vorgestellt hatte.

Aktivitäten »nicht legitimierter Machtzentren«

Als Organisation ist der deutsche Bundesnachrichtendienst (BND) im Prinzip durchaus legitimiert. Neben dem Verfassungsschutz und dem Militärischen Abschirmdienst soll er alle für Deutschland sicherheitspolitisch relevanten Informationen aus dem Ausland beschaffen. Nicht legitimiert ist er, Waffengeschäfte zu organisieren. Doch genau das hat er mehrfach unternommen, zuweilen mit Wissen und Billigung der Bundesregierung, in anderen Fällen auch im Widerspruch zu deren außenpolitischen Zielen, stets aber unter Bruch der herrschenden Gesetze zu Waffenexporten. Offizielle Stellen hatten üblicherweise keinerlei Interesse daran, die Öffentlichkeit über solche Deals zu informieren, und selbst das Parlamentarische Kontrollgremium, das den

BND beaufsichtigen soll, tagt stets geheim. Derartige Transaktionen wurden immer nur dann bekannt, wenn journalistische Recherchen sie aufgedeckten und PolitikerInnen der jeweiligen Opposition hier nachfragten, oder aber, wenn in anderen Ländern, die sich in ihren Interessen auf diese Art verletzt sahen, Ermittlungen angestellt wurden.

Gegründet wurde der BND nach dem Ende des Zweiten Weltkrieges als Dienststelle der US-Army unter dem Namen Organisation Gehlen. Auf diese Art wurden die Kenntnisse und Netzwerke eines großen Teils der Mitarbeiter der früheren Wehrmachtsabteilung Fremde Heere Ost übernommen und genutzt, da mit dem Beginn des Kalten Krieges die Ostspionage abermals im Vordergrund stehen sollte. Reinhard Gehlen war ein früherer Generalmajor der Wehrmacht und mit ihm standen zahlreiche ehemalige Mitglieder von SS, SA und Gestapo im Dienst der Organisation. Seit der Gründung der Bundeswehr wurde sie zum eigenständigen BND. Die Bundeswehr stand damals vor dem Problem, woher sie für den Wiederaufbau der Armee Waffen bekommen sollte, weshalb es zu den erwähnten dubiosen Geschäften wie beim Schützenpanzers HS 30 kam. Gleichzeitig stellte sich die Frage, wie dies finanziert werden sollte. Da die Mittel aus dem Bundesetat als unzureichend erachtet wurden, verfiel die Regierung darauf, alte Waffenbestände zu verkaufen, und zwar auch an Kunden, an die offiziell nichts geliefert werden durfte. Solche Geschäfte wurden, wie später bekannt wurde, spätestens ab 1966 durch den BND getätigt (Feinstein 2012: 56ff.).

Als Kontaktmann für die illegalen Rüstungstransfers bot sich dem BND ein »alter Kamerad« an, Gerhard Mertins, ein früherer Major und bekennender Rechtsradikaler, der zu diesem Zweck 1963 die Firma Merex gründete. Sie war seit 1965 Kooperationspartner des BND, der sich durch Waffenlieferungen auch neue Kontakte und den Zugang zu Informationsquellen versprach. Merex organisierte den Transfer von Kampfjets, die der deutschen Luftwaffe als veraltet galten, an Indien und an Pakistan, zwei Länder, die damals offen gegeneinander Krieg führten, an die daher keine deutschen Waffen gehen durften und die von der NATO mit einem Embargo belegt waren. Als offizielle Destinationen wurden der Iran und Italien angegeben. Der persische Schah kooperierte bereitwillig, indem die Flugzeuge von Teheran aus von iranischen Piloten in pakistanischen Uniformen nach Pakistan geflogen wurden. Pakistan bekam darüber hinaus auch Panzer-Abwehrraketen, die mit einer deutschen Endverbleibserklärung für den Iran versehen waren. Eine weitere Lieferung von Raketen, Kanonen und Maschinengewehren ging über denselben Umweg an Saudi-Arabien, das ein Jahr zuvor die Beziehungen zur Bundesrepublik abgebrochen hatte. Wegen des Israel-Konflikts galt der gesamte Nahe Osten nach Aussage des damaligen deutschen Regierungssprechers als

»Spannungsgebiet par excellence« (zit. in Der Spiegel 1975: 29; vgl. Feinstein 2012: 62f.). Als die Lieferungen bekannt wurden, kam es im Fall von Pakistan im US-Senat zu Anhörungen, da die Kampfjets ursprünglich aus amerikanischen Beständen stammten und die Bundesrepublik sich verpflichtet hatte, sie nicht weiter zu verkaufen. Dabei bestätigen Zeugenaussagen, dass der BND in die Sache involviert war (Feinstein 2012: 63f.). Diese Veröffentlichungen trübten das Verhältnis der Bundesregierung und des BND zu Merex, und die geschäftliche Verbindung wurde aufgegeben – nicht jedoch die Praktik der illegalen Waffenverkäufe, nunmehr allerdings mithilfe einer anderen Firma.

Die Kooperation mit Merex hatte auch noch ein gerichtliches Nachspiel. Im Jahr 1974 wurde Gerhard Mertins angeklagt, mit seinen Ausfuhren nach Pakistan, Indien und Saudi-Arabien gegen das Außenwirtschaftsgesetz verstoßen zu haben. Kurioserweise war die Anklage durch Mertins selbst ins Rollen gekommen. Nicht zufrieden mit dem stattlichen Gewinn, den er bei diesen Geschäften gemacht hatte, wandte er sich an das Finanzamt und verlangte Steuerrückerstattungen für seine Exporte. Das brachte die Ermittler auf seine Spur. Der Prozess gegen ihn wegen illegaler Waffenexporte endete mit einem Freispruch, da das Gericht die Argumentation der Verteidiger übernahm, Mertins habe nur im Auftrag des BND und mit Billigung von Bundesbehörden agiert. Diese könnten sich jedoch »um höherer Interessen willen über Gesetze hinwegsetzen« (zit. in Der Spiegel 1975: 28). Welche diese höheren Interessen waren, wurde weder damals noch später geklärt.

Nachdem Merex in Ungnade gefallen war, übernahm die Hamburger Firma Dobbertin deren Part, ab 1966 deutsches Kriegsmaterial in »Krisenherde der Weltpolitik« zu liefern, »ohne Rücksicht auf die offizielle Regierungsmaxime, wonach die Bundesrepublik keine Waffen in Spannungsgebiete exportiert« (Der Spiegel 1978: 20). Der BND setzte auf eine langfristige Beziehung zu dem Unternehmen und entsandte einen seiner Mitarbeiter in die Geschäftsführung. Diesmal war der Widerspruch zur offiziellen Linie der Außenpolitik gravierend, denn Willi Brandt, seit 1966 Außenminister und Vizekanzler in der Regierung Kiesinger, seit 1969 Bundeskanzler, verfolgte eine Politik der Entspannung gegenüber dem Osten. Gleichwohl kam es über die Firma Dobbertin zu einer Reihe von Waffenlieferungen: an Nigeria, wo ab 1967 der blutige Biafra-Bürgerkrieg stattfand; an Rhodesien, für das es ein von der UNO verhängtes Handelsembargo gegen das Regime von Ian Smith gab; an Südafrika, in dem die Apartheid international geächtet war; an Griechenland, in dem seit 1967 eine Militärdiktatur herrschte; an Jordanien, das sich seit der Gründung Israels in einem kriegerischen Konflikt mit seinem Nachbarn befand. Besonders brisant war der Transfer einer Uranprobe an die Volksrepublik China, das einige Jahre zuvor eine Atombombe gezündet hatte (ebd.).

Im Jahr 1978 räumte der damalige Präsident des BND Gerhard Wessel (auch er ein früherer Mitarbeiter der Wehrmachtsabteilung Fremde Heere Ost) diese Vorkommnisse gegenüber dem Parlamentarischen Kontrollgremium ein. Ihm zufolge waren in den für die Exporte zuständigen Ministerien zumindest die jeweiligen Staatssekretäre informiert. Es kam zu einem Untersuchungsausschuss, vor dem unter anderem Karl Carstens aussagen musste, ab 1960 Staatssekretär im Auswärtigen Amt, später im Verteidigungsministerium sowie ab 1969 Chef des Kanzleramtes und als solcher oberster Aufseher über den BND. Er bekundete, er wisse von nichts und höre zum ersten Mal, dass der BND sich am Waffenhandel beteiligt haben sollte (Der Spiegel 1978: 20ff.).

Ob der BND diese Praktiken fortgesetzt und es in den folgenden Jahrzehnten weiterhin Verwicklung in Waffenexporte gegeben hat, ist nicht bekannt – was nicht heißen muss, dass es sie nicht gegeben hat. Aber eine historische Fußnote blieben sie zweifellos nicht, da sie spätestens seit 2007 eine Fortsetzung fanden. Im Jahr 2015 ging die Bremer Staatsanwaltschaft erstmals Hinweisen nach, dass ein BND-Mitarbeiter mit dem Tarnnamen »Hollmann« der Reederei Beluga Tipps gegeben habe, wie Panzertransporte nach Myanmar abzuwickeln seien. Gegen Myanmar bestand ein EU-Embargo wegen massiver Menschenrechtsverletzungen. Doch der Klarname von »Hollmann« wurde nicht bekannt gegeben, deshalb stockten die Ermittlungen (faz.net 2015). Ein Reportage-Team von Radio Bremen nahm die Recherchen danach erneut auf und konnte anhand von zugespielten Dokumenten wie Ladelisten und Stauplänen zeigen, dass der BND mehrfach illegale Lieferungen organisiert hatte.[1] Demnach wurden 2007 über Kenia Panzer in den Sudan geliefert, in dem Rebellen des Südsudan gegen die Zentralregierung um Unabhängigkeit kämpften; 2009 gelangten über den Umweg des ukrainischen Hafens Oktyabrsk Schützenpanzer nach Myanmar, wo die Zentralregierung gegen protestierende buddhistische Mönche und Nonnen sowie gegen Rebellengruppen vorging; 2010 kam es zur Lieferung von Panzern und großkalibriger Artillerie in die Demokratische Republik Kongo, in der ein Bürgerkrieg herrschte. Alle diese Lieferungen waren von dem BND-Mitarbeiter »Hollmann« eingeleitet oder organisiert worden.

Der Film veranlasste die Bundestagsfraktion DIE LINKE, 2019 eine Kleine Anfrage zu dessen brisanten Erkenntnissen zu stellen. Auf die meisten der detaillierten 20 Fragen gab die Bundesregierung nur ausweichende oder gar keine Antworten, denn es handele sich dabei um »Informationen, deren Kenntnisnahme durch Unbefugte für die Interessen der Bundesrepublik

1 Der Film *Die Akte BND: Waffengeschäfte deutscher Reeder* (Autor Rainer Kahrs) wurde am 11.3.2019 bei der ARD ausgestrahlt.

Deutschland oder eines ihrer Länder schweren Schaden verursachen könnten«, oder aber sie enthielten »Erkenntnisse, die mit nachrichtlichen Mitteln erlangt wurden und unter Umständen Rückschlüsse auf die Herkunft der Informationen zulassen« (Deutscher Bundestag 2019: 2). Es wurde verneint, dass die Reederei Beluga Waffengeschäfte oder -transporte im Auftrag des BND durchgeführt habe und auch generell sei dieser wohl mit der Aufklärung von Rüstungstransporten befasst, dadurch würden aber »keine Waffenlieferungen in Krisen- und Konfliktregionen befördert oder initiiert« (ebd.: 1). Die Regierung mauerte also genauso wie es ihre Vorgängerin vierzig Jahre zuvor gemacht hatte. Das Verfahren gegen den BND-Mitarbeiter wurde eingestellt, denn dieser habe nur im Auftrag gehandelt. Die Motivation für den BND, die Transaktionen über Jahre zu unterstützen, ist weiterhin unklar, doch wird vermutet, dass der Dienst auf diese Art an Informationen und Insiderwissen über weltweite Waffenströme kommen wollte (Baeck 2019). »Hollmann« blieb ein Phantom.

Ähnlich wie Jahre zuvor bei dem Prozess gegen Gerhard Mertins, der die Anklage wegen illegalen Waffenhandels unbeschadet überstanden hatte, sah es auch für den Gründer und Geschäftsführer der Reederei Beluga, Niels Stolberg, aus. Noch 2006 galt er als Bremer »Unternehmer des Jahres«, stand inzwischen aber wegen Bilanzfälschung und Kreditbetrug vor Gericht. Dafür wurde er verurteilt, nicht jedoch in einem Verfahren wegen illegalen Waffenhandels (Wiese 2012; Hinrichs 2018).

Ein weiterer Bereich, in dem der BND offenbar immer wieder jenseits der ihm zugeschriebenen Aufgaben agiert, betrifft die Spionage. Nachdem durch die Enthüllungen von Edward Snowden über den US-amerikanischen Geheimdienst NSA bekannt wurde, dass auch das Handy der Bundeskanzlerin zu dessen Zielen gehörte, sagte Angela Merkel 2013 am Rande eines EU-Gipfels: »Das Ausspähen von Freunden geht gar nicht.« Der Satz machte Eindruck, warf jedoch die Frage auf, ob der BND nicht ebendies ebenfalls tat, also Deutschlands »Freunde« überwachte. Entsprechende Praktiken soll es spätestens seit Ende der 1990er-Jahre gegeben haben. Terroranschläge schienen eine Rechtfertigung dafür zu liefern, Daten aller Art zu sammeln und mit anderen Diensten auszutauschen. Der BND tat dies zusammen mit dem NSA und betrieb gemeinsam mit ihm ab 2002 eine Abhörstation in Bad Aibling. Oft sammelte der BND aber auch auf eigene Faust. Auf seiner Spähliste standen Botschaften, der Vatikan, Innenministerien anderer Länder, internationale Organisationen wie die OSZE, die OPEC oder der IWF, außerdem Nicht-Regierungsorganisationen wie OXFAM oder das Rote Kreuz. Auch Unternehmen aller Art wurden ausspioniert, etwa Heckler & Koch, weil das Unternehmen damals im britischen Besitz war, ebenso EADS (Baumgärtner u.a. 2016).

Für Österreich etwa wurde bekannt, dass der BND hier seit den späten 1990er-Jahren seine Selektoren (den Suchbegriffen, mit denen abgefangene Daten nach Kontakten und Inhalten durchsucht werden) auf etwa 2.000 Ziele im Land gerichtet hatte. Dazu gehörten unter anderem Ministerien und in Wien ansässige UNO-Organisationen sowie eine Reihe von Unternehmen. Die Liste reicht vom Eisen- und Stahlkonzern VÖEST über die Bank Austria bis zu mittelständischen Firmen. Schließlich wurden auch die wichtigsten Rüstungsfabrikanten des Landes erfasst, insbesondere Glock, Steyr Mannlicher und Hirtenberger, was den Verdacht nahelegt, dass hier Industriespionage (die ebenfalls nicht zum Aufgabenprofil der BND gehört) betrieben wurde. In anderen Fällen handelte es sich um Tochterfirmen deutscher Rüstungsfabrikanten wie Rheinmetall, so dass über diesen Umweg selbst deutsche Firmen ins Visier genommen wurden. Auch das ist dem BND verboten (Schmid/Sulzbacher 2018; Zotter 2018). Diese hier beispielhaft genannten Observationsziele werfen also die Frage auf, ob sie tatsächlich dazu dienlich waren, »um Terroristen und Geldwäschern auf die Spur zu kommen, Menschenhändlern und Waffenlieferanten« (Baumgärtner u.a. 2016: 34) oder ob der BND hier ein Eigenleben jenseits seiner offiziellen Aufgaben entfaltete.

Als die Aktivitäten des NSA in Deutschland und der Umfang von dessen Kooperation mit dem BND ansatzweise bekannt wurden, wurde 2014 ein Untersuchungsausschuss eingerichtet. Die Befragungen von leitenden Beamten und BND-Mitarbeitern verliefen ähnlich unergiebig wie in früheren Fällen. Außenminister Franz-Walter Steinmeier, von 1999 bis 2005 Chef des Kanzleramtes und somit oberster BND-Aufseher, bekundete, er habe »nie den Auftrag gegeben, europäische Partner auszuspionieren. Derartige Dossiers habe er auch später als Außenminister nie erhalten« (ebd.: 35). Dem stehen interne Vermerke aus dem Kanzleramt gegenüber, wonach die Frage der Selektoren dort sehr wohl diskutiert wurde. Die BND-Mitarbeiter zeigten sich gleichfalls wenig auskunftsfreudig: »Viele können sich an Details nicht erinnern, viele widersprechen sich, einige melden sich krank. Bei den Vernehmungen fährt oft ein Jurist des Kanzleramtes dazwischen, sobald er die Gefahr sieht, dass geheime Informationen preisgegeben werden.« (Ebd.: 34)

Letztlich wurde ein neues BND-Gesetz auf den Weg gebracht, das jedoch keinerlei Verbesserungen bringt – im Gegenteil: »Alles, was der BND macht, wird einfach legalisiert. Und sogar noch ausgeweitet.« (Meister 2020) Im Mai 2020 befand das Bundesverfassungsgericht, dass das Gesetz gegen Grundrechte verstoße, denn Pressefreiheit und Telekommunikationsgeheimnis würden nicht nur in Deutschland gelten, sondern deutsche Behörden müssten sich überall daran halten. So sei auch die Überwachung der Telekommunikation von AusländerInnen im Ausland an die Grundrechte des Grundgesetzes gebunden. Dies betreffe die Erhebung und Verarbeitung der Daten ebenso wie deren Übermittlung an andere Stellen und die Kooperation mit anderen ausländischen Nachrichtendiensten. Das Gesetz müsse also überarbeitet werden – eine Neufassung soll bis Ende 2021 vorliegen (ebd.).

Fazit

Einiges spricht dafür, dass es in Deutschland einen militärisch-industriellen Komplex im Sinn eines verselbständigten, und weder durch das Parlament noch durch die Öffentlichkeit kontrollierbaren Bereichs der intensiven Kooperation der einheimischen Rüstungsindustrie mit Teilen des staatlichen Apparats gibt. Das trifft vor allem für die wiederholten Aktivitäten des BND zu, der sich entgegen seiner Bestimmung wiederholt am Waffenhandel beteiligt hat, was teils in Übereinstimmung mit der Außenpolitik der Regierung, teils jedoch im Widerspruch dazu geschah. In anderen Fällen, wie bei Spionagetätigkeiten, die auch auf den Rüstungssektor abzielten, definiert der BND seine Befugnisse ebenfalls eigenmächtig. Insgesamt ist schwer einzuschätzen, welchen Umfang und welche Bedeutung diese Aktivitäten haben, da sie nur in einigen wenigen Fällen durch journalistische Recherchen bekannt werden.

Ein starkes Argument für das Bestehen eines militärisch-industriellen Komplexes findet sich auch bei der Praxis der Rüstungsexporte. Sämtliche Bundesregierungen der letzten Jahrzehnte beanspruchten für sich, hierbei extrem kontrollierend vorzugehen, und bei ihren Genehmigungen darauf zu achten, dass die gelieferten Waffen nicht dazu verwendet werden könnten, um Kriegshandlungen zu fördern oder Regierungen ermöglichen würden, die Menschenrechte in ihren Ländern zu unterdrücken. Tatsächlich hat die Politik jedoch unzählige Möglichkeiten eröffnet, die offiziellen Richtlinien zu umgehen oder auszuhebeln und massive Verstöße zu tolerieren. Auch die Berichterstattung, zu der die Regierung verpflichtet ist, hat sich immer wieder als unvollständig oder lückenhaft erwiesen und geschönte Bilder produziert. Initiativen von RüstungskritikerInnen ebenso wie investigativer Journalismus waren in den letzten Jahrzehnten zunehmend erfolgreich darin, hier Gegenerzählungen zu schaffen und besonders skandalöse Waffengeschäfte aufzudecken. In einigen wenigen Fällen ist es sogar gelungen, diese zu verhindern.

Weniger ausgeprägt ist der militärisch-industrielle Komplex bei der Beschaffungspolitik der Bundeswehr, also bei jenem Bereich, der üblicherweise am ehesten als charakteristisch dafür angesehen wird, dass es eine enge Verstrickung zwischen der einheimischen Rüstungsindustrie und dem Verteidigungsministerium gibt. Diese gibt es zweifellos in einigen Sektoren, so seit jeher bei der militärischen Luft- und Raumfahrt, wo sich die beiden Bereiche noch näher gekommen sind, seit die Zahl der beteiligten Firmen immer geringer wurde; gleichzeitig haben aber auch grenzüberschreitende Kooperationen zugenommen. Anders sieht es bei Waffengattungen aus, die auf weniger monopolisierten Märkten agieren, und bei denen langjährige enge Verflechtungen sich oftmals sehr viel brüchiger gestalteten. Die Beschaffungspolitik der Bundeswehr konnte sich alles in allem noch nie ausschließlich auf eine nationale Rüstungsindustrie beschränken – anfangs, weil eine solche erst im Entstehen war, später, weil sich Kooperationen vor allem innerhalb von Europa als notwendig erwiesen. Darüber hinaus hat der Rüstungssektor innerhalb der Gesamtwirtschaft niemals eine solche quantitative Bedeutung wie etwa in den USA erlangt. Zum Vergleich: Die Militärausgaben betrugen 2019 nach den Berechnungen von SIPRI in den USA 732 Mrd. US-Dollar, in Deutschland rd. 51 Mrd. US-Dollar; sie machten in den USA 3,4 Prozent, in Deutschland 1,3 Prozent des BSP aus (Statista 2020).

In einer neuen Studie von Transparency International wird der Frage nachgegangen, mit welchen Mitteln die Rüstungsindustrie Einfluss auf politische Entscheidungen nimmt, und es werden drei davon identifiziert, die auch den hier präsentierten Befunden entsprechen. Als erstes wird Geld genannt, insbesondere in Form von Parteispenden aus der Rüstungsindustrie; als zweites Ideen, also Pläne für Rüstungsprojekte, die von der Industrie entwickelt werden und den PolitikerInnen bei gesponserten Events, in Arbeitskreisen und Fachverbänden nahegebracht werden; als drittes persönliche Kontakte und Netzwerke zwischen beiden Sphären, die besonders deutlich beim »Drehtür-Effekt« werden, wenn Führungspersonen zwischen dem Management von Unternehmen und politischen Posten hin und her wechseln. All dies wird begünstigt durch Geheimhaltungsklauseln bei Beschaffungen oder Exportgenehmigungen, die zu fehlender Transparenz führen, und denen auch durch das Fehlen eines Lobbyregisters bei Bundestagsabgeordneten Vorschub geleistet wird (Transparency international 2020: 18ff.). Die Lobbyaktivitäten der Rüstungsindustrie haben sich nach heutigem Wissensstand in der Bundesrepublik im allgemeinen darauf beschränkt, lukrative Aufträge und Exportmöglichkeiten zu erlangen, wobei aber nicht bekannt ist, ob diese möglicherweise auch bei der Erstellung der Weißbücher der Bundeswehr, also bei deren langfristiger strategischer Orientierung, eine Rolle spielen. Unklar bleibt auch, wie einheitlich der ansatzweise gegebene militärisch-industrielle Komplex in sich ist oder eher in Unterkomplexe zerfällt, die mehr gegen- als miteinander agieren, wie etwa, wenn man an das verschachtelte Verhältnis von BND und Rüstungsindustrie denkt.

Der von politischen Kreisen besonders gehätschelte Sektor der Luft- und Raumfahrt hat sich in vielen Fällen als einer erwiesen, der wegen seiner anhaltenden Qualitätsmängel wenig zur Einsatzfähigkeit der Bundeswehr, viel aber zu ihren Kosten beiträgt. Das könnten friedenspolitisch gesinnte Menschen mit einer gewissen Genugtuung zur Kenntnis nehmen – es handelt sich allerdings um eine extrem teure Form des Antimilitarismus. So bleiben als dessen wirksamste Mittel doch andere: investigativer Journalismus, kritische Anfragen von Bundestagsabgeordneten, hartnäckige Aufdeckungsarbeit und fundierte Dokumentationen von antimilitaristischen Gruppen, phantasievolle Protestaktionen. All das hat im Lauf der Jahre dazu beigetragen, eine größere Öffentlichkeit zu schaffen, Machenschaften und Netzwerke aus dem Dunkel zu holen, bekannt zu machen und zu skandalisieren. Es ist ein Kampf von David gegen Goliath, bei dem es jedoch immer wieder zumindest kleine Punktesiege gegeben hat. Davon wird es in Zukunft noch sehr viel mehr brauchen.

Literatur

Baeck, Jean-Philipp (2019): Deutsche Waffen, Bremer Geld (12.3.2019). URL: https://taz.de/, Zugriff: 5.9.2020.

Baumgärtner, Maik / Knobbe, Martin / Schindler, Jörg (2016): Die Fleurop-Liste. In: Der Spiegel, H. 14: 33-36.

Biermann, Kai (2013): Ein Traum von einer Drohne (21.8.2013). URL: www.zeit.de, Zugriff: 7.9.2020.

Brzoska, Michael (1989): Militärisch-industrieller Komplex in der Bundesrepublik und Rüstungsexporte. In: Gewerkschaftliche Monatshefte, H. 8: 501-512.

Der Spiegel (1966): Ein gewisses Flattern, H. 5: 21-36.

– (1967a): Die Unvollendete, H. 47: 60-82.

– (1967b): HS-30-Ausschuss: In der Nische, H. 52: 30-31.

– (1975): Fall Merex: Rechtsbruch durch Tarnung, H. 52: 28-31.

– (1976): Strauß, die Gangster und die Wahrheit, H. 9: 26-27.

– (1978): »Das ist doch wahrlich schwarzer Humor« – Spiegel-Gespräch mit Franz Josef Strauß, H. 29: 80-88.

– (1988): 100 Milliarden in den Wind, H. 37: 46-65.

– (1989): Auch bei Neckermann, H. 2: 32-34.

– (1994): Alles Armleuchter, H. 35: 23-24.

Der Tagesspiegel (2020): Kritik an der Regierung – Deutschland bleibt viertgrößter Waffenexporteur, 9.3.2020.

DW (2019): Türkei bleibt wichtigster Abnehmer deutscher Waffen. URL: www.dw.com, Zugriff: 23.9.2020.

Deutscher Bundestag (1996): Bundestagsdrucksache 13/5571.

– (2010): Bundestagsdrucksache 17/3861.

– (2017): Bundestagdrucksache 19/3476.

– (2019): Bundestagsdrucksache 19/101141.

Dickow, Marcel / Buch, Detlef (2012): Europäische Rüstungsindustrie: kein Heil im Export. In: SWP-Aktuell 13: 1-4.

faz.net (2015): BND-Mitarbeiter im Visier der Bremer Staatsanwaltschaft (30.4.2015). URL: https://www.faz.net/, Zugriff: 20.9.2020.

– (2018): Türkei rückt in Syrien vor – mit deutschen Panzern? (22.1.2018) URL: https://www.faz.net/, Zugriff: 23.9.2020.

Feinstein, Andrew (2012): Waffenhandel – Das globale Geschäft mit dem Tod. Hamburg.

Friedrichs, Hauke (2017): Die Verschwendungskultur des deutschen Militärs. In: Die Zeit (24.5.2017). URL: https://www.zeit.de/, Zugriff: 7.9.2020.
Fuchs, Steffen (2018): Was wurde aus dem Eurofighter? Der Eurofighter – ein Fass ohne Boden (27.11.2018). URL: www.ftd.de, Zugriff: 1.10.2020.
Gebauer, Matthias (2015): Bundesregierung gibt Lücke bei Waffenexport-Kontrolle zu (12.6.2015). URL: www.spiegel.de, Zugriff: 7.9.2020.
– (2018): Luftwaffe hat nur vier kampfbereite »Eurofighter« (2.5.2018). URL: www.spiegel.de, Zugriff: 20.9.2020.
– (2020): Kramp-Karrenbauers peinlicher Rohrkrepierer (10.10.2020). URL: www.spiegel.de, Zugriff: 20.10.2020.
Grässlin, Jürgen (1994): Den Tod bringen Waffen aus Deutschland. München.
Grossner, Claus (1972): »Wir wurden schon kräftig hereingelegt«. In: Der Spiegel, H. 12: 84-94.
Hegmann, Gerhard (2016): Das ist die unberechenbare Schwachstelle des A400M (1.4.2016). URL: www.welt.de, Zugriff: 20.9.2020.
– (2019): »Erhebliche Fehler« - Bundeswehr nimmt Airbus-Hubschrauber nicht in Betrieb (27.11.2019). URL: www.welt.de, Zugriff: 5.9.2020.
Hennes, Michael (2003): Der neue Militärisch-Industrielle Komplex in den USA. In: Aus Politik und Zeitgeschichte, H. 46: 41-46.
Hinrichs, Jürgen (2018): Niels Stolberg zu dreinhalb Jahren Haft verurteilt (15.2018). URL: www.weser-kurier.de, Zugriff: 23.9.2020.
Koistinen, Paul A.C. (1980): The Military-Industrial Complex. A Historical Perspective. New York.
Kollmer, Dieter H. (2010): Die materielle Aufrüstung der Bundeswehr in ihrer Aufbauphase 1953-1958 – Staatsräson, sicherheitspolitische Notwendigkeiten und Außenhandelsausgleich. In: Österreichische Militärische Zeitschrift, H. 2: 186-197.
– (Hg.) (2015): Militärisch-Industrieller Komplex? Rüstung in Europa und Nordamerika nach dem Zweiten Weltkrieg. Freiburg u.a.
– (2015a): Einleitung, in: Ders. (Hg.), a.a.O.: 1-26.
– (2015b): Rüstungsinterventionismus – Rüstungsbeschaffung der Bunderepublik Deutschland nach 1945, in: Ders. (Hg.), a.a.O.: 132-154.
Kulke, Ulli (2015): Als alle zwei Wochen ein Starfighter abstürzte (14.1.2015). URL: www.welt.de, Zugriff: 23.9.2020.
Lobbypedia (o.J.): Heckler & Koch. URL: https://lobbypedia.de/, Zugriff: 1.10.2020.
Massarrat, Mohssen (2015): »Der Militärisch-industrielle Komplex ist die größte Bedrohung für den Weltfrieden in unserer Zeit« (Interview). URL: https://www.nachdenkseiten.de, Zugriff: 2.9.2020.
Meister, Andre (2020): Massenüberwachung im BND-Gesetz ist verfassungswidrig. URL: https://netzpolitik.org/, Zugriff: 4.10.2020.
Merkur (2020): Hat die Türkei deutsche Panzer an syrische Rebellen weitergegeben? Video soll es beweisen (2.10.2020). URL: www.merkur.de, Zugriff: 5.10.2020.
Nassauer, Otfried (2013): Was schwimmt geht, was rollt, geht auch. In: Friedensforum, Nr. 3. URL: https://www.bits.de/, Zugriff: 20.10.2020.
– (2016): Die fetten Jahre fangen an (28.1.2016). URL: https://taz.de/, Zugriff: 5.9.2020.
– (2018): Richtiger Schritt aus falschem Anlass (20.11.2018). URL: https://taz.de/, Zugriff: 23.9.2020.
– / Repinski, Gordon / Traufetter, Gerald (2013): Der Unglücksvogel, in: Der Spiegel, H. 28: 60-63.
Paes, Christian (2000): Kleine Waffen – Tödliche Wirkung/Dimensionen des Kleinwaffenproblems und Initiativen zu seiner Lösung. In: Wissenschaft & Frieden, Dossier Nr. 35. URL: https://www.wissenschaft-und-frieden.de/, Zugriff: 23.9.2020.
Ploppa, Hermann (2016): Der militärisch-industrielle Komplex. In: Telepolis. URL: www.heise.de, Zugriff: 2.9.2020.

Politische Grundsätze der Bundesregierung für den Export von Kriegswaffen und sonstigen Rüstungsgütern vom 19.1.2000. URL: www.bmwi.de, Zugriff: 5.9.2020.
Röhn, Tim (2016): Massaker mit deutschen Waffen – Was wusste die Regierung? (24.5.2016). URL: www.welt.de, Zugriff: 23.9.2020.
Sauer, Stefan (2015): Rüstungsindustrie: Heckler & Koch verteidigt Kontakt zu Geheimdienst (17.5.2015). URL: www.berliner-zeitung.de, Zugriff: 7.9.2020.
Schmale, Oliver (2015): Heckler & Koch kämpft um seinen Ruf (30.3.2015). URL: www.faz.net, Zugriff: 7.9.2020.
Schmid, Fabian / Sulzbacher, Markus (2018): Die Liste: Wen der deutsche Geheimdienst in Österreich ausspähte (15.6.2018). URL: www.derstandard.at, Zugriff: 1.10.2020.
spiegel.de (2019): Bundesregierung genehmigt so viele Rüstungsexporte wie noch nie (27.12.2019). URL: https://www.spiegel.de/, Zugriff: 5.9.2020.
Statista (2020): Militärausgaben. URL: https: //de.statista.com, Zugriff: 5.10.2020.
Steinmann, Thomas (2020): Wie McKinsey bei der Bundeswehr Millionen verdiente (28.1.2020). URL: www.capital.de, Zugriff: 29.9.2020.
taz.de (1990): Heckler & Koch wird zum Opfer der Abrüstung (5.12.1990). URL: https://taz.de/, Zugriff: 5.9.2020.
Transparency International (2020): Defence Industry Influence in Germany, Oct. 2020. URL: www.transparency.de, Zugriff: 20.10.2020.
Traufetter, Gerald / Gebauer, Matthias (2018): Öldämpfe im Cockpit vom A400M (29.3.2018). URL: www.spiegel.de, Zugriff: 20.9.2020.
welt.de (2018): Pistolen nach Kolumbien: Sig Sauer soll Strafe zahlen (12.4.2018). URL: https://www.welt.de/, Zugriff: 7.9.2020.
Westdörp, Uwe (2015): Tödliche Starfighter-Bilanz: 269 Abstürze, 116 tote Piloten. In: Neue Osnabrücker Zeitung (28.10.2015). URL: https://www.noz.de/, Zugriff: 5.9.2020.
Wiese, Daniel (2012): Panzer für Krisenstaaten (29.10.2012). URL: https://taz.de/, Zugriff: 20.9.2020.
Yale Law School (o.J.): Military-Industrial Complex Speech, Dwight D. Eisenhower, 1961, https://avalon.law.yale.edu/, Zugriff: 7.9.2020.
Zotter, Christoph (2018): BND-Affäre: Österreichische Tochterfirmen deutscher Konzerne überwacht (6.7.2018). URL: www.profil.at, Zugriff: 23.9.2020.

ÜBER DAS LANGE NACHLEBEN BRAUNEN GEDANKENGUTS IN DER BUNDESREPUBLIK

Ekkehard Henschke

Rosenbergs Elite und ihr Nachleben

Akademiker im Dritten Reich vor und nach 1945

2020. 378 Seiten, mit 3 s/w-Abb., gebunden
€ 40,00 D | E-Book € 32,99 D
ISBN 978-3-412-51923-0

Das Buch untersucht die junge Elite von Hitlers Chefideologen Alfred Rosenberg in ihrem Wirken vor und nach dem Untergang der NS-Diktatur. Es unternimmt im Wege einer Kollektivbiographie die Analyse der jungen, akademisch ausgebildeten Angehörigen des Amtes Rosenberg. Dessen Chef war von Hitler 1934 mit der ideologischen Festigung der NSDAP und der Durchdingung der gesamten deutschen Gesellschaft mit deren rassistisch-völkischer Weltanschauung beauftragt worden. Die meisten seiner extremistischen Bürokraten überlebten den Krieg, nur wenige distanzierten sich nach 1945 wirklich vom Nationalsozialismus. Mit ihrem Tod starben weder ihre Ideologie noch die entsprechende Sprache aus; sie wirken teilweise bis heute fort.

Vandenhoeck & Ruprecht Verlage

www.vandenhoeck-ruprecht-verlage.com

PROKLA 201 | 50. Jahrgang | Nr. 4 | Dezember 2020 | S. 643-662
https://doi.org/10.32387/prokla.v50i201.1918

Axel Gehring*

Strategische Autonomie oder Insel der Importsubstitution im Neoliberalismus?

Über die politökonomische Bedeutung der türkischen Rüstungsindustrie

Zusammenfassung: Das Bemühen der Türkei um eine stärkere strategische Autonomie treibt den Ausbau seiner Rüstungsindustrie an. Zugleich werden hohe exportpolitische Erwartungen in die Rüstungsindustrie gesetzt, doch die lokale Industrie ist gezwungen modernste Komponenten zu importieren. Dieser Beitrag debattiert das Spannungsverhältnis von strategischer Autonomie und ökonomischer Ratio im Kontext der historischen und gegenwärtigen politischen wie ökonomischen Konjunkturen und Konflikte des türkischen Neoliberalismus. Er stellt zudem aus Sicht einer kritischen Politischen Ökonomie die Frage, ob und inwieweit es sich um einen militärisch-industriellen Komplex im Werden handelt und ob dieser Begriff ermöglicht, die Begebenheiten eines Staates der kapitalistischen Semiperipherie abzubilden.

Schlagwörter: Rüstungsindustrie, Türkei, militärisch-industrieller Komplex, Industriepolitik

Strategic autonomy or island of import substitution in neoliberalism?

On the politico-economic significance of the Turkish arms industry

Abstract: Turkeys desire for a higher strategic autonomy is driving the persistent development of an indigenous defense industry. At the same time high expectations are placed into the industry's capacity to export arms, but the local industry is forced to import the most modern components. This contribution debates the tension between strategic autonomy and economic ratio within the context of the historical and contemporary conjunctures and conflicts of Turkish Neoliberalism. Furthermore, it asks whether it can be evaluated as an ascending military-industrial-complex and if that concept enables to grasp the economic relations of a state in the capitalist semi-periphery.

Keywords: Armament industry, Turkey, military–industrial complex, industrial policy

* **Axel Gehring** ist Politikwissenschaftler.

Trotz aller Konflikte und Widersprüche ist die feste Integration der Türkei in die NATO Bestandteil der außenpolitischen Staatsraison der Bündnisstaaten, und selbstredend hat diese auch eine rüstungspolitische Dimension. Doch gehört die Kritik an deutschen Waffenexporten in die Türkei hierzulande seit Jahrzehnten zum Standardrepertoire einer kritischen Öffentlichkeit. Jede Bundesregierung, die den Verkauf von Waffen in die Türkei erlauben möchte, befindet sich unter Rechtfertigungsdruck. In der Folge gibt es in der Türkei seit Jahrzehnten Bemühungen, sich selbst rüstungspolitisch ein Stück unabhängiger zu machen.

Allerdings setzten moderne Rüstungsgüter einen fortwährenden Know-how-Transfer und den Import modernster Vorprodukte und Zwischengüter voraus. Der Ausbau der Rüstungsindustrie als Politik der Importsubstitution schuf damit auch neue Importabhängigkeiten, gerade wenn er versucht, Importsubstitution und Exportpromotion miteinander zu verbinden. Strategische Autonomie und ökonomische Interessen stehen also in einem Spannungsverhältnis zueinander. Beide Ziele lassen sich zugleich immer nur in Teilen realisieren. Welches der Ziele in welchem Maß erreicht wird, ist dabei unterschiedlichen Konflikten und Interessenslagen innerhalb des türkischen Machblocks geschuldet sowie zum Teil durch die konkreten äußeren Handlungsspielräume bedingt, die die Türkei als semiperipherer Staat hat.

Dieser Beitrag debattiert das Spannungsverhältnis von strategischer Autonomie und ökonomischer Ratio im Kontext der historischen und gegenwärtigen politischen wie ökonomischen Konjunkturen und Konflikte. Er stellt zudem aus Sicht einer kritischen Politischen Ökonomie die Frage, ob und inwieweit es sich um einen militärisch-industriellen Komplex im Werden handelt.

1. Westintegration und Internationalisierung versus strategische Autonomie?

Seit dem Beitritt zur NATO im Jahr 1952 war die türkische Militärdoktrin primär auf eine Auseinandersetzung mit der Sowjetunion und den Staaten des Warschauer Vertrages sowie das Paradigma der Interoperabilität mit NATO-Streitkräften ausgerichtet. Der angesichts der damals schwachen Industrialisierung des Landes ohnehin nur inkonsequent verfolgte Aufbau einer türkischen Rüstungsindustrie wurde zugunsten von Importen moderner (damals vor allem) US-amerikanischer Waffensysteme weitgehend aufgegeben (Réal-Pinto 2017). Allenfalls kleinere Betriebe etablierten sich im Zusammenhang mit den notwendigen Wartungsarbeiten von Waffensystemen. Auch der Militärputsch von 1960 stellte keine rüstungspolitische Zäsur dar, obgleich er nunmehr offiziell den Weg zur importsubstituierenden Industrialisierung eröffnete (ebd.: 6). Dies ist einerseits dem Kontext der türkischen Westintegration geschuldet, da das Projekt der Importsubstitution in diese eingebettet und wesentlich mit westlichen Akteuren abgestimmt war (Gehring 2019a: 163ff.). Andererseits spielten die inneren Kräfteverhältnisse eine wichtige Rolle, denn mit fortschreitendem industriellem Wachstum bauten die großen türkischen Industriekonglomerate ihren politischen Einfluss auch auf die Wirtschaftspolitik immer weiter aus. Rasch wurde individualkapitalistisches Profitstreben wirkmächtiger als modernistisch-entwicklungsstaatliche Orientierungen (ebd.: 136ff.). In diesem Setting fand Industrialisierung primär in der Breite, weniger in der Tiefe statt und die Handelsbilanz blieb in Folge der fortbestehenden Importabhängigkeit im hohen Maße defizitär, die Abhängigkeit von ausländischen Krediten wuchs sogar (Boratav 1986).

Während aus dem kapitalistischen Akkumulationsprozess also keine Dynamik entsprang, die in Richtung einer Rüstungsindustrie drängte oder auch nur ein vertiefte Industrialisierung beförderte, die diese implizit begünstigt hätte, wuchsen die unmittelbaren militärpolitischen Interessen an einer stärkeren rüstungstechnischen Eigenständigkeit. Denn die Türkei verfolgte im wachsenden Maße außenpolitische Interessen, die jenseits des Systemkonfliktes lagen. Insbesondere der Konflikt mit Griechenland um Zypern sollte Impulse in Richtung einer türkischen Rüstungsindustrie setzen: In Folge der türkischen Invasion der Insel im Jahr 1974 hatten die USA gegenüber der Türkei temporär ein Waffenembargo verhängt (Durmaz 2014). Mit dem Beginn des bewaffneten Kampfes der Arbeiterpartei Kurdistans (PKK) 1984 waren die Türkischen Streitkräfte zudem mit einer wachsenden militärischen Herausforderung konfrontiert, die sie zunächst allerding unterschätzten (Zürcher 2017: 307) und (noch) nicht systematisch in ihrer Rüstung berücksichtigten.

Vor dem Hintergrund des internationalen Siegeszuges des Neoliberalismus wuchs Ende der 1970er-Jahre der Druck auf die Türkei, ihr importsubstituierendes Entwicklungsmodell aufzugeben, da die Gewährung westlicher Kredite an die Übernahme des Washington-Konsensus gekoppelt war. Für die großen türkischen Konglomerate, die als innere Bourgeoisie im Sinn von Poulantzas die führenden Kapitalfraktionen darstellten (Poulantzas 1975: 65), war die Kreditbeziehung der entscheidende Hebel sich dem neoliberalen Paradigma zuzuwenden, um weiterhin ihre lokale Produktion aufrechterhalten zu können. Politische Widerstände und gesellschaftlicher Unfriede standen einer friedlichen Transition im Wege. So stellte der Putsch von 1980 nicht etwa primär eine Aktion eines kemalistisch-entwicklungsstaatlichen Establishments dar, sondern war vielmehr der konkrete politische Versuch, das lokale Wirtschaftsregime – im Interesse der sozial wirkmächtigen inneren Bourgeoisie – dem veränderten Weltsystem anzupassen (Gehring 2019a: 208ff.).

Die nach dem Militärputsch forcierte Neoliberalisierung sollte die türkische Ökonomie nicht nur durch Druck auf die Löhne wettbewerbsfähiger, sondern mittels Deregulierung auch für internationale Investitionen attraktiv machen. Trotz einer Exportoffensive wurde dieses Ziel im Hinblick auf die Modernisierung der Industrie in den 1980er-Jahren weitgehend verfehlt. Die türkischen Konglomeratsunternehmen investierten kaum in die Erneuerung ihrer industriellen Substanz und schlossen nicht zu ihren europäischen Konkurrenten auf. Stattdessen fokussierten sie sich weiter auf den Binnenmarkt und weiteten im Kontext der Finanzialisierung und rasant wachsenden Staatsverschuldung seit 1989 ihre Aktivitäten im Finanzsektor aus (Yalman 2009). Dies ging zu Lasten der Akkumulation industriellen Kapitals (Öztürk 2011: 206).

Gleichzeitig wurde im Kontrast zur Politik der neoliberalen Deregulierung staatlicherseits der Aufbau einer türkischen Rüstungsindustrie forciert (Réal-Pinto 2017: 6). Mit dem Gesetz Nr. 3238 wurde 1985 das Untersekretariat für Rüstungsindustrie gegründet (Demir u.a. 2016: 9). Dieser Schritt hin zu einer stärker politisch koordinierten Entwicklung der lokalen Rüstungsindustrie war dem Bestreben einer stärkeren rüstungspolitischen Unabhängigkeit geschuldet, dennoch konnte diese auf Grund des erheblichen technologischen Abstandes zu den restlichen NATO-Staaten nur in enger Abstimmung und komplementär zu ihnen erfolgen. Im Kontext des Kalten Krieges begrüßte die US-Administration das türkische Vorhaben nachdrücklich, da es eine Steigerung der gesamten NATO-Rüstungsausgaben bedeutete. Und konkret es eröffnete es einen neuen Markt für US-Rüstungsfirmen, die nun lukrative Joint Ventures mit türkischen Firmen eingehen konnten (Réal-Pinto 2017). Zu diesem Zweck war bereits 1984 Turkish Aerospace Industries (TAI) als staatliches Unternehmen gegründet worden, um erhebliche Teile des Rumpfes von F-16 Mehrzweckkampfflugzeugen zu produzieren, die die Türkei zu Hunderten aus den USA erwarb. Eine bedeutende Gründung stellte ebenso FMC-Nurol Savunma Sanayii A.Ş. (FNSS) dar, ein Unternehmen, das auf einer Partnerschaft zwischen der privaten Nurol Holding und der US-amerikanischen FMC beruhte und später von British Aerospace Systems (BAE) gekauft wurde (ebd.: 5). 1987 wurde durch ein spezielles Gesetz die Stiftung für die Stärkung der Türkischen Streitkräfte/*Türk Silahlı Kuvvetlerini Güçlendirme Vakfı* (TSKGV) als private Körperschaft gegründet, die als Eignerin einer Reihe einer Reihe von Rüstungsunternehmen fungiert. Der türkische Rüstungssektor begann, in sich zwei einander scheinbar widersprechende ökonomische Paradigmen zu vereinen: Entwicklungsstaat und Neoliberalismus (ebd.: 5). Die Türkisierung der Rüstungsindustrie wurde zudem nachdrücklich von der französischen Regierung unterstützt, die darin die Möglichkeit sah, die Abhängigkeit der Türkei von der US-Hegemonie langfristig zu reduzieren. Zudem erhoffte sie sich regelmäßigeren Marktzugang für ihre Industrie, denn einen solchen hatten bislang primär nur deutsche Firmen gehabt. Frankreich versuchte damals zudem die Rolle Europas als Technologiestandort mittels der intergouvermentalen *Eureka* Initiative zu stärken, die sich darum bemühte, industriebezogene Forschungsvorhaben auf intergouvermentaler Ebene stärker zu koordinieren und in diesem Rahmen neue Finanzierungskonzepte zu entwickeln. Die Türkei war vom offiziellen Start der Initiative im Jahr 1985 an daran beteiligt (ebd.).

Doch die Entwicklung einer Rüstungsindustrie ist niemals nur das Ergebnis spezifischer staatlicher Anstrengungen zur gezielten Förderung von Rüstungsunternehmen oder Technologieclustern. Diese hängt wesentlich auch von der Struktur der Gesamtwirtschaft ab, von den in ihr agierenden Unternehmen, der Logik des kapitalistischen Akkumulationsprozesses und den regulativen Strukturen, die ihm einen Rahmen geben. Der türkische Neoliberalismus ist durch eine starke Finanzialisierung geprägt, die sich dem Paradigma der Disziplinierung durch freie Märkte im Kontext der IWF- und EU-Beitrittspolitiken verdankt. Dies ging zu Lasten der Akkumulation industriellen Kapitals und der Modernisierung der Industrie insgesamt. Bis heute hat diese in den 1990er- und 2000er-Jahren herausgebildete Struktur einen erheblichen Einfluss auf die Kräfteverhältnisse zwischen führenden Klassenfraktionen und auf die Rüstungsindustrie.

2. Finanzialisierung und disziplinierender Neoliberalismus als Hemmnisse für Industrieentwicklung

Zum Ende der 1980er-Jahre hatte die türkische Ökonomie wieder an Dynamik verloren: Das System der Exportsubventionen, das der binnenorientierten türkischen Industrie nach der Transition zum Neoliberalismus helfen sollte, auf den Weltmärkten Fuß zu fassen, musste im Kontext der Uruguay-Runde des General Agreement of Tariffs and Trade (GATT) fallengelassen werden. Die ökonomischen und politischen Eliten des Landes suchten nach einer neuen Strategie der Neoliberalisierung (Gehring 2019a: 233).

Vom EG-Beitritt erhofften sich die türkischen Eliten nicht nur einen vereinfachten Marktzugang für ihre Industrie, sondern auch mehr ausländische Direktinvestitionen von europäischen Konzernen und somit eine verbesserte Kapitalausstattung ihrer Unternehmen, bis hin zu einer Modernisierung ihrer industriellen Struktur (Yalman 2009: 276). Obgleich die Zollunion zwischen der EU und der Türkei von 1996 einen großen Zwischenerfolg darstellte, wurden diese Ziele jedoch nur eingeschränkt erreicht, da der von der steigenden Staatsverschuldung induzierte staatszentrierte Finanzialisierungsprozess der 1990er-Jahre lukrative Investitions- und Anlageräume im Banken- und Finanzsektor eröffnete (Ataç 2013: 96). Der individuellen Profitlogik folgend investierten die türkischen Konglomerate in den 1990er-Jahren daher noch stärker zu Lasten des Industriesektors als in der Dekade zuvor. Die Öffnung des Kapitalmarktes hatte es türkischen Banken ermöglicht, sich in Fremdwährung zu verschulden, wodurch sich die Volatilität der internationalen Finanzströme auf die türkische Ökonomie besonders stark auswirkte. Weitere Finanzkrisen sollten fortan durch Strukturanpassungsprogramme unter Ägide des IWF verhindert werden. Deren am disziplinierenden Neoliberalismus (Gill 2000) orientierte Prinzipien wurden im Rahmen der EU-Beitrittspolitik durch das Nationale Programm zur Übernahme des Aquis Communautaire dauerhaft verankert (Gehring 2019a: 312f.). Dazu gehörten unter anderem eine am Monetarismus orientierte Geldpolitik, eine straffe Haushaltsführung und umfangreiche Privatisierungen, von denen nicht nur internationale Konzerne, sondern zahlreiche türkische Holdings profitierten.

Die nunmehr vom EU-Projekt getragene Neoliberalisierungsstrategie verfehlte jedoch ihr Ziel der grundlegenden Erneuerung der industriellen Struktur. Die in Folge der Strukturanpassungen aufgewertete Lira, die massiven Privatisierungen und ein Finanzialisierungsprozess, der nun auch Privatkund_innen erfasste, schufen profitable Anlageräume außerhalb der Industrie (Öztürk 2010: 147ff.; Ataç 2013: 175). Zudem büßte die Türkei infolge ihrer Neoliberalisierungstrategie insgesamt industriepolitische Handlungskapazitäten ein. Summa summarum fungierten die Strukturanpassungsprogramme und die EU-Beitrittspolitiken der vergangenen Jahrzehnte als institutioneller Anker des disziplinierenden Neoliberalismus in der Türkei. So schufen sie jenes »berechenbare« wirtschaftspolitische Umfeld, das für internationale Direkt- und Portfolioinvestitionen erforderlich ist. Anstatt das binnenorientierte und stark konsumorientierte Wachstumsmodell samt seiner strukturellen Leistungsbilanzdefizite zu überwinden, verfestigten sie es auf eine dynamische Weise, indem sie einen institutionellen Rahmen zur Finanzierung ebendieser Defizite kreierten (Gehring 2019a: 299 ff.; Gehring 2020). Die türkische Industrie blieb im Hinblick auf ihre Endprodukte überaus divers aufgestellt, wies aber weiterhin eine geringe Produktionstiefe auf. Denn auch in den 2000er-Jahren entwickelte die kapitalistische Akkumulation keine dominante Dynamik hin zu einer beständigen Vertiefung und Modernisierung der industriellen Struktur. Vielmehr gingen seit 1980 mit dem Beginn der Neoliberalisierung die öffentlichen wie privaten Investitionen im Industriesektor ständig zurück (Akça 2010: 26). Gewinne aus industriellen Aktivitäten wurden konglomeratsintern in einem hohen Maße in industriefernen Bereichen wie dem Handels-, Finanz- und Immobiliensektor investiert (Öztürk 2010) und so haben sich seit dem Antritt der Regierung der AKP (Partei für Entwicklung und Fortschritt) insbesondere der Immobilien-, der Bau- und damit verbunden der Finanzsektor besonders dynamisch entwickelt (Karatepe 2020). Zeiten hoher quantitativer Wachstumsraten sind daher unter dem neoliberalen Regime nicht von einer grundlegenden Modernisierung der türkischen Industrie geprägt und induzieren keine Dynamik, die von sich heraus das Anschließen an technische führende Industrienationen oder gar die Entwicklung einer nationalen Bourgeoisie begünstigen würde und die Türkei bleibt insgesamt durch passive Extravision, also durch starke Importabhängigkeit, geprägt (Becker 2008).

Allerdings wurde die türkische Industrie seit Ende der 1990er-Jahre verstärkt in globale Produktionskreisläufe eingebunden und modernisierte ihre industrielle Struktur in begrenztem Maß, um diese Einbindung nicht zu verlieren (Öztürk 2011). Für die türkischen Privatunternehmen ist es riskant und kurzfristig wenig profitabel, in direkte Konkurrenz mit führenden Industriekonzernen zu treten, sie bevorzugen daher eine zu diesen komplementäre Rolle. Zugleich aber ist die türkische Industrie deutlich moderner und diverser aufgestellt als die anderen Industrien der Region sowie der Ex-Sowjetunion, in denen sie wiederum selbst investiert.

Doch auch damit verfolgen die führenden Kapitalfraktionen als innere Bourgeoisie ihre eigenen Projekte innerhalb der gegebenen Struktur und komplementär zu europäischen Konzernen. Letztere können sie aber nicht aus eigener Kraft verlassen und die Möglichkeiten des Landes innerhalb der kapitalistischen Arbeitsteilung weiter aufzusteigen sind begrenzt: Sowohl die Produktion für den lokalen Markt als auch für den Export greift auf ausländische Patente aus höher entwickelten kapitalistischen Ökonomien zurück und importiert in einem hohen Maße komplexe und damit teure Vor- und Zwischengüter. Dies wirkt sich negativ auf die Wertschöpfung aus, die die türkische Industrie mit Industrieprodukten erzielen kann und trägt mit zu den hohen Leistungsbilanzdefiziten bei. Das binnenorientierte Wachstumsmodell weist sinkende Defizite oder gar eine ausgeglichene Leistungsbilanz real nur in Zeiten tiefgreifender Krisen auf, zum Beispiel in Folge verknappten Zugängen zu Devisen (genauere Zahlen dazu siehe World Bank 2020). Auch die IWF-Strukturanpassungspolitiken der 1990er und 2000er-Jahre änderten daran nichts. Im Gegensatz zum disziplinär-neoliberalen Paradigma, das sie einführten, entstand der institutionelle Rahmen für internationale Portfolioinvestitionen, die halfen, die Leistungsbilanzdefizite zu schließen und so zugleich zu konservieren (Gehring 2019a).

Mit der 2007 einsetzenden globalen Wirtschaftskrise wurden die Zuflüsse ausländischen Kapitals unstetiger und ebenso die Wachstumsraten. Dennoch hat die AKP damals gegen den Willen der führenden Unternehmensverbände auf ein neues Stand-By-Agreement mit dem IWF verzichtet und auch seither keines abgeschlossen. Allerdings wurde das in diesen Verträgen kodifizierte disziplinierend-neoliberale Paradigma mehr und mehr durch einen expansiven Neoliberalismus umgangen, der auf staatliche Stimuli setzt. Durch diese Flexibilisierung der ökonomischen Regulierung, die politisch nicht zuletzt durch einen charismatischen neoliberalen Populismus (Akçay 2018) vermittelt wurde, entwickelte der herrschende Block in der Türkei eine Alternative zu disziplinär-neoliberalen Austeritätspolitiken (vgl. Gehring 2019a). Deflationsspiralen, wie sie zum Beispiel für die mediterranen EU-Staaten typisch waren, konnten so verhindert werden, doch auch dieses wachsende staatliche Engagement brachte keine grundlegende Verschiebung in der vorherrschenden Akkumulationsstrategie. Vielmehr stellte es nunmehr mehr jene Mittel bereit, um die bestehende Strategie so lange wie möglich aufrecht zu erhalten, und der Finanz- und Immobiliensektor bildeten weiterhin Schwerpunkte der Investitionen. Eine wichtige Rolle spielte in diesem Kontext eine zunehmend expansive Zentralbankpolitik, sie führte jedoch ab 2011 zu einem deutlich sinkenden Wechselkurs samt wachsender inflationärer Tendenzen (Akçay 2018). Die Eskalation dieser Wirtschaftskrise im Währungscrash von 2018 und das Eintreten in eine manifeste Krisenperiode stellten die vorherrschende Wachstumsstrategie auf ihre bislang schärfste Bewährungsprobe seit 1980 und führtent zu einer verstärkten Suche nach Lösungsstrategien. Diese kulminieren nicht zuletzt in einem Diskurs, der verstärkt nationale und lokal (*yerili ve milli*) hergestellte Produkte einfordert (haberler.com 2020). Die Möglichkeit einer Orientierung hin zu einer verstärkt importsubstituierenden Reorientierung der türkischen Wirtschaftspolitik ergibt sich zudem auch aus dem scharfen Einbruch der türkischen Exportperformance und rasant steigender Leistungsbilanzdefizite in Folge der weltweiten Corona-Krise (Ahval 2020).

In diesem Kontext wird gerne auf die sich dynamisch entwickelnde Rüstungsindustrie verwiesen, die gleichzeitig einen Beitrag zur nationalen Unabhängigkeit und (!) zum Export von modernen Gütern hoher Wertschöpfung leisten soll.

3. Quantitative Relevanz oder qualitative Bedeutung? Entwicklungen und Parameter der türkischen Rüstungsindustrie

Nicht die vorherrschende Logik der kapitalistischen Akkumulation in der Türkei, sondern bewusste politische Entscheidungen bildeten den Ausgangspunkt für jene Dynamik, die den Sektor nunmehr zum industriepolitischen

Hoffnungsträger macht. So wurde das Projekt der Türkisierung der Rüstungsindustrie 1995 um weitere 30 Jahre bis 2025 verlängert. Damit reagierte die türkische Regierung nunmehr verstärkt einerseits auch auf die wachsende militärische Herausforderung durch die kurdische Guerilla und anderseits auf die internationale Kritik an ihrer Kriegsführung im kurdischen Raum und den daraus abgeleiteten Forderungen nach Beschränkungen bei den Rüstungsexporten (Réal-Pinto 2017: 12). Obwohl das Projekt nicht diesem Krieg entsprungen war und von diesem auch weiterhin nicht ausschließlich determiniert wurde, wirkten sich die daraus abgeleiteten Erwägungen nun stärker auf die Ausrichtung der Rüstungspolitik aus. Der jährliche Umsatz der türkischen Rüstungsindustrie stieg ungeachtet laufender IWF-Austeritäts-Programme von einer Milliarde auf jährlich 5 Mrd. US-Dollar, während die Türkei bis in die frühen 2000er-Jahre hinein weiterhin zu den vier größten Rüstungsimporteuren der Welt gehörte (vgl. ebd.).

Nach der Festnahme Abdullah Öcalans im Jahr 1998 gewannen die Türkischen Streitkräfte die militärische Oberhand im türkisch-kurdischen Konflikt (Zürcher 2017: 333f). Insofern die Türkei mit der Schwächung wichtige Kriegsziele erreicht zu haben schien endete dieser Konflikt in den 2000er-Jahren zwar nicht, durchlief aber verschiedene Phasen der zeitweiligen Entspannung. Nicht eine umfassende Friedenslösung, sondern eine schwankende Intensität des Krieges wurde charakteristisch für die Lage im kurdischen Raum. Gleichzeitig hatte sich die Türkei erneut einer zu austeritären IWF-Strukturanpassungspolitik verpflichtet. Innerhalb dieses Settings, das mit den ersten Regierungsperioden der AKP zusammenfiel, sanken die Anteile der Rüstungsausgaben an den Staatsausgaben sogar von 9,2 Prozent im Jahr 2000 auf 5,2 Prozent im Jahr 2015 (Sönmez 2019). Obwohl die Türkei noch keine unmittelbar militärisch konfrontative Außenpolitik gegenüber ihren Nachbarländern verfolgte, entwickelte sich die lokale Rüstungsindustrie dennoch dynamisch.[1] Mit dem Scheitern des neoosmanischen Softpoweransatzes, dem Beginn einer wachsenden Anzahl direkter militärischer Interventionen in der Region, dem Ende der Gespräche mit der PKK und einer sich stark intensivierenden Marinerüstung stiegen die Rüstungsausgaben seit 2016 wieder an. Im Jahr 2018 erreichte der Anteil der Rüstungsausgaben an den Staatsausgaben bereits wieder 7,1 Prozent, was 2,5 Prozent des Bruttoinlandsproduktes entspricht (Sönmez 2019).

1 Sinkende Gesamtrüstungsausgaben und steigende Umsätze der lokalen Rüstungsindustrie sind dabei keineswegs widersprüchlich insofern die Preise der unterschiedlichen Waffensysteme stark differieren. Insbesondere als Komplettsystem importierte Spitzentechnologie ist besonders teuer.

Firma	2002	2004	2006	2008	2010	2012	2014
Aselsan	318	358	489	695	982	1.396	2.141
TAI-TUSAS	104	106	272	304	418	404	1.726
Otokar	98	282	348	485	548	894	956
MKEK	44	*	*	*	*	*	658
Havelsan	59	*	183	208	186	372	406
Roketsan	*	*	*	138	254	414	716
FNSS	321	181	*	*	171	287	330
KaleKalip	*	90	149	188	254	290	*

*Firma nicht unter den Top 500 der türkischen Firmen gelistet, Zahlen daher nicht verfügbar.

Tab. 1: Umsätze der größten türkischen Rüstungsfirmen zwischen 2002 und 2014 in Mio. neuer Türkischer Lira; Quelle: Réal-Pinto 2017: 18.

Nicht nur die Umsätze der türkischen Rüstungsunternehmen stiegen während der AKP-Periode deutlich an, sondern – konträr zur restlichen Industrie – ebenso die Investitionsraten des Rüstungssektors (Akça 2010: 26). Auch dies verdeutlicht, wie sehr sich die Entwicklung des Rüstungssektors von den vorherrschenden Strukturlogiken des türkischen Neoliberalismus entkoppelt hat. Sie resultiert wesentlich daraus, dass dort ein Primat der Importsubstitution verfolgt wurde (Mevlütoğlu 2017: 287), was sich im institutionellen Setting des Sektors manifestiert: Neben den unmittelbaren Staatskonzernen sind zahlreiche türkische Rüstungsunternehmen formell privatrechtlich organisiert, aber ihre Anteile befinden sich in signifikantem Umfang im Besitz der Türk Silahlı Kuvvetlerini Güçlendirme Vakfı/Stiftung der Türkischen Streitkräfte (TSKVG) (Akça 2010: 25). So nehmen zahlreiche Firmen im Besitz der TSKVG, wie Aselsan, Aspilsan oder Havelsan, in ihren Segmenten eine führende Stellung ein und halten zudem 62 Prozent des Gesamtmarktes. Der Rest der Umsätze verteilt sich auf die Rüstungsfirmen der großen privaten Konglomerate, die oft mit internationalen Partnern zusammen arbeiten, zum Beispiel Nurol, MIKES oder TAI (deren Anteile zum Teil von der TSKVG gehalten werden). Neuere Rüstungsfirmen wurden häufig in unmittelbarer Nähe zu Recep Tayyip Erdoğan gegründet, dazu gehören zum Beispiel der Drohnenhersteller Baykar Makina sowie Fahrzeughersteller BMC und TÜMOSAN. Dank politischer Protektion weist diese Gruppe überdurchschnittlich hohe Wachstumsraten auf (Gürcan 2019).

Die korporatistischen Elemente in der Organisierung des Rüstungssektors werden auf der Ebene Forschung und Entwicklung durch die staatlicherseits forcierte enge Verzahnung von staatlichen und privaten Universitäten sowie der Türkiye Bilimsel ve Teknolojik Araştırma Kurumu/Türkische Anstalt für

Wissenschaftliche und Technologische Forschung (TÜBITAK) ergänzt. Dies umfasst insbesondere Forschung im Rahmen von Drittmittelprojekten, auch an führenden Universitäten des Landes, und die Gründung von neuen außeruniversitären Forschungseinrichtungen. Die Drittmittelgeberin TÜBITAK wird dabei durch ihre lukrativen Verträge mit der Rüstungsindustrie zugleich selbst zur Empfängerin von Drittmitteln, die sie koordiniert, bündelt und weiterleitet ober aber für Forschung in ihren eigenen Suborganisationen verwendet (Réal-Pinto 2017: 19).

Bei dieser zielgerichteten Lenkung öffentlicher Ressourcen in ein spezifisches Segment der türkischen Industrie geht es nicht nur um die Deckung des Bedarfs der türkischen Streitkräfte, sondern vermehrt darum, Produkte von höherer Wertschöpfung zu produzieren, die so einen positiven Beitrag zur Handelsbilanz leisten (Gehring 2020). Das staatliche Engagement im Rüstungssektor kann daher auch als ein Versuch angesehen werden, die Industrie insgesamt zu modernisieren – ein Ziel, das man vor dem Hintergrund des generellen Verlustes industriepolitischer Handlungsmöglichkeiten innerhalb des Neoliberalismus nicht hat erreichen können. Nationale Sicherheitsinteressen haben es dabei ermöglicht, in einem kleinen Segment der türkischen Industrie eine Insel der Importsubstitution zu etablieren. Ihr quantitativer Beitrag für die türkische Ökonomie ist gegenwärtig noch gering, sowohl im Hinblick auf ihren Umsatz (10,884 Mrd. US-Dollar im Jahr 2019), wie auch auf die Zahl der Beschäftigten (73.771 im Jahr 2019) (vgl. ILOSTAT database). Es gab dort 2007 erst 17.841 Beschäftigte, 2013 bereits 33.000 (Akça 2010). In den letzten eineinhalb Dekaden hat sich deren Zahl also im Schnitt alle sechs bis sieben Jahre verdoppelt. Zudem bilden sie innerhalb der stark von Informalität und angelernten Tätigkeiten geprägten türkischen Arbeitswelt ein kleines, aber hochqualifiziertes Segment von Lohnarbeitenden (Mevlutoglu 2017: 290).

Bislang hat der kleine Rüstungssektor eher von der politisch forcierten Militarisierung profitiert, die ihm seinen ökonomischen Sonderstatus ermöglichte; seine weitere Expansion könnte ihn allerdings zum einem Faktor werden lassen, der die Militarisierung der Gesellschaft in stärkerem Maße aktiv vorantreibt. Eine weiterhin dynamisch verlaufende Akkumulation in diesem Sektor wird sich vermittelt über die Profitlogik auch auf die Akkumulationsstrategien und Kräfteverhältnisse zwischen den führenden Konglomeraten auswirken. Zudem befördert die regierungsamtlich und massenmedial als Erfolgsgeschichte vermarktete Entwicklung des Rüstungssektors als erfolgreiche High-Tech-Sparte (habertur.com 2020) die ideologische Militarisierung der Gesellschaft, indem sie einen Nexus von Rüstung und Entwicklung konstruiert. Ob dieser wirklich entsteht, ist keineswegs ausgemacht.

Die staatlichen Investitionen in den Rüstungssektor werden gerne auch mit den Aufträgen an die zivilen Zuliefererbetriebe begründet (Demir u.a. 2016: 8). Allerdings werden in kritischen Ansätzen im Hinblick auf die die Türkei größere wachstumsfördernde Effekte in Form eines Rüstungskeynesianismus, wie sie in den kapitalistischen Zentren mitunter aufträten, bestritten (Akça 2010). Denn die Situation in der Türkei ist makroökonomisch durch passive Extravision gekennzeichnet, bei der die türkische Ökonomie konkret eine Lücke in der Produktion von Investitionsgütern aufweist (Becker 2008). Die daraus entstehenden Leistungsbilanzdefizite und Devisenlücken haben sich in der Vergangenheit immer wieder als Restriktion für den Akkumulationsprozess erwiesen. Da der Rüstungssektor einen negativen Beitrag zur Handelsbilanz leistet – den Exporten von 3,086 Mrd. US-Dollar im Jahr 2019 stehen Importe in Höhe von 3,088 Mrd. US-Dollar gegenüber – vergrößert er das Problem der Extravision.[2] [3] Er liefert netto keinen Beitrag zur Verwertung von nationalen Ressourcen, wie es bei »erfolgreichen Rüstungskeynesianismen« in den kapitalistischen Zentren zuweilen der Fall war.

Wie im Folgenden zu zeigen ist, gibt es zudem erhebliche Zielkonflikte zwischen dem Primat der stärkeren nationalen Eigenständigkeit und der internationalen Wettbewerbsfähigkeit.

Rüstungssektor	2018	2019	Veränderung in %
Umsatz	8,761 Mrd. USD	10,884 Mrd. USD	+24,23%
Exporte	2,188 Mrd. USD	3,068 Mrd. USD	+25,28%
Importe	2,449 Mrd. USD	3,088 Mrd. USD	+26,09%
Beschäftigte	67.239	73.771	+9,71%
Türkei insgesamt			
Bruttosozialprodukt	771,27 Mrd. USD	743,70 Mrd. USD *	-3,58%
Exporte	244,06 Mrd. USD	253,51 Mrd. USD	+3,87%
Importe	265,66 Mrd. USD	245,79 Mrd. USD	-7,5%
Beschäftigte	32,826 Mio.	33,368 Mio.	+1,65%

Tab. 2: Daten zur Bedeutung des Rüstungssektors; Quellen: Sav Türk 2020; IMF 2019; ILOSTAT 2020; World Bank Open Data 2020.

2 Die positive Handelsbilanz im Jahr 2019 stellt gleichwohl einen Sondereffekt der tiefen Wirtschafts- und Währungskrise dar, die unter anderem zu einer erheblichen Verteuerung von Fremdwährungskrediten und damit auch zu einer Verknappung des Devisenzugangs geführt hat.

3 Zudem sind die offiziellen türkischen Zahlen der Handelsbilanz auf Grund häufiger politischer Einflussnahmen auf das Statistikwesen mit äußerster Vorsicht zu genießen – gerade in diesem sensiblen Bereich.

4. National unabhängig und international wettbewerbsfähig – ein unauflösbarer Widerspruch?

Das Gros der türkischen Eliten betrachtet den Rüstungssektor nicht als Kostenfaktor, sondern schreibt ihm perspektivisch eine wichtige industrie- und exportpolitische Bedeutung zu (Bakeer 2019). Dabei geht es vor allem um die Schaffung eines international wettbewerbsfähigen Industriezweigs, der Güter von höherer Wertschöpfung produziert, als das in den meisten anderen Zweigen der türkischen Industrie der Fall ist (Gehring 2020), und so einen Beitrag dazu leistet, dass die Türkei mittelfristig das Middle-Income-Gap verlassen kann. So hat die Wirtschaftskrise bislang nicht zu sinkenden Absätzen geführt. Allerdings sank die Zahl der Neubestellungen im Jahr 2019 auf 10,7 Mrd. US-Dollar, ein Minus von 12,5 Prozent (Gürcan 2020).

Darüber hinaus stoßen die politischen Bemühungen um eine Türkisierung der lokalen Rüstungsindustrie auf eine Reihe ökonomischer und militärpolitischer Widersprüche. Diese beruhen auf dem Internationalisierungsgrad der Rüstungsproduktion und der Struktur der zivilen Industrien. Eine moderne und auf den internationalen Märkten konkurrenzfähige Rüstungsindustrie ist auf den beständigen Import moderner und modernster Rüstungsgüter und hochwertiger Vorprodukte angewiesen, und dies gerade in einem Land wie der Türkei, die nicht zu den technisch führenden Industriestaaten zählt (Gehring 2020). Die türkische Regierung bekennt sich zwar fortwährend zu den Zielen der Modernisierung und Nationalisierung (d.h. der Türkisierung) der Rüstungsproduktion (vgl. Demir 2016: 31), aber eine solche Kombination von Zielen angesichts komplexer und global vernetzter Produktionsketten erscheint heute selbst in den Staaten der kapitalistischen Zentren kaum erreichbar. Insofern ist eine völlige nationale Unabhängigkeit der Rüstungsproduktion, trotz aller regierungsamtlichen Deklarationen, diese bis 2053 erreichen zu wollen und dabei deren Exporte auf 50 Mrd. US-Dollar zu steigern (Bakeer 2019), primär ein symbolisches Ziel, das dem nationalistischen Diskurs geschuldet ist. Insgesamt reichen die von der Türkei mobilisierten Mittel nicht aus, um in das technologische Spitzenfeld vorzustoßen und rasch Güter mit hoher eigener Produktionstiefe zu entwickeln. Die Investitionen in Forschung und Entwicklung wachsen und beliefen sich 2019 auf 1,7 Mrd. US-Dollar – 15 Prozent mehr als im Vorjahr; doch der Anteil, der in direkte Technologieentwicklung fließt, erreichte trotz eines Anstiegs von 65 Prozent gerade einmal 249 Mio. US-Dollar (Gürcan 2020). Tatsächlich sind zahlreiche Systeme, die von der Türkei als lokale Produkte bezeichnet werden, Lizenzprodukte auf Basis importierter Subkomponenten (Iddon 2020).

Auch um diesen Widerspruch abzumildern, bemüht sich die Türkei seit Jahrzehnten um eine Diversifikation ihrer Rüstungsimporte, um zumindest über eine Vielzahl von Importkanälen zu verfügen. Denn eine reine Importabhängigkeit von NATO-Staaten und insbesondere von der Bundesrepublik, deren Exportpolitik türkischen Eliten als zu restriktiv gilt, wird als eigenständiges militärpolitisches Problem eingeschätzt. Während des Kalten Krieges und auch der frühen 1990er-Jahre kamen die Rüstungsimporte fast ausschließlich aus NATO-Staaten. Die damals geschlossenen Joint Ventures zur lokalen Lizenzproduktion ersetzten die Abhängigkeit vom Import ganzer Waffensysteme durch die Abhängigkeit von Vorprodukten und erhöhten so den Grad an Autonomie (Réal-Pinto 2017). Mit der Diversifikation der Herkunft von Importen und der breiten Streuung von Kooperationsprojekten im Bereich der Technologieentwicklung wird dieser Weg fortgesetzt.

Ein Beispiel dafür bildet die T155-Fırtırna-Haubitze, die eine wichtige Rolle bei den Invasionen Syriens spielte. Sie ist einem Gemeinschaftsprojekt mit Südkorea entsprungen. Gleiches gilt auch für den Kampfpanzer Altay, der den deutschen Leopard ablösen soll (Iddon 2020). Die Entwicklung des Altay bereitet jedoch erhebliche Schwierigkeiten und kommt zudem nicht ohne deutsche Komponenten aus. Bereits die Modernisierung älterer US-amerikanischer Waffensysteme, wie der Phantom F4 und des M60 erfolgte in den 1990er und 2000er-Jahren mit israelischer Unterstützung, nachdem zuvor ein Abkommen zur militärischen Kooperation geschlossen worden war (Réal-Pinto 2017: 12).

Eine wachsende Rolle für die Aufklärung und Leitung von weitreichendem Artilleriefeuer sowie auch für unmittelbare Luftangriffe spielen heute Drohnen. Der Aufbau der türkischen Drohnenindustrie begann mit dem Import israelischer Modelle, durch die Diversifikation von Zulieferern konnte die Türkei auch nach der Verschlechterung ihrer Beziehungen zu Israel ihre Drohnenentwicklung fortsetzen, da diese Teile die Lücke füllten, die die nunmehr ausbleibende israelische Industrie hinterließ. Wichtige Schlüsselkomponenten kommen zudem von britischen und ukrainischen Herstellern (Sabbagh/McKernan 2019; Gürcan 2020). Da die Aktionen der türkischen Streitkräfte im kurdischen Raum in Deutschland im Fokus der Kritik stehen und der Export von Heerestechnologie daher umstritten ist, ist Deutschland heute hauptsächlich für die Weiterentwicklung der türkischen Marinerüstung attraktiv. Der Anstieg der Rüstungsimporte aus Deutschland im Jahr 2019 geht primär auf die kostenintensive Modernisierung der türkischen U-Boot-Flotte zurück (Deutsche Presseagentur 2019). Sie stellt eine Fortsetzung der seit 1980er-Jahren laufenden engen Zusammenarbeit auf dem maritimen Feld dar, und so wurden auf türkischen Werften ganze Schiffsklassen in Lizenz nachgebaut (Gehring 2020). Die türkische Industrie hat darauf aufbauend eigene Schiffsklassen wie die MILGEM-Klasse entwickelt, die sie auch zum Export anbietet.

Die wachsende Unabhängigkeit der türkischen Rüstungsindustrie wurde also nicht allein durch einen höheren Anteil lokaler Komponenten erreicht, sondern auf dem Wege der Diversifikation der Rüstungsimporte durch die verbreiterte Internationalisierung der Bezugsquellen. Eben deshalb lässt sich aus einzelnen symbolträchtigen Rüstungsprojekten nur bedingt auf die bündnispolitische Orientierung der Türkei schließen. Dies gilt auch mit Blick auf die Beschaffung der russischen S-400-Luftabwehrsysteme, denn die Einbindung der Türkei in westliche Bündnisstrukturen ist weit tiefer und komplexer als einzelne Rüstungsprojekte es vermuten lassen (vgl. Gehring 2019b). Zudem gilt der S-400 Komplex im Vergleich zu zahlreichen westlichen Systemen als überlegen, seine Anschaffung ist somit auch aus industriepolitischen Motiven attraktiv.

Aus dieser Diversifikationsstrategie erwachsen jedoch eine Reihe von Problemen. Sie betreffen zunächst die Interoperabilität, denn das Zusammenwirken mit NATO-Partnern wird erschwert, und selbst die vernetzte Integration von Systemen wie S-400 in die eigene Luftverteidigung erweist sich als schwierig bis unmöglich. Auf der politischen Ebene hat das S-400-Geschäft erhebliche Diskussionen über die bündnispolitische Orientierung der Türkei nach sich gezogen, beziehungsweise zur Zuspitzung bereits bestehender Debatten geführt (Gehring 2019b). Dies hat die US-Regierung dazu veranlasst, die Teilnahme der Türkei an der Beschaffung des Mehrzweckkampfflugzeuges F-35 zu suspendieren (Pawlyk 2019). In der Folge fehlt den Türkischen Luftstreitkräften nicht nur eine Nachfolgerin für ihre Phantom F4, sondern die Türkische Marine muss nun auf Flugzeuge für ihren Flugzeugträger Anadolu (Lizenzbau der spanischen Juan Charlos) verzichten und kann damit Teile ihrer Strategie nicht mehr umsetzen. Ein weiteres Problem liegt darin, dass der Transfer von Technologien nur im unterschiedlichen Maße gewährt wird; je fortgeschrittener das Waffensystem, desto weniger Einsicht wird der türkischen Industrie gewährt. Ungeachtet der spezifischen politischen Probleme, die durch die versuchte parallele Beschaffung amerikanischer F-35 Kampfflugzeuge und des russischen S-400 Flugabwehrsystems entstanden, hatten weder die USA noch Russland der Türkei einen tiefen Einblick in die Funktionsweise ihrer Systeme gewährt. Obwohl die türkische Industrie als Linzenznehmer ursprünglich sogar in die Produktion von F-35-Teilen für den Export eingebunden werden sollte, hatte der anvisierte Know-how-Transfer vorherein auf nur wenige Komponenten beschränkt bleiben sollen.

5. Schluss: Ein militärisch-industrieller Komplex?

Trotz der Widersprüche und industriepolitischen Grenzen, mit denen die Türkisierung der Rüstung konfrontiert ist, hat sie den militärpolitischen Spielraum der Türkei erhöht. Nicht mehr der Import von ganzen Waffensystemen, sondern die internationalen Patente, Produktions- und Zulieferketten sowie die sie institutionell tragenden Joint Ventures mit internationalen Herstellern bilden heute die Achillesferse der türkischen Rüstung. Politisch bedeutet dies, dass direkte Embargomaßnahmen gegen Rüstungsgüter kaum mehr direkten wirksamen Einfluss auf unmittelbar bevorstehende oder laufende türkische Militäroperationen nehmen können. Die meisten Gegner der Türkei sind ihr militärisch klar unterlegen und deren Fähigkeit, gegen sie auf Basis lokaler Waffensysteme, Bestände und Wartungskapazitäten zumindest einige Wochen lang Krieg zu führen und dabei die jeweiligen militärischen Ziele zu realisieren, sind gegeben (Gehring 2020).

Doch die Frage, inwieweit in der Türkei von einem militärisch-industriellen Komplex gesprochen werden kann, ist nicht alleine eine der reinen militärischen Performance. Vielmehr erfordert sie eine doppelte Perspektive, die sich sowohl auf die wichtigsten Parameter der türkischen Rüstungsindustrie als auch auf eine adäquate kritisch-politökonomische Fassung des Begriffes an sich bezieht. Trotz ihres Wachstums befindet sich die türkische Rüstungsindustrie im internationalen Vergleich nicht unter den führenden derartigen Industrien. Allerdings nahm sie im Jahr 2018 mit Platz 14 eine Position im oberen Mittelfeld der größten Rüstungsindustrien ein – wenngleich mit weitem Abstand zu den globalen fünf Spitzenreitern (Wezeman u.a. 2019: 2). Einen positiven Effekt auf die Leistungsbilanz und einen quantitativ bedeutsamen Beschäftigungseffekt hat der Sektor ebenfalls nicht. Die beiden größten Rüstungsunternehmen ASELSAN und Turkish Aerospace belegten 2017 im globalen Größenranking die Plätze 60 und 70 (Sönmez 2019). Dies indiziert einen relativ geringen Konzentrationsgrad in diesem Sektor und führt direkt zum zweiten Teil der Frage, der mit dem politökonomisch-staatstheoretischen Verständnis des Begriffs verbunden ist. Der Begriff des militärisch-industriellen Komplexes wurde 1961 während des Kalten Krieges von Dwight D. Eisenhower in Anlehnung an Charles Wright Mills (1956) Konzept des *military establishment* geprägt und beschreibt das eng verflochtene Dreieck aus Militär, Politik und Großkonzernen, die in der Rüstung tätig sind. Eisenhower beklagte dabei vor allem die wachsenden Verflechtungen zwischen diesen drei Komplexen und deren Verselbständigung gegenüber der gewählten Exekutive (Eisenhower 1961).

Allerdings ist zu fragen, inwieweit der Begriff des militärisch-industriellen Komplexes im Sinne einer kritischen politischen Ökonomie die notwendige ökonomietheoretische Tiefe liefert, um ökonomische Strukturverhältnisse, Machtverhältnisse und Entwicklungstendenzen sowie die konkreten Machtpotentiale der Akteure adäquat zu fassen. Erweitert man ihn dahingehend theoretisch, so wird sichtbar, dass er in seinem historischen Kontext auf die spezifische Situation einer global agierenden ökonomischen ebenso wie militärischen Weltmacht abzielt, deren Rüstungskonzerne zugleich Teil der nationalen Bourgeoisie sind. Die Türkei aber ist ein semiperipherer Staat, der von passiver Extravision gezeichnet ist, und dessen Rüstungsaktivitäten netto genau zu dieser passiven Extravision beitragen. Ihre führenden Holding-Konzerne sind als innere Bourgeoisie zu klassifizieren. Das überwiegende Gros der Profite entsteht in der stark finanzialisierten türkischen Ökonomie, und zwar nicht mit Rüstung, sondern mit zivilen Aktivitäten im Finanzsektor, bei der Konsumgüter- und Autoproduktion, bei Immobilien, im Tourismus sowie in der Bauwirtschaft. Dies gilt sogar für den Pensionsfonds der türkischen Streitkräfte, die OYAK-Holding, die zu den größten Unternehmensgruppen des Landes gehört. Die feste Einbindung in die euro-transatlantische Ordnung bildet dabei monetär wie regulativ eine zentrale Voraussetzung für die Reproduktion der inneren Bourgeoisie, und Störungen dabei führen zu erheblichen Spannungen im Machtblock und sind zumindest historisch die strukturell wichtigste Ursache für die Putschanfälligkeit der Türkei. Die AKP konnte genau diese Einbindung in den ersten zehn Jahren ihrer Regierungszeit stabil und unter Integration erheblicher Teile der Bevölkerung leisten; erst ihr verstärkt antiwestlich-populistischer Diskurs im Kontext ihrer Hegemoniekrise ließ Zweifel daran aufkommen und führte zu Spannungen im Machtblock. Der Putschversuch von 2016 scheiterte nicht zuletzt an der Struktur der türkischen Ökonomie und den daraus erwachsenden Interessen der führenden Akteure. Die putschenden Militärs verwiesen zwar auf die wachsende diplomatische Isolation und den Reputationsverlust der Türkei in der westlichen Welt und kritisierten den Despotismus der Regierung; sie fanden aber kein elaboriertes gesellschaftliches Projekt vor, in dessen Dienst sie ihren Putsch hätten stellen können. Dies war im Gegensatz dazu bei den Putschen von 1980 (am Vorabend der neoliberalen Transformation gegen die politische Linke gerichtet) und 1997 (am Vorabend der Neuauflage des EU-Integrationsprojektes gegen den politischen Islam an der Regierungsmacht gerichtet) der Fall. Die führenden Fraktionen der inneren Bourgeoisie bildeten zum Zeitpunkt des Putschversuches kein breiteres gesellschaftliches Bündnis, das für ein Post-AKP-Projekt stand; dem Putsch fehlten entscheidende Voraussetzungen, er wurde daher nur von einer minoritären Fraktion der Streitkräfte ausgeführt und von keinerlei relevanten gesellschaftlichen Akteuren unterstützt (Gehring 2019c). Wichtige institutionelle rüstungspolitische Akteure, wie die TSKGV, spielten in den Auseinandersetzungen im Übrigen keinerlei Rolle – dies entspricht auch ihrer realen sozialen wie politischen Macht. Dennoch reagierte die gewählte Spitze der Exekutive in Gestalt des Präsidenten mit einer Reihe von teils defensiven, teils offensiven Maßnahmen auf den Putsch, um potentielle Zentren von Widerstand und Verschwörung auszuschalten. Dem dienten zum Beispiel die ausgedehnten Verhaftungswellen im Verwaltungs- und Bildungssektor und bei Teilen der Streitkräfte. Das Präsidialdekret Nr. 695 vom Dezember 2017, welches die TSKGV nunmehr seiner Verantwortung unterstellt (Gürcan 2019), folgt einem bereits langanhaltenden Trend der Konzentration präsidentialer Macht durch Unterordnung vormals unabhängiger (ökonomischer) Institutionen (Gehring 2018). Ein ausgeprägter Fokus auf den Rüstungssektor in Folge einer besonderen Involvierung desselben lag nicht vor.

Die Autonomie der Streitkräfte ist eine relative – mit Betonung auf *relativ.* Erfolgreiche Putsche wurden auf der Grundlage von breiten gesellschaftlichen Bündnissen ausgeführt. Ihre Dynamiken sind stets eng mit den Interessen der führenden Kapitalfraktionen, d.h. der inneren Bourgeoisie, verknüpft gewesen. Kein Putsch konnte erfolgreich gegen hegemoniale Interessen ausgeführt werden, sondern ebnete diesen den Weg, wenn sie durch gesellschaftliche oder politische Widerstände blockiert waren (Gehring 2013). Zugleich aber sind die von der inneren Bourgeoisie präferierten und seit Jahrzehnten hegemonial verankerten Wirtschaftspolitiken ein großes Hemmnis auf dem Weg zur Herausbildung einer nationalen Bourgeoisie (Gehring 2019c). Um einen militärisch-industriellen Komplex herauszubilden, bedürfte es mindestens einer nationalen Bourgeoisie und einer signifikanten Produktionsgüterindustrie, und nicht nur einer Militarisierung der Montageindustrien. Die dafür aufgewendeten Mittel fehlen anderswo und dürften die Position der Türkei im Middle-Income-Gap eher konservieren – dies wird durch den militaristisch-nationalistischen Diskurs übertüncht. Um das Middle-Income-Gap zu verlassen, müsste der türkische Staat insgesamt eine Wirtschafts- und Industriepolitik entwickeln, die eine Alternative zum stark finanzialisierten Akkumulationsregime eröffnet. Das aber wäre gegen die Interessen der führenden Kapitalfraktionen, die eine damit verbundene redistributive Politik befürchten. Zumindest aus anti-militaristischer Sicht ist diese Entwicklungsblockade schon beinahe zu begrüßen.

Literatur

Ahval (2020): Turkey posts biggest current account deficit since April; lira drops (12.10.2020). URL: https://ahvalnews.com/, Zugriff: 12.10.2020.

Akça, Ismet (2010): Military-Economic Structure in Turkey: Present Situation, Problems and Solutions. İstanbul. URL: https://www.files.ethz.ch/, Zugriff: 12.10.2020.

Akçay, Ümit (2018): Neoliberal Populism in Turkey and its Crisis. Working Paper, no. 100/2018 Institute for International Political Economy Berlin – Berlin School of Economics and Law. Berlin.
Ataç, Ilker (2013): Ökonomische und politische Krisen in der Türkei. Münster.
Bakeer, Ali (2019): Testing the Turkey-Qatar military partnership (25.02.2019). URL: https://english.alaraby.co.uk/, Zugriff: 29.9.2020.
Becker, Joachim (2008): Der kapitalistische Staat in der Peripherie: politökonomische Perspektiven. In: Journal für Entwicklungspolitik 14(2): 10-32.
Boratav, Korkut (1986): Import Substitution and Income Distribution under a Populist Regime: The Case of Turkey. In: Development Policy Review 4(2): 117-139.
Demir, Alpaslan Kadir / Caymaz, Ebru / Erenel, Fahri (2016): Defense Industry Clusters in Turkey. In: Journal of Defense Resources Management 7(1): 7-20.
Demir, İsmail (2016): Turkey Aerospace & Defense. In: Global Business Reports.
Deutsche Presseagentur (2019): Deutschland liefert Waffentechnik für 184 Millionen Euro an Türkei. In: Handelsblatt (16.7.2019). URL: https://www.handelsblatt.com/, Zugriff: 27.9.2020.
Durmaz, Mahmut Monterey (2014): The U.S. arms embargo of 1975--1978 and its effects on the development of the Turkish defense industry. Master's Thesis an der Naval Postgraduate School, Monterey, California. URL: http://hdl.handle.net/, Zugriff: 9.9.2020.
Eisenhower, Dwight D. (1961): Farewell Radio and Television Address to the American People. URL: https://www.presidency.ucsb.edu/, Zugriff: 12.10.2020.
Gehring, Axel (2013): »Militärische Vormundschaft« in der Türkei oder Kontinuität zur türkischen Militärjunta des 12. Septembers 1980? Hegemoniepolitik mit Erzählungen über die Türkischen Streitkräfte. In: Rosa Luxemburg Stiftung (Hg.): Doktorand_innen Jahrbuch 2013 – Work in Progress – Work on Progress. Hamburg: 87-101.
– (2018) Brüchige Stabilität. Die Türkei nach den Wahlen. In: Zeitschrift Luxemburg Gesellschaftsanalyse und linke Praxis (Juli 2018). URL: https://www.zeitschrift-luxemburg.de/, Zugriff: 11.10.2020.
– (2019a): Vom Mythos des starken Staates und der europäischen Integration der Türkei – Über eine Ökonomie an der Peripherie des euro-transatlantischen Raumes. Wiesbaden.
– (2019b): NATO-Austritt der Türkei? In: W&F Wissenschaft und Frieden 01/2019: 33-36.
– (2019c): Crisis of Hegemony, but no Counter-Hegemonic Project – Making Sense of the Failed July 15th Coup in Turkey; Failed July 15th Coup in Turkey. In: Christofis, Nikos (Hg.): Erdoğan's ›New Turkey‹: The Attempted Coup d'état and the Acceleration of Crisis in Modern Turkey. London: 140-155.
– (2020): Rüstungspolitische und ökonomische Voraussetzungen der türkischen Invasion Nordsyriens. In: Zeitschrift Luxemburg Gesellschaftsanalyse und linke Praxis (Januar 2020). URL: https://www.zeitschrift-luxemburg.de/, Zugriff: 27.9.2020.
Gill, Stephen (2000): Theoretical Foundations of Neo-Gramscian Analysis of European Integration. In: Bieling, Hans Jürgen / Steinhilber, Jochen (Hg.): Dimensions of a Critical Theory of European Integration. Marburg: 15-32.
Gürcan, Metin (2019): Turkey's defense industry sees rise of ›the president's men‹ – Decision-making power in Turkey's defense industry is shifting from the military to businessmen close to President Recep Tayyip Erdogan (20 November 2019). URL: https://www.al-monitor.com/, Zugriff: 27.9.2020.
– (2020): Is Turkish defense industry's 'success story' turning sour? (4.5.2020). URL: https://www.al-monitor.com/, Zugriff: 27.9.2020.
haberler.com (2020): Türkiye'nin ilk yerli ve milli yer gözlem uydusu gelecek yıl uzaya fırlatılacak (4.6.2020). URL: https://www.haberler.com/, Zugriff: 30.9.2020.
haberturk.com (2020): Türkiye ve dünyada savunma sanayii (13.10.2020). URL: https://www.haberturk.com/, Zugriff: 13.10.2020.
Iddon, Paul (2020): Turkey's Defense Industry Has Come A Long Way, But Ankara Still Relies Heavily On Foreign Suppliers (25.7.2020). URL: https://www.forbes.com, Zugriff: 29.9.2020.

ILOSTAT database (2020): Labor force, total – Turkey. URL: https://data. nk.org/, Zugriff: 13.9.2020.
IMF (International Monetary Fund) (2019): World Economic Outlook Database. https://www.imf.org/, Zugriff: 27.9.2020.
Karatepe, Ismail Doga (2020): The Cultural Political Economy of the Construction Industry in Turkey – The Case of Public Housing. Leiden.
Mevlütoğlu, Arda (2017): Commentary on Assessing the Turkish defense industry: structural issues and major challenges. In: Defence Studies 17(3): 282–294, DOI: http://doi.org/10.1080/14702436.2017.1349534.
Mills, Charles Wright (1956): The Power Elite. New York.
Öztürk, Özgür (2010): Türkiye'de Büyük Sermaye Grupları. Finans Kapitalin Oluşumu ve Gelişimi. İstanbul.
– (2011): Global Crisis and Late Development: Internationalization of Turkish Finance Capital. In: Şiriner, İsmail / Morday, Farhang / Mika, Janusz / Koç, Şevket Alper / Kapucu, Hakan / Doğan, Emrah (Hg.): Political Economy Crisis & Development – Politik İktisat, Kriz ve Kalkınma. London & İstanbul: 201-217.
Pawlyk, Oriana (2019): Trump: Turkey Will Be Out of F-35 Fighter Jet Program After S-400 Buy (16.7.2019). URL: http://www.military.com/, Zugriff: 20.2.2020.
Poulantzas, Nikos (1975): Klassen im Kapitalismus – heute. Berlin.
Réal-Pinto, Anouk Gabriela Côrte (2017): A Neo-Liberal Exception? The Defence Industry ›Turkification‹ Project. In: International Development Policy 8/2017: 299-331. DOI: https://doi.org/10.4000/poldev.2316.
Sabbagh, Dan / McKernan, Bethan (2019): Revealed: how UK technology fuelled Turkey's rise to global drone power. In: The Guardian (27.11.2019). URL: www.theguardian.com. Zugriff: 5.2.2020.
Sav Türk (2020): Türk Savunma Sanayisinin Yılı Verilieri. URL: https:/savturk.com/, Zugriff: 19.9.2020.
Sönmez, Alper (2019): The importance of defense industry in Turkish economy. IISES International Academic Conference, Dubrovnik, 27.8.2019. DOI: https://www.doi.org/10.20472/IAC.2019.049.036.
Yalman, Galip (2009): Transition to Neoliberalism – The Case of Turkey in the 1980s. Istanbul.
Wezeman, Pieter / Fleurant, Aude / Kuimova, Alexandra / Tian, Nan / Wezeman, Siemon (2019): Trends in International Arms Transfers, 2018. SIPRI Fact Sheet March 2019. Stockholm.
World Bank (2020): Open Data. URL: https://data.worldbank.org, Zugriff: 13.9.2020.
Züricher, Erik J. (2017): Turkey. A Modern History. London-New York.

WISSENSCHAFT
FÜR DIE PRAXIS

Corona und die Weltordnung | Rückkehr zum starken Staat – aber zu welchem? | Staatsprinzipien im Stresstest: Deutschland in der Corona-Krise | Volkssouveränität in der Krise? | Jenseits von Territorialität: Was heißt europäische Souveränität? | Au revoir Nationalstaat? Entwicklungen im Nahen und Mittleren Osten | Bedingt vorbereitet: Schwächen der deutschen Krisenvorsorge

FORDERN SIE JETZT IHR GRATIS-PROBEHEFT AN
WWW.POLITIKUM.ORG

WOCHEN
SCHAU
VERLAG

express

ZEITUNG FÜR SOZIALISTISCHE BETRIEBS- & GEWERKSCHAFTSARBEIT

Niddastr. 64 VH · 60329 FRANKFURT
www.express-afp.info
express-afp@online.de
Tel. (069) 67 99 84

Ausgabe 10/20 u.a.:

- Lars Hirsekorn: »Keine Angst vor der Wende« – Wer braucht eigentlich Autos und für was?
- Stephan Krull: »Putsch oder Palastrevolte?« – Die Wahl der neuen IGM-Geschäftsführung in Wolfsburg lief nicht nach Drehbuch
- Peter Schadt: »Digitalisierung als Scheinsubjekt« – Wo bleibt eigentlich das Kapital?
- Rolf Engelke: »Gemeinsam arbeiten, lernen, leben?« – Ausstellung und Buch über urbane Kämpfe der 70er Jahre
- Slave Cubela: »Lösung vs. Sieg« – Das Verhältnis von betrieblicher Mitbestimmung und Organizing in Deutschland
- AG KiTas: »Sündenbock oder systemrelevant?« – ErzieherInnen während der Corona-Krise

Probelesen?! Kostenfreies Exemplar per mail oder Telefon bestellen

Querstellen statt querlesen

ak
analyse & kritik
Zeitung für linke Debatte und Praxis

Jetzt testen: 4 Ausgaben für 10 Euro. Bestellungen unter www.akweb.de

PROKLA 201 | 50. Jahrgang | Nr. 4 | Dezember 2020 | S. 665-680
https://doi.org/10.32387/prokla.v50i201.1919

Tobias Biehle*

Ständige Überwachung

Militärische Interessen im zivilen Drohnenmarkt Europas

Zusammenfassung: Der Artikel widmet sich der aktuellen Europäischen Drohnenpolitik. Über eine Analyse und Diskussion zentraler Strategiepapiere wird argumentiert, dass die politischen und ökonomischen Interessen im aktuellen Aufbau des zivilen EU-Binnenmarktes für Drohnen einerseits und die europäischen Ambitionen in der Sicherheits- und Verteidigungspolitik andererseits, eng miteinander verbunden sind. Der Beitrag unternimmt den Versuch, beide Entwicklungen analytisch zu trennen und kritisiert die Rationalität der EU, den zivilen Drohnensektor für den hegemonialen Wettkampf in diesem disruptiven Technologiesegment auszunutzen.

Schlagwörter: Militärische Drohnen, ziviler Drohnenmarkt, Dual-Use, Europa

Persistent surveillance

Military interests in the European civil drone market

Abstract: This article examines the current European drone policy. Through an analysis and discussion of key strategy documents, it is argued that political and economic interests in the current construction of the EU's civil domestic market for drones on the one hand and European ambitions in security and defence policy on the other are closely intertwined. The present contribution analytically separates these two developments and criticizes the rationale of the EU to exploit the civil drone sector for hegemonic competition in this disruptive technology segment.

Keywords: Military drones, civil drone market, dual-use, Europe

1. Einleitung

Der zunehmende Einsatz von Drohnen im zivilen Segment für Sensorik und künftig auch für den Transport ebenso wie für ihre wachsende Bedeutung in nationalen Sicherheitspraktiken und im Rahmen geopolitischer

* **Tobias Biehle** ist wissenschaftlicher Mitarbeiter der TU Berlin am Forschungsprojekt »Sky Limits« über die zukünftige Nutzung städtischen Luftraums.

Überwachungs- und Angriffsmissionen folgen dem allgemeinen Ziel, Prozesse schneller und flexibler, präziser und kosteneffizienter zu gestalten (Kitonsa/Kruglikov 2018). Die technischen Voraussetzungen zur kommerziellen Nutzung von Drohnen und zu ihrer militärischen Verwendung sind deshalb eng verbunden. Hard- und Software wie auch der Aufbau von Kommunikationsinfrastrukturen für Drohnen sind ein globales Entwicklungsfeld und Marktsegment von äußerst starker Dynamik. Das Wachstum des zivilen Drohnenmarktes geht zwangsläufig mit einer Weiterentwicklung der Drohnentechnologie für militärische Zwecke einher.

Auch in Europa sind die Ambitionen zur Erreichung technologischer Souveränität sowie zum Aufbau militärischer und ökonomischer Vormacht gegenüber anderen Global Playern im Feld unbemannter Luftfahrtkonzepte deutlich. Interessant ist dabei, dass der Komplex aus Politik und Ökonomie zur Erreichung dieser Ziele weder auf einem nationalen Einzelinteresse noch auf einem Verbundvorhaben kooperierender Staaten beruht, sondern es sich bei der Europäischen Drohnenpolitik um ein von EU-Organen beschlossenes, koordiniertes und mit EU-Mitteln kofinanziertes Vorhaben handelt. Insbesondere im Hinblick auf das seit 2016 sichtbar gewachsene Interesse der EU-Kommission, Einfluss auf die in Europa nationalstaatlich verantwortete Sicherheit- und Verteidigungspolitik zu nehmen, ist diese Entwicklung kritisch zu betrachten (Haroche 2018: 1). Bezugnehmend auf diese Anstrengungen nach innen und im Zusammenhang mit dem globalen Wettbewerb nach außen sollten die aktuellen Entwicklungen im Bereich unbemannter Flugsysteme daher als Bestrebungen zum Aufbau politischer Hegemonie auf europäischer Ebene verstanden werden (zum Hegemonie-Begriff vgl. Laclau/Mouffe 2015).

Der vorliegende Artikel widmet sich den jüngeren Ambitionen und Strategien der EU-Drohnenpolitik. Diese umfasst die seit 2009 getroffenen rechtlichen und administrativen Entscheidungen zur Technologie auf EU-Ebene. Dabei sollen die eng miteinander verwobenen Verflechtungen militärischer und wirtschaftlicher Interessenlagen offengelegt werden. Auf Grundlage einer inhaltlichen Analyse und Diskussion zentraler Strategiepapiere wird dabei argumentiert, dass die Durchsetzung der *Gemeinsamen Europäischen Sicherheits- und Verteidigungspolitik* (GSVP) eng an den Aufbau des zivilen Binnenmarktes für Drohnen gebunden ist. Dafür wird zu Beginn eingeordnet, welche militärstrategische und wirtschaftliche Bedeutung Drohnen im Kontext aktueller Entwicklungen besitzen. Für die Analyse wird anschließend die Rolle der Technologie im Kontext der europäischen Sicherheits- und Verteidigungspolitik untersucht. Im Fokus steht, welche Interessen auf EU-Ebene in Bezug auf die Entwicklung und den Einsatz militärisch nutzbarer Drohnen verfolgt und welche technologischen Entwicklungsziele angestrebt werden. Im Anschluss daran soll transparent gemacht werden, wie der Aufbau des zivilen Drohnenmarktes diese militärpolitischen Bestrebungen befördert.

Dieses Vorgehen erlaubt eine Kritik an der Rationalität der EU-Strategie, den zivilen Drohnensektor für den hegemonialen Wettkampf in diesem Hochtechnologiesegment auszunutzen. In Anbetracht der realen Marktentwicklung im Bereich kommerzieller Drohnen soll der Beitrag zudem die Zivilgesellschaft dabei unterstützen, reflektierte Entscheidungen im Umgang mit der Technologie fällen zu können (Grunwald 2011: 14).

2. Die Technologie und ihre globale Relevanz

Drohnen können verstanden werden als Flugkörper, die entweder ferngesteuert oder aber durch integrierte Computer in der Lage sind, automatisiert bzw. (teil-)autonom Missionen durchzuführen (Bendel 2016). Durch ihre Ausstattung mit optischen Sensoren wurden sie erstmals zu Beginn der 2000er-Jahre großflächig und dauerhaft für die Bodenüberwachung im US-amerikanischen In- und Ausland genutzt. Ab 2006 nahm ihre Bedeutung für die Durchführung von Raketen- und Bombenangriffen stark zu (Wall/Monahan 2011). Durch ihren überwiegenden Einsatz in Szenarien, in denen gegen militärisch unterlegene und daher oft dezentral organisierte, mobile und verdeckte Gegner agiert wird, sind sie dabei zum manifesten Ausdruck asymmetrischer Kriegsführung geworden (Rae 2014).

Die heute im Einsatz befindlichen Systeme wie auch die Szenarien, in denen sie global eingesetzt werden, haben sich, ausgehend von den MALE (*Medium Altitude Long Endurance*)-Drohnen des US-Militärs, stark ausdifferenziert. Sie reichen von hochtechnisierten Systemen für die mehrtägige, automatische Langstreckenaufklärung[1] bis hin zu Erkundungsdrohnen von der Größe eines Kolibris.[2] Sogenannte HALE (*High Altitude Long Endurance)*-Drohnen werden als Relais für die Etablierung oder Verstärkung von Breitbandverbindungen zwischen Satelliten und Bodentruppen eingesetzt. Ziel- und Täuschungsdrohnen sind konzipiert, um eine Rakete oder ein Flugzeug zu simulieren und damit gegnerische Verteidigungssysteme zu stimulieren. Zunehmend relevant werden Kampfdrohnen, speziell konzipiert, um präzise gesteuerte Angriffe über große Distanzen durchzuführen. Der häufigste Einsatzzweck militärischer Drohnen ist aktuell jedoch die Aufklärung und Spionage in sogenannte ISTAR-Missionen (*Intelligence, Surveillance, Target Ac-*

1 Vgl. das Modell RQ-4A Global Hawk.
2 Vgl. das Modell FLIR Black Hornet PRS.

quisition and Reconnaissance). Dabei dienen die Flugkörper selbst als flexible Trägerplattform für immer komplexere Sensorsysteme. Im Kontext informationsbasierter Kriegsführung nimmt vor allem die Fernerkennung von elektronischen Daten und ihrer Sendeanlagen (*Signal Intelligence*) an Bedeutung zu. Für die elektronische Kriegsführung werden Drohnen dabei mit Waffensystemen ausgestattet, die zur Störung dieser Signale eingesetzt werden (Rothenberg 2014).

In den kommenden Jahren wird eine Unterscheidung von Drohnensystemen entsprechend ihres Grades an Autonomie an Relevanz gewinnen (Dalamagkidis 2015: 87f.). Moderne, kostenintensive Systeme verfügen bereits über vollständig automatisierte Flugfähigkeiten und nehmen adaptive Routenplanungen im Falle auftretender Gefahren oder Hindernisse vor *(Detect and Avoid)*. Bereits heute agieren Drohnen in Schwärmen und könnten künftig dafür eingesetzt werden, eigenständig Verteidigungssysteme zu erkennen, zu überlasten und auszuschalten (Lachow 2017). Zudem sind hochentwickelte ISTAR-Systeme in der Lage, Informationen, beispielsweise zur Erstellung von Lagebildern aus mehreren Sensorquellen, zu kombinieren und auszuwerten. Auf dieser Grundlage können Drohnen zukünftig Missionsziele eigenständig erkennen, während, ausgehend von aktuellen Entwicklungsvorhaben, die Entscheidung zum Waffeneinsatz aus technischen Gründen kaum noch dem Menschen vorbehalten ist. Zunehmend werfen Drohnen ethische und politische Fragen zur algorithmusgesteuerten, durch künstliche Intelligenz beeinflusste und automatisierten Kriegsführung auf (Dyndal u.a. 2017).

Inzwischen betreiben rund 95 Staaten weltweit eigene militärische Drohnenprogramme und mindestens 30 Nationen besitzen nachweislich Kampfdrohnen (Gettinger 2019). Entsprechend ihrer rasanten Verbreitung und Ausdifferenzierung haben sich auch die Dynamiken auf dem globalen Markt entfaltet. Bis 2029 sollen mit der Forschung, Entwicklung und Beschaffung militärischer Drohnensysteme weltweit 98 Milliarden US-Dollar umgesetzt werden. Dabei soll das Marktvolumen um rund 30 Prozent von circa 11,1 Milliarden US-Dollar im Jahr 2020 auf rund 14,3 Milliarden US-Dollar bis 2029 anwachsen. Ein zentraler Grund für dieses Wachstum ist, dass zahlreiche Nationen erstmalig Kapazitäten aufbauen und entsprechende Investitionen in die Flugsysteme sowie in die entsprechenden Boden- und Kontrollstationen initiieren. Glaubt man den Marktvorhersagen, dann werden über 80 Prozent der bis 2029 schätzungsweise abgesetzten 46.000 Drohnenplattformen vergleichsweise kleinere und kostengünstigere Systeme sein. Mit Preismargen von über 100 Millionen US-Dollar sind im Hinblick auf den Export jedoch vor allem hochentwickelte MALE-Drohnen von Relevanz (Harper 2020).

Dabei hat sich der globale Markt bereits heute stark liberalisiert. Nach Jahren des militärtechnologischen Protektionismus ermöglichte die Obama-Administration erstmals ab 2015 den Verkauf ihrer bewaffnungsfähigen Drohnensysteme an NATO-Partner wie Frankreich und Großbritannien (Washington Post 2015). Vor allem, um dem offensiven Export chinesischer und israelischer Produkte zu begegnen, hob auch die Regierung Trump im Sommer 2020 die Ausfuhrbeschränkungen für ihre raketentragenden Systeme weitestgehend auf (NYT 2020). Zusätzlich bauten zahlreiche Schwellenländer in den letzten Jahren ihre eigene Industrie auf. So hat sich die Türkei zu einem der wichtigsten Nutzer und Exporteur militärischer Drohnen im Nahen Osten entwickelt (Kırdemir 2018). Die vergleichsweisen geringen Kosten der dort im Einsatz befindlichen Produkte haben dabei den Umfang und die Aggressivität verändert, mit der sie in militärisch umkämpften Gebieten wie dem Jemen, Libyen oder Syrien eingesetzt werden. Und längst sind es nicht mehr nur staatliche Akteure, die die Technologie instrumentalisieren. Insbesondere in der Nahost- und Nordafrika-Region hat der Einsatz von Drohnen die Kriegsführung militanter Organisationen beeinflusst. Dies hat wiederum mit dem rapiden gewachsenen zivilen Markt an Drohnenprodukten und der hohen Verfügbarkeit sogenannter *Off-the-Shelf*-Systeme zu tun (Zwijnenburg/Postma 2018: 6ff.).

3. Die militärpolitische Bedeutung von Drohnen in Europa

In diesem Zusammenhang hat auch die Europäische Union beschlossen, am Wettrennen um die militärische, technologische und wirtschaftliche Vorherrschaft im Drohnensegment teilzunehmen (Boyle 2015). Zwar haben die europäischen Mitgliedsstaaten, insbesondere das Vereinige Königreich und Frankreich, früh Eigeninteressen bei militärischen Drohnen verfolgt (Hayes u.a. 2014). Auch Deutschland versuchte sich mit dem 2013 für gescheitert erklärten *EuroHawk* lange Zeit daran, maßgebende Kompetenzen für die militärische Spionage und Aufklärung aufzubauen.[3] Parallel zur einer sich rapide wandelnden weltpolitischen Sicherheitslage und einem europaweit wachsenden Bedrohungsgefühl (Kinnvall u.a. 2018) haben sich die Bemühungen um den Kapazitätsaufbau im Bereich militärischer Drohnensysteme inzwischen jedoch auf europäischer Ebene konzentriert und intensiviert (Adams/Bar-

3 Das Kooperationsvorhaben zwischen Northrop Grumman (USA) und EADS (Deutschland) wurde nach Zertifizierungsproblemen der Drohne für den europäischen Luftraum 2013 abgebrochen und hat der Bundesregierung aktuell Investitionen- und Abwicklungskosten von über 700 Millionen Euro verursacht (Defense Industry Daily 2019).

rie 2013). So agiert insbesondere die EU-Kommission seit Inkrafttreten der Europäischen Doktrin *Gemeinsame Vision, gemeinsames Handeln. Ein stärkeres Europa: eine Globale Strategie für die Außen- und Sicherheitspolitik der Europäischen Union* im Jahr 2016 zunehmend als übergeordnete Administration für den koordinierten Aufbau militärischer Kapazitäten. Aktuelle Vorhaben politischer und rüstungsindustrieller Kooperation unter EU-Koordination sind unter anderem das Rahmenprogramm für die *Ständige Strukturierte Zusammenarbeit* (SSZ). Ziel des SSZ-Projektes *EuroDrone* ist die Einsatzbereitschaft der bewaffnungsfähigen MALE-Drohne für die europäischen Streitkräfte bis 2025 zu realisieren. Dafür erhält das Vorhaben bereits 100 Millionen Euro aus dem außerbudgetären *Europäischen Programm zur industriellen Entwicklung im Verteidigungsbereich* 2019-2020 (Europäische Kommission 2019). Im SSZ-Projekt *JEIS* wird wiederum die länderübergreifende Ausbildung von Personal zum weltweiten Einsatz entsprechender Kampfdrohnen forciert (Europäischer Rat 2019). Zusätzlich zu dieser Form der vorhabenbezogenen Kooperationsförderung wurde mit dem *Europäischen Verteidigungsfonds* (EVF) ab 2021 in Kofinanzierung durch die Mitgliedsstaaten ein 46,6 Milliarden Euro schweres Förderinstrument institutionalisiert, mit dem die technologische, militärische und wirtschaftliche Vormacht Europas im Bereich künstlicher Intelligenz, Biotechnologie, Cybertechnologie sowie im Bereich autonomer Systeme gesichert werden soll. Das EU-Programm wird unmittelbar Rüstungsforschung in Europa subventionieren und zielt dabei auf die Entwicklung, Erprobung und damit vor allem auf den Aufbau militärischer Produktionskapazitäten in den genannten Segmenten ab (Lösing/Wagner 2018). In den Vorverhandlungen zu den zentralen Investitionszielen des Fonds wurde auch hier bereits die Drohnentechnologie als ein zentrales Element herausgestellt.

Aktuell werden Drohnen durch zahlreiche europäische Staaten bei ISTAR-Missionen für die Bekämpfung des globalen Terrorismus eingesetzt. Auf europäischer Ebene werden Drohnen bereits seit langem durch ihre panoptischen Fähigkeiten als effiziente Lösung für die Überwachung der ausgedehnten Außengrenzen an Land und Wasser betrachtet (Hayes u.a. 2014: 65ff.). Mit der Neuausrichtung der *Gemeinsamen Europäischen Sicherheits- und Verteidigungspolitik* wurde jedoch absehbar, dass Drohnen zusätzlich und insbesondere für die Adressierung außereuropäischer Krisen und Konflikte eine wachsende Bedeutung zukommen wird. Im neuen Selbstverständnis eines »globalen Sicherheitsdienstleisters« (Europäische Kommission 2016: 3) sollen entsprechende Kapazitäten für Angriff und Fernerkundung aufgebaut werden, um beispielsweise Partnerländer durch inländische Überwachungs- und Grenzkontrollmissionen zu stabilisieren. Entsprechend der acht von 16 aktuell laufenden, zivilen und militärischen GSVP-Missionen[4] hat sich dabei der afrikanische Kontinent zu einem geografischen Schwerpunkt dieser EU-Außenpolitik entwickelt. Weiterhin sollen den gemeinsamen europäischen Gefechtsverbänden Drohnen als schnell einsetzbare Kapazitäten in der globalen Terrorismus- und Kriminalitätsbekämpfung zur Verfügung stehen (Europäischer Rat 2016). Auch im Hinblick auf das neu definierte Verständnis in der EU-NATO-Kooperation spielen europäische Kapazitäten im Bereich militärischer Drohnen eine Rolle. So soll die Verantwortung der EU insbesondere in Konflikten unterhalb der Kriegsschwelle ausgebaut werden, wenn gemeinsame Interessenlagen vorliegen (Europäischer Rat 2018). Mit einer zunehmenden Fokussierung der EU-Sicherheitspolitik auf Interventionsmöglichkeiten mit überschaubaren politischen wie finanziellen Risiken ist dabei abzuleiten, dass Drohnen vermehrt als Instrumente in Konflikten zum Einsatz kommen werden, insbesondere in der Grauzone zwischen zivilen und militärischen Operationen (Postma 2019: 24f.).

Auf wirtschaftspolitischer Ebene soll die Förderung militärischer Kapazitäten im Drohnensegment dazu beitragen, die strategische Autonomie und die militärische Handlungsfähigkeit Europas zu sichern (Europäische Kommission 2016). In Bezug auf die aktuell in den Mitgliedsstaaten im Einsatz befindlichen MALE-Drohnen bedeutet das die Unabhängigkeit von israelischen und US-amerikanischen Produkten. Ziel ist die uneingeschränkte Entscheidungsgewalt über den Einsatzgrund, die Einsatzart und den Einsatzort, beispielsweise der *EuroDrone* im Sinne europäischer Interessen (The Local 2015). Langfristig geht es dabei um den Aufbau von Kompetenzen, die in enger Verbindung mit den Förderzielen des EVF stehen. Zukünftige Entwicklungen gehen in die Richtung, dass Drohnen als ein Bestandteil von vernetzten Kampfverbünden entwickelt werden, die intelligent zusammen mit bemannten Systemen agieren. Die sogenannten *System of Systems* werden als Waffensysteme der vierten Generation bezeichnet, die nach Vorstellung der hiesigen Industrie die technische Grundlage für die luftgestützte Kriegsführung in diesem Jahrhundert darstellen sollen. Entwicklungsvorhaben wie das *Future Combat Air System* (FCAS) der Rüstungsindustrie und der Militärpolitik aus Deutschland, Frankreich und Spanien verfolgen dabei das Ziel, militärische Überlegenheit aus einer umfassenden Vernetzung aller Teilstreitkräfte (*Network-Centric Warfare*) herzustellen (BMVg 2016). Mit der Möglichkeit, über entsprechende Vorhaben die eigene Produktpalette enger zu verbinden und zu einem größeren, langfristigeren Auftragsvolumen zu kommen, unter-

4 EUBAM Libyen; EUTM Mali; EUCAP Sahel Mali; EUCAP Sahel Niger; EUMAM RCA, Zentralafrikanische Republik; EUNAVFOR Atalanta; EUTM Somalia; EUCAP Somalia.

stützen dabei insbesondere die Schwergewichte der Europäischen Luftfahrt- und Rüstungsindustrie[5] eine zunehmend zentral koordinierte europäische Verteidigungspolitik (Csernatoni 2019).

4. Militärstrategische Marktentwicklung

Neben nun institutionalisierter, europäischer Rüstungsforschung und einer Kräftebündelung im Rahmen pan-europäischer Zusammenarbeit wurden die Weichen zum gezielten Kompetenzaufbau Europas im Bereich militärischer Drohnen jedoch bereits viel früher legt. In Hinblick auf das militärtechnologische Machtgefälle gegenüber den USA wurde bereits ab 2009 intensiv nach Möglichkeiten gesucht, die Innovationskraft der eigenen Industrie in diesem Segment voran zu bringen. In entsprechenden Anhörungen der Europäischen Kommission wurde anerkannt, dass »der zukünftige militärische Markt für unbemannte Flugzeuge allein unzureichend ist, um die hohen Entwicklungskosten effektiv amortisieren zu können« (Europäische Kommission 2009: 2). Identifiziert wurden daher zunächst Möglichkeiten zur gemeinsamen Nutzung militärischer Drohnen im breiten Spektrum von Such- und Rettungsmissionen, Polizeiarbeit, Feuerbekämpfung, Unfallüberwachung oder im Rahmen »anderer Bedarfe für eine dauerhafte Überwachung« (ebd.).

Anstatt jedoch die Nutzung militärischer Drohnen lediglich auf andere Einsatzfelder auszuweiten, wurde im Laufe des Weiteren Konsultationsprozesses bis 2012 zunehmend auch die Bedeutung eines zivilen Drohnenmarktes als zentraler Innovationstreiber für die militärische Entwicklung herausgestellt (Europäische Kommission 2010: 2; UK Ministry of Defence 2011: 6ff.). Der Schlüssel, damit sich entsprechende Dual-Use-Bestrebungen entfalten könnten, wurde dabei in der Öffnung des europäischen Luftraums für militärische als auch zivile unbemannte Luftfahrzeuge gesehen. In entsprechenden Strategiepapieren, entwickelt von einer Lenkungsgruppe aus Militärs, Industrieverbänden, Luftfahrtorganisationen und den relevanten europäischen Agenturen[6], wurde der politische Fahrplan für ein solches Vorhaben bis 2013 ausgearbeitet. Ebenso wurden Strategien zur zivil-militärischen Kofinanzierung für die Entwicklung notwendiger Schlüsseltechnologien entworfen. Der dritte Baustein des inoffiziellen Dokumentes widmete sich dem Umgang mit öffentlichen Bedenken gegen den zunehmenden Ein-

5 Zu nennen wären hier u.a. Airbus Group, Dassault Aviation, Leonardo, Sagem, Selex oder Thales.

6 Europäische Agentur für Flugsicherheit (EASA), Europäische Verteidigungsagentur (EDA), Europäische Raumfahrtagentur (ESA).

satz von (Überwachungs-)Drohnen in der europäischen Bevölkerung (RPAS Steering Group 2013).

Nachdem der Europäische Rat 2013 das notwendige Mandat hin zu einer Integration von *Remotely Piloted Aircraft Systems* (RPAS) in den kommerziellen Luftraum erhalten hatte, veröffentlichte die Europäische Kommission ein Jahr später ihre Vision für *Ein neues Zeitalter der Luftfahrt* (2014). Primäres Anliegen war nunmehr der Aufbau eines zivilen Binnenmarktes als Grundlage für eine global wettbewerbsfähige Drohnenindustrie: »Die genaue Art und das Ausmaß der potenziellen Nutzung von RPAS [sei] zwar heute schwer vorherzusagen«, es sei jedoch davon auszugehen, »dass die im Bereich der Dienstleistungen erzielten Einnahmen genügen werden, um die Entwicklung der Fertigungsindustrie aus eigener Kraft voranzutreiben« (Europäische Kommission 2014).

Parallel dazu wurden die relevanten Agenturen der EU mit der Förderung notwendiger Schlüsseltechnologien beauftragt (ebd.). Nach Berechnungen im Report *Eurodrones Inc.* (Hayes u.a. 2014) wurden bereits bis 2014 über 315 Millionen Euro aus europäischen Struktur- und Forschungsprogrammen in Dual-Use-Drohnentechnologie investiert. Mit dem politischen Mandat der Kommission wurde dieses Vorgehen mit dem Argument der zivilen Nutzung ausgeweitet. Neben Forschung zu Schlüsselkomponenten wie automatisierter Flugsteuerung, Kommunikation, Antrieb, Energieversorgung, Sensorik, Telemetrie usw. erhielt insbesondere die Integration militärischer und ziviler Drohnen in einem vereinheitlichten, gesamteuropäischen Luftraum »politisch motivierte Priorität.« (Europäische Kommission 2013).

In der *Drone Outlook Study* des für dieses Vorhaben zuständigen Konsortiums *Single European Sky ATM Research Joint Undertaking* (SESAR JU) von 2016 wird die strategische Bedeutung von Drohnen für die Europäische Verteidigung, für die Arbeit europäischer Sicherheitsorgane sowie für nationale Aufgabenträger im Bereich öffentlicher Sicherheit weiter betont (SESAR JU 2016: 16ff.). Im Kontext ihres technischen Fortschritts stehen nunmehr jedoch die volkswirtschaftlichen Potenziale von insbesondere kleineren Drohnensysteme unter 150 Kilogramm im Vordergrund. Einsatzmöglichkeiten werden in der Vermessung, in der Infrastrukturüberwachung, in der Landwirtschaft oder perspektivisch im Waren- und Personentransport gesehen. Nach offiziellen Prognosen soll der europäische Markt für kommerzielle Waren und Dienstleistungen inklusive des Verbraucher- und des Militärsegmentes bis 2035 einen Jahresumsatz von 10 Milliarden Euro und bis 2050 jährlich über 15 Milliarden Euro generieren (ebd.: 30ff.).

Ausgegangen wird davon, dass bis 2050 die Zahl an Militär-Drohnen im europäischen Luftraum von aktuell circa 1.000 auf 3.000 Einheiten wachsen wird. Dabei genügen bereits 100 der im Jahr 2016 als aktuell gehandelten

Systeme, um zwei Mal täglich die gesamten EU-Außengrenzen zu patrouillieren (SESAR JU 2016: 25). Hinzu kommen rund 415.000 komplexe, speziell zertifizierte Drohnensysteme, die durch Behörden und Regierungsorgane zur Kontrolle und Durchsetzung der öffentlichen Sicherheit und Ordnung oder von Unternehmen, beispielsweise zum Personentransport genutzt werden. In diesem sensiblen Technologiesegment wird davon ausgegangen, dass sich die Systeme immer stärker der Komplexität militärischer Systeme anpassen (ebd.: 21).

Im SESAR European ATM Master Plan (2018) wird der administrative und technische Weg zur vollständigen und nahtlosen Integration von zivilen und militärischen Drohnen in alle Umgebungen und Luftraumklassen konzeptionell und zeitlich konkretisiert. In Bezug auf kleinere kommerzielle Drohnen wird diese Vision ermöglicht durch den Aufbau des *U-Space*, einem hoch digitalisierten und zunehmend automatisierten Kontroll- und Steuersystems, das perspektivisch hunderttausenden von Drohnen Zugang zum unteren Luftraum in ganz Europa ermöglicht (SESAR JU 2018: 4ff.). Unter Nutzung entsprechender *smart-city* und vor allem satellitenbasierter Dateninfrastruktur sollen kommerzielle Drohnen bereits ab 2022 im unteren städtischen Luftraum bis 150 Meter operieren können. Bis 2027 soll das U-Space-System den vollautomatisierten Flugbetrieb von Drohnen ermöglichen und dabei in voller Integration mit der konventionellen Luftfahrt stehen (ebd.: 10ff.).

Für entsprechend zertifizierte MALE-Drohnen ist eine Integration in den kontrollierten, separierten europäischen Luftraum unter Fernsteuerung durch Piloten bereits heute möglich. Zur unmittelbaren Erfüllung von Missionen auf dem europäischen Kontinent oder für den Transit der Drohnen von der Flugbasis zum Einsatzgebiet außerhalb Europas ist es für Militär und Sicherheitsorgane jedoch relevant, schnell und grenzübergreifend auch im nicht kontrollierten und nicht separierten Luftraum agieren zu können (EDA/EASA 2019). Dies soll für entsprechend zertifizierte Systeme ebenfalls ab 2022 möglich sein (SESAR JU 2018: 9ff.).

5. Diskussion

Die dargestellte Entwicklung macht deutlich, dass die Rüstungsindustrie und die europäischen Militärs mit dem Aufbau eines zivilen Drohnenmarktes ihren Zielen nicht nur von Beginn an Geltung verschafften (Europäische Kommission 2010: 3), sondern dass die Synergieeffekte vom Zivilen ins Militärische ein Hauptmotiv im Verlauf des gesamten, von der Europäischen Kommission koordinierten politischen Prozesses sind. Die zukünftige Innovationskraft des zivilen Sektors wurde mitunter sogar explizit als zentraler Treiber für die Erreichung militärischer Souveränität im Drohnensegment herausgestellt (UK Ministry of Defence 2011).

Zwar ist aus der Analyse der untersuchten Dokumente ersichtlich, dass 2009 zu Beginn der europäischen Bestrebungen die wirtschaftlichen Potenziale des zivilen Drohnenmarktes noch nicht absehbar waren; erst im Rahmen der SESAR Studie von 2016 wurden Zahlen präsentiert, wonach die voraussichtliche Größe des zivilen die direkten ökonomischen Potenziale des militärischen Drohnenmarktes mittelfristig übersteigen werden (SESAR JU 2016). Dies ändert jedoch nichts an der prinzipiellen Ausrichtung der europäischen Dual-Use-Strategie, den Übertrag ziviler Innovationen für den Aufbau militärischer Kapazitäten zu forcieren.

Die nunmehr absehbare Größe des zivilen Drohnenmarktes muss vielmehr als Voraussetzung dafür verstanden werden, dass dieser Übertrag im relevanten Maße gelingen kann. Da auf EU-Ebene, anders als in Bezug auf die Weltmarktführer USA, Israel oder China, keine direkten Investitionen in den Aufbau einheitlicher militärischer Kapazitäten getätigt werden können, würde ein zu kleiner EU-Binnenmarkt wohl kaum die notwendige Innovationskraft genieren, um eine globale Vormachtstellung im High-End-Drohnensegment zu erlangen. Entsprechende Relevanz wird dem Aufbau des zivilen Drohnenmarktes auf europäischer Ebene und in den Nationalstaaten beigemessen (BMVI 2020).

Es bleibt abzusehen, mit welcher Effizienz und Zielstrebigkeit sich die Nutzbarmachung ziviler Entwicklungen für den militärischen Sektor vollziehen wird bzw. welche zukünftigen Standards für diesen technologischen Wissenstransfers entwickelt werden. Es ist davon auszugehen, dass hier die relevanten europäischer Agenturen wie EDA, ESA und insbesondere die EASA ihre verbindende Funktion beibehalten und entsprechende Normen für den kommerziellen Markt in Europa unterstützen werden. Die Synergien, die sich für den militärischen Sektor aus der europäischen Dual-Use-Strategie bisher ergeben sind (1), die gesteigerte Verfügbarkeit europäischer Fördermittel für die Entwicklung relevanter Dual-Use-Schlüsseltechnologien; (2) die sinkenden Kosten für Hard- und Softwarekomponenten, die aus dem zivilen Markt *off-the-shelf* für die Weiterentwicklung militärischer Produkte eingekauft werden können; (3) die höhere wirtschaftspolitische Relevanz in der Entwicklung eines vereinheitlichten europäischen Luftraums, d.h. die baldige Integration von unbemannten Luftfahrtzeugen in diesen und damit die Möglichkeit zum ungehinderten Einsatz militärischer Drohnen; (4) die damit einhergehende Ausweitung an Einsatz- und Re-finanzierungsmöglichkeiten militärischer Technologie in zivilen Operationen.

Dabei ist abzusehen, dass diese Entwicklungen weitreichende Konsequenzen haben werden. So warnt Csernatoni (2019) mit Blick auf militärische Drohnen, dass ihre tiefe Verwurzelung in Diskursen um technologische Effizienz zu einem zunehmenden Einsatz der Technologie und einer damit einhergehenden Militarisierung europäischer Sicherheitsaufgaben, wie dem »Grenzmanagement, der Polizeiarbeit, bei humanitären Missionen, in der städtischen Überwachung oder bei der Kontrolle von Menschenmengen« beitragen wird (ebd.: 13). Im Anschluss an Boucher muss zudem ein Mangel an substanziellen Überlegungen über die Folgen der europäischen Dual-Use-Strategie und der damit einhergehenden schnellen Verbreitung von militärischen und zivilen Drohnen kritisiert werden (Boucher 2014a). Es kann davon ausgegangen werden, dass sich der Einsatz der Technologie kontinuierlich ausweitet (Loukinas 2017; Novitzky 2018) und dabei die Grenzen ihrer gesellschaftlich gewünschten bzw. unerwünschten Verwendung immer weiter verschwimmen (Marcuse 2011: 137). In diesem Zusammenhang muss auch der behördliche Einsatz von Drohnen in Ländern wie Frankreich, Spanien, Österreich für die Überwachung von Ausgangssperren im Zuge von Covid-19 debattiert werden (swr 2020). Dabei ist insgesamt fraglich, ob die ethischen und sicherheitsbezogenen Risiken, die durch den Einsatz von Drohnen entstehen, nicht wesentlich größer sind als der proklamierte Schutz, den die Technologie bieten soll. Die sukzessive Beschneidung privater Schutzrechte muss genauso befürchtet werden wie Abstürze und gezielter Missbrauch (Kellermann u.a. 2020).

Gleiches gilt auch für die Auswirkungen außerhalb der EU, sei es bezogen auf die Risiken durch den Export von Dual-Use-Systemen oder sei es bei ihrem Einsatz im Rahmen europäischer militarisierter Außenpolitik. Die zentrale Frage ist, ob und, wenn ja, wann Drohnen eine adäquate Option zur nachhaltigen Lösung von Krisen- und Konflikten darstellen können. Schnelle Interventionen mittels Drohnen bergen letztendlich, im Vergleich zu Personaleinsätzen vor Ort, ein wesentlich geringeres politisches und finanzielles Risiko. Aus diesem Grund sinkt mit der Verfügbarkeit der Systeme auch die Hemmschwelle sie einzusetzen (vgl. Horowitz u.a. 2016). Dabei ist die westliche Debatte in Bezug darauf, wie der Einsatz von Überwachungs- und Kampfdrohnen zu politischer, sozialer und wirtschaftlicher Instabilität in den Einsatzregionen beitragen kann, stark unterbelichtet (IPPNW 2019).

6. Fazit

Über eine Analyse und Diskussion zentraler Strategiepapiere auf europäischer Ebene wurde gezeigt, dass die politischen und ökonomischen Interessen im Aufbau des zivilen EU-Binnenmarktes für Drohnen eng an die Zielsetzungen der *Gemeinsamen Europäischen Sicherheits- und Verteidigungspolitik* gebunden sind. Im weltweiten Kampf gegen den Terrorismus und im Selbstverständnis eines »globalen Sicherheitsdienstleisters« kommt der Technologie eine wachsende Bedeutung zu. Der Aufbau des zivilen Drohnenmarktes in Europa soll dabei die notwendigen Dual-Use-Synergien generieren, um die gestiegenen geopolitischen Ansprüchen Europas mithilfe technologischer und militärischer Souveränität im Drohnensegment zu unterstützen. Zwar können, wie an den ambitionierten Plänen des gescheiterten EuroHawk-Projekts zu sehen ist, keine unmittelbaren Aussagen über die tatsächliche Umsetzung von politischen Ambitionen und Strategien getroffen werden. Aktuell wird in den Mitgliedsstaaten der EU ein einheitlicher europäischer Rechtsrahmen implementiert, was als Voraussetzung für die ab 2022 geplante kommerzielle Nutzbarmachung des unteren Luftraums gilt. In diesem Zusammenhang ist davon auszugehen, dass sich das beschriebene Kalkül europäischer Drohnenpolitik zunehmend entfalten wird. Ein starkes Wachstum des Drohnenmarktes ist weiterhin zu erwarten.

Zukünftige Forschung muss diese Problematik der unmittelbaren Dual-Use-Potenziale der Technologie stärker berücksichtigen, und Wissenschaftler und Ingenieure sollten die zivilen und militärischen Schnittmengen ihrer Arbeit hinterfragen (Scheffran 2018). Denn anders als Boucher (2014b) im Zusammenhang seiner Kritik an der politischen Strategie zum Umgang mit öffentlichen Bedenken gegenüber Drohnen in unserer Gesellschaft argumentiert, ist es sehr wohl absehbar, dass sich in der medialen und öffentlichen Wahrnehmung eine zunehmende Trennung zwischen der zivilen und militärischen Nutzung von Drohnen vollzieht. Letztendlich liegt dies nicht nur am strategischen Framing des zivilen Drohnenmarktes als Wirtschaftszweig der Zukunft und als Garant für Arbeitsplätze, sondern auch praktisch an der zunehmenden Komplexität des Gegenstandes. Drohnen sind Ausdruck technischer Moderne, die durch ihre militärpolitische und wirtschaftsstrategische Förderung die Gesellschaft gravierend verändern können. Dieses Bewusstsein muss wachsen, um die aktuell ablaufenden Entwicklungen auch im kommerziellen Drohnensektor kritisch zu fassen. Dabei ist die Kritik an den Verknüpfungen ziviler und militärischer Drohnenentwicklung wesentlich, damit sich demokratische, deliberative Prozesse nicht der Rhetorik eines aufkommenden Drohnenhypes unterwerfen.

Literatur

Adams, Richard / Barrie, Chris (2013): The bureaucratization of war: Moral challenges exemplified by the covert lethal drone. In: Ethics & Global Politics 6(4): 21850. DOI: https://doi.org/10.3402/egp.v6i4.21850.

Bendel, Oliver (2016): Private Drohnen aus ethischer Sicht: Chancen und Risiken für Benutzer und Betroffene. In: Informatik-Spektrum 39(3): 216-224. DOI: https://doi.org/10.1007/s00287-015-0874-0.
BMVg (Bundesministerium für Verteidigung) (2016): Militärische Luftfahrtstrategie 2016, 4ff. Berlin. URL: https://www.bmvg.de/, Zugriff: 15.10.2020.
BMVI (Bundesministerium für Verkehr und digitale Infrastruktur) (2020): Aktionsplan der Bundesregierung für unbemannte Luftfahrtsysteme und innovative Luftfahrtkonzepte (13.5.2020). Berlin.
Boucher, Philip (2014a): Domesticating the Drone: The Demilitarisation of Unmanned Aircraft for Civil Markets. In: Science and Engineering Ethics 21(6): 1393-1412. DOI: https://doi.org/10.1007/s11948-014-9603-3.
– (2014b). Civil drones in society: Societal and ethics aspects of remotely piloted aircraft systems. Publications Office. URL: http://dx.publications.europa.eu/10.2788/14527, Zugriff: 15.10.2020.
Boyle, Michael J. (2015): The Race for Drones. In: Orbis 59(1): 76-94. DOI: https://doi.org/10.1016/j.orbis.2014.11.007.
Csernatoni, Raluca (2019): Between rhetoric and practice: Technological efficiency and defence cooperation in the European drone sector. In: Critical Military Studies 1-25. DOI: https://doi.org/10.1080/23337486.2019.1585652.
Dalamagkidis, Konstantinos (2015): Classification of UAVs. In: Valavanis, Kimon P. / Vachtsevanos, George J. (Hg.), In: Handbook of Unmanned Aerial Vehicles. Dordrecht: 83–91. DOI: https://doi.org/10.1007/978-90-481-9707-1_94.
Defense Industry Daily (2019): RQ-4 Euro Hawk UAV: Death by Certification (1.8.2019). URL: https://www.defenseindustrydaily.com, Zugriff: 15.10.2020.
Dyndal, Gjert Lage / Berntsen, Tor Arne /Redse-Johansen, Sigrid (2017): Autonomous military drones: No longer science fiction. In: NATO Review (28.7.2017). URL: https://www.nato.int, Zugriff: 16.10.2020.
EDA & EASA (2019): Accomodation of Military IFR MALE Type RPAS under GAT Airspace Classes A-C [Guidelines]. URL: https://eda.europa.eu, Zugriff: 15.10.2020.
Europäische Kommission (2009): Hearing on Light Unmanned Aircraft Systems. Directorate-General for Energy and Transport. URL: http://www.bho-legal.com, Zugriff: 15.10.2020.
– (2010): Conclusions of the first European High Level Conference on Unmanned Aircraft Systems. Europäische Kommission, Europäische Verteidigungsagentur. URL: https://www.statewatch.org/, Zugriff: 15.10.2020.
– (2013). Information note on SJU programme for the period 2014-2020 (14480/13). URL: http://www.statewatch.org, Zugriff: 16.10.2020.
– (2014): Ein neues Zeitalter der Luftfahrt: Öffnung des Luftverkehrsmarktes für eine sichere und nachhaltige zivile Nutzung pilotenferngesteuerter Luftfahrtsysteme [COM(2014) 207]. URL: https://eur-lex.europa.eu/, Zugriff: 15.10.2020.
– (2016): Gemeinsame Vision, gemeinsames Handeln: Ein stärkeres Europa. Eine Globale Strategie für die Außen-und Sicherheitspolitik der Europäischen Union. URL: https://op.europa.eu/, Zugriff: 15.10.2020.
– (2019a): European Defence Fund on track with €525 million for Eurodrone and other joint research and industrial projects (19.3.2019). URL: https://ec.europa.eu, Zugriff: 16.10.2020.
– (2019b): EU budget for 2021-2027: Commission welcomes provisional agreement on the future European Defence Fund (20.2.2019).
Europäischer Rat (2016): Council conclusions on implementing the EU Global Strategy in the area of Security and Defence. URL: https://www.consilium.europa.eu, Zugriff: 16.10.2020.
– (2018): Joint Declaration on EU-NATO Cooperation by the President of the European Council, the President of the European Commission, and the Secretary General of the North Atlantic Treaty Organisation. URL: https://www.consilium.europa.eu, Zugriff: 15.10.2020.

– (2019): Permanent Structured Cooperation (PESCO)'s projects—Overview. https://www.consilium.europa.eu, Zugriff: 16.10.2020.
Gettinger, Dan (2019): The Drone Data Book (The Center for the Study of the Drone). Bard College. https://dronecenter.bard.edu/, Zugriff: 15.10.2020.
Grunwald, Armin (2011): Responsible innovation: Bringing together technology assessment, applied ethics, and STS research [PDF]. 9–31. DOI: https://doi.org/10.5445/IR/120088815.
Haroche, Pierre (2018): The European Defence Fund: How the European Commission is becoming a Defence Actor. Institute de Recherche Stratégiques de l'École Militaire (IRSEM) 56: 1-9.
Harper, Jon (2020): $98 Billion Expected for Military Drone Market. In: National Defence Magazine 104(794).
Hayes, Ben / Jones, Chris / Töpfer, Eric (2014): EURODRONES Inc. (S. 39 ff.). Statewatch. URL: https://www.statewatch.org, Zugriff: 15.10.2020.
Horowitz, Michael C. / Kreps, Sarah E. / Fuhrmann, Matthew (2016): Separating Fact from Fiction in the Debate over Drone Proliferation. International Security 41(2): 7-42. DOI: https://doi.org/10.1162/ISEC_a_00257.
IPPNW (2019): Humanitäre Folgen von Drohnen. Eine völkerrechtliche, psychologische und ethische Betrachtung. Deutsche Sektion der Internationalen Ärzte für die Verhütung des Atomkrieges / Ärzte in sozialer Verantwortung e.V. URL: https://www.ippnw.de, Zugriff: 15.10.2020.
Kellermann, Robin / Biehle, Tobias / Fischer, Liliann (2020): Drones for parcel and passenger transportation: A literature review. In: Transportation Research Interdisciplinary Perspectives 4, 100088. DOI: https://doi.org/10.1016/j.trip.2019.100088.
Kırdemir, Barıs (o. J.). The Rising Drone Power: Turkey On The Eve Of Its Military Breakthrough. In: Foreign Policy 4/2018: 32.
Kinnvall, Catarina / Manners, Ian / Mitzen, Jennifer (2018): Introduction to 2018 special issue of European Security: »Ontological (in)security in the European Union«. In: European Security 27(3): 249-265. DOI: https://doi.org/10.1080/09662839.2018.1497977.
Kitonsa, Haula / Kruglikov, Sergey V. (2018): Significance of drone technology for achievement of the United Nations sustainable development goals. In: R-economy 4(3): 115-120. DOI: https://doi.org/10.15826/recon.2018.4.3.016.
Lachow, Irving (2017): The upside and downside of swarming drones. In: Bulletin of the Atomic Scientists 73(2): 96–101. DOI: https://doi.org/10.1080/00963402.2017.1290879.
Laclau, Ernesto / Mouffe, Chantal (2015): Hegemonie und radikale Demokratie. Zur Dekonstruktion des Marxismus. Wien.
Lösing, Sabine / Wagner, Jürgen (2018): Machtpolitisches (Rüstungs-)Budget: Der EU-Haushaltsentwurf 2021-2027. In: IMI-Analyse Nr. 12/2018. URL: http://www.imi-online.de/, Zugriff: 17.10.2020.
Loukinas, Panagiotis (2017): Surveillance and Drones at Greek Borderzones: Challenging Human Rights and Democracy. In: Surveillance & Society 15(3/4): 439-446. DOI: https://doi.org/10.24908/ss.v15i3/4.6613.
Marcuse, Herbert (2011): From Ontology to Technology: Fundamental Tendencies of Industrial Society. In: Philosophy, psychoanalysis and emancipation 5: 132-140.
Novitzky, Peter / Kokkeler, Ben / Verbeek, Peter-Paul (2018): The Dual-use of Drones. Tijdschrift voor Veiligheid 17(1-2): 79-95. DOI: https://doi.org/10.5553/TvV/187279482018017102007.
NYT (The New York Times): Trump Administration Is Bypassing Arms Control Pact to Sell Large Armed Drones (24.7.2020). URL: https://www.nytimes.com, Zugriff: 15.10.2020.
Postma, Foeke (2019): Military Drones and the EU. The role of unmanned systems in the European Union's defence developments. PAX. URL: https://www.paxforpeace.nl, Zugriff; 15.10.2020.
Rae, James (2014): Targeted Killing and the Legality of Drone Warfare. In: Analyzing the Drone Debates. London. DOI: https://doi.org/10.1057/9781137381576.

Rothenberg, Daniel (2014): Drones and the Emergence of Data-Driven Warfare. In: Bergen, Peter L. / Rothenberg, Daniel (Hg.): Drone Wars. Cambridge: 441-462. DOI: https://doi.org/10.1017/CBO9781139198325.027.
RPAS Steering Group (2013): Roadmap for the Integration of Civil Remotely-Piloted Aircraft Systems into the European Aviation System: Final Report from the European RPAS Steering Group. URL: https://uvs-international.org/, Zugriff: 15.10.2020.
Scheffran, Jürgen (2018): Militarisierung oder Zivilisierung? Ambivalenz der Wissenschaft in der Krise. In: Wissenschaft & Frieden, 2/2018: 15-20.
SESAR JU (2016): European Drones Outlook Study Unlocking the value for Europe. URL: https://www.sesarju.eu, Zugriff: 20.10.2020.
– (2018): European ATM Master Plan—Roadmap for the safe integration of drones into all classes of airspace. URL: https://www.sesarju.eu, Zugriff: 15.10.2020.
Simonis, Georg (Hg.) (2013): Konzepte und Verfahren der Technikfolgenabschätzung. Wiesbaden. DOI: https://doi.org/10.1007/978-3-658-02035-4.
swr (2020): Coronavirus: Drohnen überwachen in einigen Staaten Ausgangssperren (3.4.2020). URL: https://www.swr.de/, Zugriff: 15.10.2020.
The Local (2015): Germany backs ›Euro-drone‹ to challenge US (18.5.2015).
UK Ministry of Defence (2011): Joint Doctrine Note 2/11. The UK Approach to Unmanned Aircraft Systems. URL: https://assets.publishing.service.gov.uk/, Zugriff: 15.10.2020.
Wall, Tayler / Monahan, Torin (2011): Surveillance and violence from afar: The politics of drones and liminal security-scapes. Theoretical Criminology 15(3): 239-254. DOI: https://doi.org/10.1177/1362480610396650.
Washington Post (2015): Obama administration to allow sales of armed drones to allies (17.2.2015). URL: http://www.washingtonpost.com, Zugriff: 15.10.2020.
Zwijnenburg, Wim / Postma, Foeke (2018): Unmanned Ambitions: Security implications of growing proliferation in emerging military drone markets. PAX. URL: https://www.paxforpeace.nl, Zugriff: 15.10.2020.

PROKLA 201 | 50. Jahrgang | Nr. 4 | Dezember 2020 | S. 681-695
https://doi.org/10.32387/prokla.v50i201.1913

Frank Jacob*

Anarchistische Imperialismuskritik und staatliche Repression

Emma Goldman, Alexander Berkman und die Kritik an der politischen Ökonomie des Ersten Weltkrieges in den USA, 1917-1919

Zusammenfassung: Der Erste Weltkrieg verursachte harsche Reaktionen der US-amerikanischen Regierung gegen KritikerInnen des Kriegseinsatzes. Ein bekannter Fall für eine solche Reaktion ist der Gerichtsprozess und die Deportation der bekannten US-AnarchistInnen Emma Goldman und Alexander Berkman nach Sowjetrussland im Dezember 1919. Die beiden Radikalen hatten nicht nur die politische Ökonomie des Krieges und die Ausbeutung der US-amerikanischen ArbeiterInnenklasse identifiziert, sondern auch gegen diese agitiert. Ihre Kritik und die Konsequenzen sind die Hauptaspekte, mit denen sich der vorliegende Beitrag auseinandersetzt.

Schlagwörter: Anarchismus, Emma Goldman, Alexander Berkman, Erster Weltkrieg, Deportation

Anti-imperialist anarchist criticism and state repression.

Emma Goldman, Alexander Berkman and the criticism of the political economy of war in the United States during the First World War, 1917-1919

Abstract: The First World War caused harsh reactions by the United States government against critics of the war effort. One famous case for such a reaction is the trial and deportation of the famous US anarchists Emma Goldman and Alexander Berkman to Soviet Russia in December 1919. The two radicals had not only identified, but also agitated against the political economy of the war and the exploitation of the American working class. Their criticism and the consequences are the main aspects the present article intends to deal with.

Keywords: Anarchism, Emma Goldman, Alexander Berkman, First World War, deportation

---

* **Frank Jacob** ist Professor für Globalgeschichte des 19. und 20. Jahrhunderts an der Nord Universitet, Norwegen. Seine neueste Monografie *Emma Goldman and the Russian Revolution: From Admiration to Frustration* ist Open Access.

Die Kritik am Ersten Weltkrieg war kein nationales Phänomen, sondern wurde global artikuliert, in erster Linie von VertreterInnen des linken politischen Spektrums in all ihrer Diversität (Jacob/Altieri 2018). Die Proteste gegen den Krieg durch führende VerteterInnen der internationalen Linken, etwa Rosa Luxemburg, Karl Liebknecht, Kurt Eisner, Friedrich Adler, James Connolly, John Curtin, Eugene Debs, Helen Keller etc. unterstreichen die Globalität. Auch nach dem Krieg, mitunter schon ab 1916, setzten sie sich fort, etwa in Form internationaler Massenstreiks und -demonstrationen gegen Krieg und der damit verbundenen Kriegsökonomie (Dal Lago u.a. 2018; Bois/Jacob 2020). Bereits Friedrich Engels hatte in seinen Arbeiten einen militärisch-industriellen Komplex identifiziert (Bergmann u.a. 1996: 11) und auf den Zusammenhang zwischen Militärwesen und dem ökonomischen Staatsinteresse hingewiesen, der auch den KritikerInnen des Ersten Weltkrieges nicht verborgen geblieben war (zu Engels vgl. Jacob 2020a; Lehnert/Morina 2020). Eine militaristisch-industrielle Elite, die die Ausbeutung der ArbeiterInnenklasse intensivierte, schreckte aus Sicht der in den USA gegen den Krieg protestierenden linken Intellektuellen nicht davor zurück, den Ersten Weltkrieg zu einem bewaffneten Konflikt im Namen der Demokratie zu erklären. Zwei dieser KritikerInnen, die AnarchistInnen Emma Goldman und Alexander Berkman, die sich seit den 1880er Jahren für den sozialen Fortschritt und die Emanzipation der ArbeiterInnenklasse eingesetzt hatten, repräsentierten wie keine Zweiten die Kritik an dieser politischen Ökonomie des Krieges in den USA (Kennedy 2004; Wilson 2016; Jacob 2019).

Die Kritik der AnarchistInnen, die zeitlich mit der Russischen Revolutionen von 1917 zusammenfiel, bedingte eine harsche Reaktion des US-Staates und der Strafverfolgungsbehörden gegen Goldman und Berkman, die zunächst wegen Hochverrats angeklagt, verurteilt und schließlich im Dezember 1919 nach Sowjetrussland deportiert wurden. Ihre kritischen Stellungnahmen zum Ersten Weltkrieg, der in den USA nicht der Verteidigung demokratischer Grundrechte, sondern der imperialistisch-ökonomischen Expansion der herrschenden militärischen sowie plutokratischen Elite des Landes dienen würde, trafen einen Nerv und zogen deshalb die gesamte Härte der juristischen Staatsapparate nach sich. Diese Entwicklung zwischen 1917 und 1919 soll im Folgenden eingehender vorgestellt werden, um zu zeigen, dass auch scheinbar demokratische Regierungen zu extremen Repressionsmaßnahmen greifen, wenn es darum geht, die Reichen und Mächtigen des eigenen Landes gegen die Kritik der internationalen Linken, in diesem konkreten Fall der zwei bekanntesten AnarchistInnen der USA, zu schützen.

Die anarchistische Kritik am Ersten Weltkrieg

Als die Regierung der USA beschloss, sich am Ersten Weltkrieg aufseiten der Entente aktiv zu beteiligen, intensivierte sich der Konflikt zwischen Anarchismus und Staat, besonders deshalb, weil der Patriotismus von Teilen der US-Bevölkerung zum Teil bizarre Züge annahm (Schulman 1971: 188). Der internationale Anarchismus hatte sich zum größten Teil gegen den Krieg positioniert (Adams/Kinna 2017) und Goldman und Berkman, als sicherlich prominenteste US-AnarchistInnen, wandten sich ebenfalls gegen die Entscheidung aus Washington, den Krieg weiter zu befeuern und das Sterben junger US-amerikanischer Männer in Kauf zu nehmen. Gleichzeitig wandten sich die Repräsentanten des Staates gegen diese Kritik, allen voran der junge J. Edgar Hoover, der die neu eingerichtete General Intelligence Division leitete, sowie der bekannte Justizminister Alexander Mitchell Palmer, der die Palmer Raids, also die Festnahmen, Anklagen und Deportationen »gefährlicher AusländerInnen« koordinierte. Goldman und Berkman hatten sich bereits 1915 gegen den Krieg ausgesprochen, ein Antikriegs-Manifest publiziert und sich darin unter anderem gegen die Idee eines vertretbaren Defensivkrieges positioniert, wie er von europäischen Linken mitunter akzeptiert wurde. Schnell wurden sie zu den »Hauptfeinden« der Nation. Besonders der Anarchismus wurde zum Feindbild erklärt, auch aufgrund zweier Bombenanschläge auf Palmer, die dem politischen Milieu im Luigi Galleani zugeschrieben wurde, einem italienischen Anarchisten, der zwischen 1901 und 1919 in den USA lebte und dort versuchte, den Staat und die Regierung der USA durch die »Propaganda der Tat« (Kellermann 2016) ins Wanken zu bringen (Galleani 2006).

Schon früh wiesen Goldman und Berkman auf den Umstand hin, dass der Krieg lediglich den Reichen diene, die ArbeiterInnenklasse noch intensiver auszubeuten. Ihnen war, wie anderen KriegskritikerInnen, nicht entgangen, dass in den USA der sogenannte militärisch-industrielle Komplex seit 1914 zunehmend an Bedeutung gewonnen hatte, besonders mit Blick auf die militärisch relevante Rüstungsindustrie zur Belieferung der Alliierten und später zur Bereitstellung von kriegswichtigen Produkten. Die militärhistorische Forschung hat sich allerdings bisweilen mehr auf US-Präsident Dwight D. Eisenhowers Warnung vor einem solchen Komplex im Zuge des frühen Kalten Krieges bezogen, wenn die Verbindung wirtschaftlicher und militärischer Beziehungen besonders eng zu werden drohte, sodass die Industrie »einen ungerechtfertigten« Einfluss, »gerechtfertigt oder nicht« auf das Militär nehmen würde (Eisenhower 1961 zit. nach Dunlap 2011: 135; vgl. den Beitrag von Dorothea Schmidt in diesem Band). Dass der Erste Weltkrieg bereits für die Etablierung eines militärisch-industriellen Komplexes sorgte (Koistinen

1967; Herwig 2015), wird in vielen Betrachtungen zu diesem Thema ausgeklammert. Der Fokus liegt in der Regel auf der Zeit seit dem Zweiten Weltkrieg (Bernstein/Wilson 2011; Hennes 2003; Kampmark 2011).

Seit 1914 wurde in den USA über das Thema der militärischen Vorbereitung auf einen möglichen Kriegseintritt der USA diskutiert. In den landesweiten Zeitungen gewann es bis Mitte 1916 eine immer größere Dynamik (McKnight Nichols 2009: 238). US-Präsident Woodrow Wilson betonte, dass er selbst den Militarismus als Gefahr erachte – auch für die innere Sicherheit im eigenen Land (Wilson 1916a; 1916b), allerdings mussten KritikerInnen wie Goldman diese Beteuerungen als unglaubwürdig erachten, konnten sie doch die stete Etablierung eines militärisch-industriellen Komplexes in den USA seit dem Kriegsbeginn in Europa 1914 beobachten. Dem Präsidenten ging es demnach nicht nur darum, den moralischen Führungsanspruch der USA sowie die eigenen nationalen Sicherheitsinteressen zum Ausdruck zu bringen (Kennedy 2001: 1, 4f.; Tierney 2014: 219), sondern Wilson unterstützte den Auf- und Ausbau eines militärisch-industriellen Komplexes.

Der Erste Weltkrieg verlangte eine »massive ökonomische Regulation« (Koistinen 1967: 380), sodass die US-Regierung auf eine gewisse Selbstregulierung der Industrie angewiesen war, um die massiven Anforderungen im Zuge des Aufbaus einer funktionierenden Rüstungsproduktion zu gewährleisten. 1916 war das Komitee zur Industriellen Vorbereitung (Industrial Preparedness Committee), welches vom Beratungsgremium der Marine (Navy Consulting Board) ins Leben gerufen worden war, damit beauftragt zu überprüfen, welche Industriebetriebe den Bedarf von Marine und Armee decken können. Während Walter S. Gifford, der führende Statistiker der Amerikanischen Telefon- und Telegrafengesellschaft (American Telephone and Telegraph Company) für die Abläufe verantwortlich zeichnete, war Howard E. Coffin, Vize-Präsident der Hudson Motor Car Company, der eigentliche Drahtzieher zur Prüfung der jeweiligen Unternehmen. Er bestimmte als Mitglied der Beratungskommission für die nationale Verteidigung (Advisory Commission of the Council of National Defense) nach dem Kriegseintritt der USA die Geschehnisse mit Blick auf die Formierung des militärisch-industriellen Komplexes wesentlich mit (Kennedy 1917). Coffin setzte damit während des Krieges lediglich die Positionen durch, die er schon seit 1910 vonseiten der Industrie gefordert hatte, nämlich eine Standardisierung und Rationalisierung der US-Industrie in großem Stil. Er plante den Einfluss und die Aktivitäten eines weiteren Gremiums, nämlich des Komitees zur industriellen Vorbereitung (Industrial Preparedness Committee), zu verstärken und dasselbe zur Intensivierung der industriellen Mobilisierung zu nutzen. Allerdings wäre ein rein industriell besetztes und geleitetes Gremium in rein beratender Funktion nicht ausreichend gewesen, um dieses Ziel zu erreichen. Coffin nutzte deshalb die Chance, indem das Council of National Defense im August 1916 nicht nur das Pendant der Marine schluckte, sondern schließlich die Möglichkeit einer echten Zentralisierung des militärisch-industriellen Komplexes bot.

Als Woodrow Wilson dieses neue Verwaltungsgremium und seine Mitglieder im Oktober 1916 vorstellte, wies er auf die direkte Kommunikation zwischen Wirtschaft, Wissenschaft und der Regierung hin (NYT 1916). Dass er damit diejenigen weiter stärkte, die bereits seit dem Beginn des Krieges in Europa eine besser aufeinander abgestimmte Rüstungsindustrie im Sinne der Kriegsvorbereitung gefordert hatten, dürfte dem Präsidenten nicht entgangen sein. Um einen Krieg in Europa zu führen, war Wilson auf die Unterstützung der Industrie angewiesen, da die militärischen Planer, um den Bedarf der bevorstehenden Materialschlacht zu bewältigen, zusätzliche Kapazitäten benötigten, die über diejenigen von Traditionsbetrieben der militärischen Rüstungsproduktion, etwa die Springfield Armory, oder von eigenen Produktionsstätten, wie dem Rock Island Arsenal in Illinois, hinausgingen. Strukturell stellte ein Rückgriff auf die Herstellungsressourcen privater Unternehmen keine völlige Neuheit dar (Koistinen 1967: 386; Perlo-Freeman/Sköns 2008: 4).

In verschiedenen Subkomitees versuchten Industrielle zunehmend den Einfluss der eigenen Wirtschaftsunternehmen zu stärken und forderten mehr Mitspracherecht, wenn Entscheidungen über Aufrüstung die eigenen Industriezweige betrafen. Der Vorwurf der AnarchistInnen, Wilson agiere im Sinne des Kapitals und stärke dessen VertreterInnen durch das Eingreifen der USA in den Großen Krieg, lässt sich ob der historischen Entwicklungen innerhalb der wichtigen Entscheidungsgremien nicht von der Hand weisen. Zwar erklärte Wilson immer wieder, dass der Krieg für ideelle Werte und die Sicherheit der USA geführt werden müsse, die Verquickung wirtschaftlicher und nationaler Interessen während des Krieges verwies jedoch lediglich auf eine weitere Form der Ausbeutung der ArbeiterInnenklasse, die nun nicht mehr nur industriell, sondern ebenso als »Kanonenfutter« ausgebeutet werden sollte. Schon ein Blick auf das Komitee für Dosenwaren (Cooperative Committee on Canned Goods) machte deutlich, wer hier wirklich profitierte: die California Packing Corporation, Libby, McNeill & Libby sowie die H. J. Heinz Company. Im Stahlkomitee trafen in ähnlicher Weise Vertreter der Bethlehem Steel Corporation, der Jones and Laughlin Steel Company, der Republic Iron and Steel Company und der Lackawanna Steel Company aufeinander, um den Einsatz von Staal in der Rüstungsindustrie zu diskutieren. Schlussendlich entschieden mehr als 50 Warenkomitees (Commodity Committees) und mehr als 300

Kriegsdienstkomitees (War Service Committees) darüber, wer in welcher Höhe vom Krieg gegen die Mittelmächte und der Etablierung des militärisch-industriellen Komplexes in den USA verdienen sollte (Koistinen 1967: 393).

Für Goldman und Berkman war damit klar, dass Wilson als Agent des Großkapitals agierte und die Herausbildung des militärisch-industriellen Komplexes wesentlich beförderte. Wie andere Linke in Europa, im deutschen Kontext etwa Rosa Luxemburg, hatten sie erkannt, dass der Krieg lediglich eine weitere Intensivierung bestehender Ausbeutungssysteme bedeutete und kritisierten die US-Regierung und den Präsidenten als obersten Vertreter derselben. Wilson diente dem Kapitalismus, indem er denen zu unglaublichem Reichtum verhalf, die über die Produktionsmittel für kriegsnotwendige Produkte und Waffen verfügten (Goldman 1915). Goldman und Berkman haben somit schon früh den militärisch-industriellen-Komplex kritisiert und versucht, die US-ArbeiterInnenklasse über dieses System in Reden und Schriften zu informieren.

Damit entsprach ihre kritische Position gegen den Krieg und die US-Regierung durchaus der linken Mehrheit des Landes, die im Gegensatz zur europäischen Linken nicht dem Kriegstaumel verfallen war (Cornell 2016: 56f.). In der von ihr herausgegebenen Zeitschrift Mother Earth, die im Laufe des Krieges der Zensur des US Postmaster Generals zum Opfer fallen sollte, wandte sich Goldman 1915 dezidiert gegen die Aufrüstung und eine Vorbereitung des Krieges. Sie forderte ihre LeserInnen dazu auf, zu begreifen, dass es sich dabei lediglich um eine »mörderische Spekulation« handelte, die darauf basiere, dass »unsere gesamte Zivilisation, unsere gesamte Kultur sich in der verrückten Forderung nach den perfektesten Waffen des Schlachtens konzentriert.« (Goldman 1915) Sie identifizierte also eindeutig die politische Ökonomie des Krieges und versuchte die ArbeiterInnen darüber aufzuklären, dass nur die US-Regierung, und diejenigen, die diese repräsentierte, also die »privilegierte Klasse, die Klasse, die die Massen ausraubt, ausbeutet und ihre Leben von der Wiege bis zum Grab kontrolliert«, von der zerstörenden Wirkung des Krieges profitieren würden. Für die ArbeiterInnenklasse bot der Erste Weltkrieg nichts zu gewinnen. Den Krieg zu unterstützen, hieße, einen imperialistischen und kapitalistischen Staat zu unterstützen, der bereits vom Massensterben auf den europäischen Schlachtfeldern profitiert hatte (Jacob 2020b: 84f.).

Für Goldman war es offensichtlich, dass die USA schon seit 1914 »durch die Produktion von Munition und die Gewährung von Kriegskrediten immer fetter würden« und durch die Rufe nach einem baldigen Kriegseintritt Gefahr liefen, sich einem Militarismus zu ergeben, der schlimmer sein würde als alles, was Preußen in dieser Hinsicht je hervorgebracht hatte (Goldman 1915). Den »Historiker und College Professor« Woodrow Wilson klagte sie an, als Agent des Kapitalismus denen hörig zu sein, die von der Produktion militärischer Güter für den Nachschub der europäischen Kriegsparteien profitierten und im Zuge dessen die Gleichheit der US-amerikanischen Bevölkerung weiter erodierten, denn, so die Anarchistin in ihrer Anklage weiter, »Militarismus kann man nicht mit freien Menschen erhalten; man muss Sklaven haben [...] Maschinen, gehorsame, disziplinierte Kreaturen, die sich bewegen, schießen und auf Befehl ihrer Vorgesetzten töten werden.« (Goldman 1915) Der Erste Weltkrieg hatte die Rolle und den Einfluss eines »internationalen Mörder-Trust« klar zu Tage gefördert, allerdings verhallte Goldmans Kritik und die USA sollten schließlich 1917 zu einem aktiven Kriegsteilnehmer werden.

Als ein neues Gesetz, der *Selective Service Act of 1917*, es der Regierung erlauben sollte, junge Männer zum Kriegsdienst einzuziehen, um sie an die europäischen Fronten zu senden, gründeten Emma Goldman, Alexander Berkman, Eleanor Fitzgerald und Leonard Abbott die *No-Conscription League* (Anti-Wehrpflicht-Liga), die sich gegen das Gesetz aussprach. Bereits einen Tag nach Gründung hielten sie eine Veranstaltung in New York ab, auf der sich die RednerInnen gegen das neue Gesetz und die Regierung aussprachen, die als »Werkzeug der kapitalistischen Klasse« bezeichnet wurde (NYT 1917a: 11). Darüber hinaus verlangte Goldman von den Anwesenden, dem russischen Beispiel zu folgen und sich in einer Revolution auf US-amerikanischem Boden gegen die Ausbeutung durch die Kriegstreiber zu erheben. Die *No-Conscription-League* wurde damit schnell zu einer »Schaltzentrale des Widerstandes gegen das Gesetz« (Drinnon 1982:186). Diese Proteste, in Verbindung mit der US-amerikanischen Angst vor einer kommunistisch-anarchistischen Revolution und Verhältnissen wie in Sowjetrussland, veranlassten die Mächtigen in den USA dazu, mit besonderer Härte gegen die AnarchistInnen sowie andere KritikerInnen aus dem linken politischen Spektrum vorzugehen.

Schon die öffentliche Aussage, man solle der Einberufung widersprechen, war nach dem *Selective Service Acts* verboten. In Kombination mit dem *Espionage Act* (1917) und dem *Sedition Act* (1918) konnte die Regierung jegliche Kritik im Keim ersticken und gegen »gefährliche Elemente« vorgehen, ja radikale ImmigrantInnen aus den USA ausweisen lassen. Es schien nicht mehr auszureichen, gefährliche Intellektuelle ins Gefängnis zu bringen, sie mussten des Landes verwiesen werden. Das galt besonders für AnarchistInnen. Der Anarchismus galt als ausländisches Problem. Aufgrund des *Espionage Acts* wurde die *No-Conscription-League* schließlich vollends zu einer illegalen Organisation und am Tag des Inkrafttretens wurden Goldman und Berkman verhaftet.

Dass die US-Behörden nicht gewillt waren, den AnarchistInnen irgendeinen weiteren Freiraum zu lassen, wird schon durch die Kautionshöhe von je 25.000 US-Dollar deutlich, die nur in bar entrichtet werden durften. Goldman und Berkman verzichteten allerdings auf einen Anwalt und verteidigten sich vor Gericht selbst (Harry Weinberger Papers). Neben den beiden Galionsfiguren der anarchistischen Bewegung in den USA waren landesweit etwa 1.500 weitere Frauen und Männer angeklagt worden, von denen am Ende etwa zwei Drittel verurteilt wurden. In den sogenannten *Palmer Raids* wurden alle möglichen Linken (AnarchistInnen, SozialistInnen, Mitglieder der Industrial Workers of the World, etc.), die im Verdacht standen, dem Staat schaden zu wollen, verhaftet und angeklagt. Besonders Goldman galt den Behörden als eine »überaus gefährliche Frau« (Falk 1995: 15). Deshalb überrascht es nicht, dass die New York Times offen erklärte, dass die Behörden dazu »entschlossen sind, dem Anarchismus in New York ein Ende zu bereiten«. Goldman und Berkman wurden nach Aussage der Zeitung demnach nicht nur für den Protest in New York angeklagt, sondern vielmehr dafür, »Leiter einer nationalen Verschwörung gegen die Regierung« zu sein (NYT 1917b). Die Kritik am Krieg und am militärisch-industriellen Komplex führte schließlich dazu, dass der Staat mit Repressionen gegen die anarchistischen AktivistInnen vorging. Die weitere Entwicklung, also die Anklage und die Deportation vieler von ihnen, soll im Folgenden am Fall der beiden AnarchistInnen Goldman und Berkman weiter vertieft werden, um zu zeigen, wie weit ein scheinbar demokratischer Staat wie die USA gehen würde, um sich einer antikapitalistischen Kritik seiner linken Intellektuellen zu erwehren.

Goldman und Berkman gegen den Staat

Eine geplante Veranstaltung der *No-Conscription-League* im Madison Square Garden am 23. Juni 1917 konnte nach der Verhaftung der beiden AnarchistInnen nicht stattfinden. Zwar war es Goldman gelungen, durch ihren und Freund Anwalt Harry Weinberger die Kaution auftreiben zu lassen, aber sie konnte wegen des Verfahrens nicht mehr öffentlich als Kriegskritikerin auftreten (NYT 1917c: 14; NYT 1917d: 8.). Dessen ungeachtet gedachten Goldman und Berkman den Gerichtssaal zu nutzen, um ihren Unmut zu erklären (NYT 1917e: 5; NYT 1917f: 13). Da beide wegen ihrer Tätigkeit im Zuge der Organisation und der Veranstaltungen der *No-Conscription-League* vor Gericht standen, gingen Goldman und Berkman davon aus, dass das Verfahren an sich eine Farce sei und ihre Verurteilung außer Frage stand. Vielleicht erklärt das eine gewisse Leichtfertigkeit, mit der beide bisweilen im Gerichtssaal agierten. Außerdem waren die Beweise im Sinne der Anklage in mehr als ausreichendem Maße vorhanden.

Berkman hatte im Mai 1917 einen Brief an den US-Finanzminister William Gibbs McAdoo geschrieben, in dem er ihn um Auskunft über die Kriegsanleihen der Regierung, die sogenannten *Liberty Bonds*, bat (TAM-1). In seinem Brief unterstrich Berkman, dass der Name dieser Anleihen eine Lüge sei, da die mit ihnen evozierte Freiheit auf Mord und der Erziehung von amerikanischen jungen Männern zu Mördern basiere. Die Anleihen widersprächen zudem dem US-amerikanischen Ideal von Freiheit und »die neue Art von Demokratie, repräsentiert von Woodrow Wilson und dem aktuellen Kongress [...] vertritt in keiner Weise den Willen der Bevölkerung der amerikanischen Republik.« In einem Serienbrief, den Goldman und Berkman im Namen der *No-Conscription-League* versandt hatten, versuchten sie Gleichgesinnte für den Protest gegen den Krieg zu finden und für die Arbeit ihrer Liga zu rekrutieren (TAM-2). Am 4. Juni 1917 hatte Berkman auf einer Versammlung der *No-Conscription-League* seine Idee von Freiheit erneut dargestellt, wobei die Rede von Regierungsbeamten, die Goldman explizit auf der Veranstaltung begrüßt hatte, stenografiert worden war und im Prozess als Beweis für seine Verschwörung gegen den Staat angeführt wurde (TAM-3: 17, 26).

Goldman hatte ebenfalls auf der Veranstaltung gesprochen und ihre Äußerungen machten deutlich, was sie von den USA im Kriegszustand hielt: »Ich habe tatsächlich geglaubt, dass das hier das gelobte Land wäre, das Land, das auf Freiheit beruht, auf der Möglichkeit, auf Glück, auf der Anerkennung der Bedeutung und des Wertes der jungen Generation [...] Ich bin zu dem Schluss gekommen, dass, da das Wehrpflichtgesetz in den USA verabschiedet wurde, morgen ein Begräbnismarsch von 500.000 jungen Amerikanern gefeiert wird.« Es ergab für die Anarchistin keinen Sinn, ihre kritische Haltung zu verschleiern oder zu camouflieren: »Ich sage euch hier frei und offen, dass ich weiter gegen die Wehrpflicht arbeiten werde.« (TAM-3: 24, 26)

Als im Gerichtssaal diese Aussagen verlesen wurden, war klar, dass Goldman hier quasi bereits ein Geständnis geliefert hatte und dass ihr kaum Möglichkeiten blieben, ihren Kopf aus der Schlinge zu ziehen. Goldman und Berkman hatten mit ihren Aktionen alles riskiert, die Erhebung der ArbeiterInnenschaft war allerdings ausgeblieben, sodass die beiden AnarchistInnen schlussendlich kaum darauf hoffen konnten, einer Verurteilung zu entgehen. Für sich selbst konnte Goldman erhobenen Hauptes erklären, dass ihre Ideale auch dann noch weiterleben würden, wenn sie selbst lange tot sei. Sie glaubte, immerhin den moralischen Sieg davontragen zu können und würde, nicht zum ersten Mal, ins Gefängnis gehen. Immer wieder hatte Goldman im Zuge der Aktivitäten der *No-Conscription-League* zudem darauf hingewiesen, dass sich das so demokratische Amerika immer mehr zu einer autokratischen Herrschaft verwandelt hatte, die der des russischen Zaren in nichts nachstehe (TAM-4). Diese Analogien, in Verbindung mit der Forderung nach einer Revolution, die sich an Russland orientiere, blieben jedoch ohne Erfolg.

In seinem Schlussplädoyer wies Berkman darauf hin, dass Goldman und er eigentlich vor Gericht stünden und verurteilt werden sollten, weil sie AnarchistInnen waren und vom US-Staat als Gefahr betrachtet wurden (TAM-5: 4). Er argumentierte weiter: »Ich glaube, es ist hier absolut bewiesen worden, dass der Bezirksstaatsanwalt keinen Fall hat.« Ebenso wie Goldman, habe er keine Angst vor dem Gefängnis: »Ich bin willens für meine Ideen im Gefängnis zu leiden, wenn das nötig ist.« Für die AnarchistInnen sollte das Gerichtsverfahren lediglich eine Frage beantworten, nämlich die, ob Freiheit in den USA noch existierte oder nicht. Als Staatsanwalt Harold A. Content am 9. Juli 1917 auf dieses Plädoyer antwortete, wurde klar, dass es aus Sicht der beiden Angeklagten keine Freiheit mehr gab (TAM-6: 2). Obwohl er die rhetorische Leistung der beiden AnarchistInnen lobend anerkannte und sich gewünscht hätte, dass diese ihre Fähigkeiten zum Wohle des Staates verwendeten, erklärte er auch, dass Goldman und Berkman die zentralen Figuren der *No-Conscriptions-League* seien, einer Organisation, deren Ziele die Auflösung der staatlichen Ordnung und chaotische Zustände gewesen seien. Die Geschworenen erinnerte er daran, dass »die Regierung ihre Regierung ist [...] Und dieser Fall ist von äußerster Wichtigkeit für die Regierung. Werden Sie mit ihrem Urteil sagen, dass Menschen wie diese wieder darangehen können, unsere Gesetze verachten, unsere Flagge entheiligen, sich über die Nationalhymne lustig machen [...] Menschen dazu drängen, sich absichtlich über die Bestimmungen eines bestimmten Gesetzes zu stellen?« (Ebd.)

Die Antwort der Geschworenen überraschte niemanden. Der Richter, Julius Marshuetz Mayer, verkündete schließlich die Maximalstrafe für Berkman und Goldman, die zu je zwei Jahren Gefängnis und einer 10.000 US-Dollar Strafzahlung verurteilt wurden. Die staatlichen Repressionen gegen die beiden AnarchistInnen waren allerdings noch nicht beendet.

Die Deportation der KriegskritikerInnen

Nach der Entlassung aus dem Gefängnis sah sich Goldman, die bereits am 12. September 1919, also knapp zwei Wochen zuvor, ihre Deportationsanweisung erhalten hatte, neuen Problemen gegenüber. Die US-Regierung wollte sie abschieben und die Anarchistin war aufgefordert worden, sich zu einer Anhörung auf Ellis Island einzufinden. Berkman sollte ebenfalls abgeschoben werden, wobei es in seinem Fall einfacher war, das zu erreichen, da er nie US-Staatsbürger geworden war. Er war bei seiner Entlassung allerdings noch recht zuversichtlich, dass die russischen Ereignisse seit 1917 nun endlich auch eine Revolution auf US-amerikanischem Boden auslösen, »die alle Ursachen des [US-]Übels,« also »Armut, Leid, Kriege und

Verbrechen« beenden würde (IISH-1: 4). Obwohl zunächst noch ungewiss war, ob nur Berkman oder beide AnarchistInnen deportiert werden konnten, sammelten sie so viele Informationen über die Lage in Sowjetrussland wie möglich. Es schien ihnen klar zu sein, dass eine Deportation nur in Richtung Osten erfolgen konnte, denn wohin sonst sollte man pro-russische RevolutionärInnen wie sie abschieben.

Goldman, die 1887 Jacob Kershner, einen anderen jüdischen Immigranten geheiratet hatte, betrachtete sich selbst als US-Staatsbürgerin, war also nicht willens, der Anordnung sich zur Deportation einzufinden nachzukommen. Zusammen mit Weinberger versuchte sie, das Schlimmste abzuwenden. Sie sorgte sich um Berkman, der sicherlich abgeschoben würde und versuchte, notwendigen Proviant und warme Kleidung für ihn zu organisieren (LMP-1: 1), wurde jedoch bald darüber informiert, dass sie selbst Vorkehrungen treffen musste (LMP-2: 1). Das Gericht hatte Goldmans Einspruch gegen die Deportation abgewiesen, da sie nicht beweisen konnte, wirklich mit Kershner verheiratet gewesen zu sein, denn die Ehe, geschlossen von einem Rabbiner, war nirgends dokumentiert worden (TAM-7: 28ff.). Berkman und Goldman wurden beide als »Feinde der USA, ihres Friedens und Wohlstandes« betrachtet, da »sie alles taten, was sie konnten, um das Wohlergehen, die Stabilität und die Integrität dieser Regierung zu zerstören.« (TAM-7: 68) Im Anschluss an das Urteil wurden die beiden AnarchistInnen zusammen mit vielen anderen Radikalen zuerst nach Ellis Island und dann auf das Transportschiff Buford gebracht, das Ende Dezember 1919 in See stach.

In einer letzten Schrift *Deportation und ihre Bedeutung* (IISH-2), die sie an ihre in den USA verbleibenden FreundInnen und UnterstützerInnen richteten, erklärten die beiden AnarchistInnen: »die Freiheit ist tot [...] und die Meinungsfreiheit ist ein Ding der Vergangenheit.« Sie erkannten darüber hinaus, dass es nicht nur ihr Protest gegen das neue Wehrpflichtgesetz, sondern auch ihre Unterstützung der Russischen Revolutionen sowie die Forderung nach einer Überwindung der politischen Ökonomie des Ersten Weltkrieges durch eine US-amerikanische revolutionäre Erhebung waren, die die US-Regierung dazu veranlasst hatte, sich um die Deportation der Radikalen zu bemühen. Es war die erste »Rote Furcht«, der sogenannte erste *Red Scare* im Nachgang der russischen Oktoberrevolution, der die US-Regierung gegen die AnarchistInnen und andere linke Radikale aufbrachte. Der Staat hatte antilibertäre Mittel genutzt, um die innere Stabilität zu sichern, Proteste zu unterdrücken und wurde für Goldman dadurch vom »gelobten Land« zum »Höllenloch der Ausbeutung« (Ashbolt 2003: 1).

Nach 30 Jahren der politischen Aktion für bessere USA, für die Emanzipation der ArbeiterInnenklasse und für die Erweckung des revolutionären

Potenzials der Massen, mussten zwei der bekanntesten AnarchistInnen die USA zusammen mit knapp 250 anderen auf einem ausgemusterten Schiff verlassen (IISH-3: 9). Ungewiss erschien den Deportierten zunächst, wie sich ihr Schicksal in Zukunft gestalten würde, war doch nicht von Anfang an klar, wohin die Buford unterwegs war. Die Nachricht über das Ziel der Deportierten, das post-revolutionäre Russland, wurde durchaus euphorisch aufgenommen. In Sowjetrussland sollten die Hoffnungen Goldmans und Berkmans allerdings erneut enttäuscht werden (Avrich/Avrich 2012: 291ff.; Falk 1990: 183ff.; Shulman 1971: 203ff.; Wexler1989: 57ff.), denn dort war der Revolutionsprozess von Lenin und den Bolschewiki bereits korrumpiert worden und die russischen AnarchistInnen ebenfalls als Feinde der Revolution, also des bolschewistischen post-revolutionären Staates verfolgt (Jacob 2018b; Jacob 2020c; Rublew 2017). In Sowjetrussland fanden die beiden Deportierten ebenfalls keine »neue Heimat«, sondern begaben sich ab Dezember 1921 erneut ins Exil (Avrich/Avrich 2012: 324ff.; Drinnon/Drinnon 1975), in dem sie von Deutschland, Frankreich und Großbritannien aus nicht nur gegen den US-amerikanischen Kapitalismus, sondern auch den Bolschewismus Lenins zu bekämpfen versuchten. Allerdings fanden sie aufgrund der sich nach dem Ersten Weltkrieg im Niedergang befindlichen anarchistischen Bewegung kaum Gehör (Levy 2019: 126f.).

Schlussbetrachtung

Die Kritik am Ersten Weltkrieg bei gleichzeitiger Unterstützung der Russischen Revolutionen brachte den US-amerikanischen Staat gegen die in seinen Grenzen lebenden Radikalen auf. AnarchistInnen, SozialistInnen und Intellektuelle, die sich gegen den Krieg und den entstehenden militärisch-industriellen Komplex wandten, wurden zu Opfern der Repression. Neue Gesetze wurden auf den Weg gebracht, um die Kritik an der Regierung und den kapitalistischen Gesellschaftsstrukturen zu unterdrücken, und die USA zeigte ihre autokratische Seite, wenn es darum ging, den Kapitalismus gegen ein Aufbegehren von Innen zu verteidigen.

Abschließend kann hier konstatiert werden, dass der Fall Goldmans und Berkmans, zumindest im US-Kontext, einer der bekanntesten des Ersten Weltkrieges sein dürfte. Gleichzeitig ist jedoch darauf hinzuweisen, dass sich ähnliche Fälle bis heute wiederholen. Der Staat und die ihn schützenden Justizorgane wenden sich des Öfteren gegen diejenigen, die Missstände mit Blick auf die Kriege unserer Zeit und die diese immer noch bestimmende politische Ökonomie offenlegen und kritisch ihre Stimme erheben, um diese Interrelation aufzulösen, ja die Existenz gewaltsamer Konflikte per se zu beenden. Wenn Whistleblower wie Edward Snowden, Julian Assange und viele andere den gezielten Repressionsmitteln der US-Regierung ausgesetzt werden, weil sie die Schattenseiten des Krieges offenlegen und dadurch auch die mit diesen verbundene politische Ökonomie sichtbar machen, dann gilt insbesondere Goldmans Bewertung der USA auch heute noch: »Die Freiheit ist tot«. Um diese wiederzuerlangen, bedarf es, und auch daran hat sich seit Goldmans und Berkmans Deportation nur wenig geändert, einer Revolution, denn schließlich wird diese immer von dem einen essentiellen Wunsch, nämlich dem nach Freiheit, bestimmt (Arendt 2018: 38).

Archivalien

Alexander Berkman Papers, International Institute of Social History, Amsterdam:

IISH-1: Statement by Alexander Berkman, on his release from the United State penitentiary, at Atlanta, Georgia, 1.10.1919, Nr. 117.

IISH-2: Alexander Berkman and Emma Goldman, Deportation: Its Meaning and Menace—Last Message to the People of America, Ellis Island, NY, Dezember 1919, Nr. 126.

IISH-3: Emma Goldman and Alexander Berkman an Comrades, On Board the U.S. Transport Buford, 10.1.1920, in: Letters from Berkman, U.S. Transport Buford, January 3–13, 1920, Nr. 127.

Alexander Berkman Papers, Tamiment Library and Robert F. Wagner Labor Archives, New York University, New York City/NY.

TAM-1: Alexander Berkman an Mr. Wm. C. McAdoo, Secretary of the U.S. Treasury, New York, 31.5.1917, Box 1, Folder 1.

TAM-2: Alexander Berkman, No-Conscription League, Serial Letter No. 1, New York, 25.5.1917, Box 1, Folder 7.

TAM-3: Stenographer's Minutes of Meeting of No-Conscription League, Hunts Point Palace, New York, 4.6.1917, Box 1, Folder 12.

TAM-4: Flyer »Labor and War«, Demonstration Madison Square, Saturday, 23.6.1917, Box 1, Folder 7.

TAM-5: Alexander Berkman's Closing Speech, U.S. v Goldman and Berkman, 1917, Box 1, Folder 15.

TAM-6: Address of Harold A. Content to the Jury, July 9, 1917, U.S. v Goldman and Berkman, Box 1, Folder 14.

TAM-7: Deportation Hearings of Alexander Berkman and Emma Goldman, Stenographer's Minutes, 8.12.1919, Box 1, Folder 3.

Harry Weinberger Papers (MS 553), Manuscripts and Archives, Yale University Library, New Haven/CT.

Papers of Leon Malmed and Emma Goldman, MC 332, M-88, Schlesinger Library, Radcliffe Institute, Harvard University, Cambridge/MA.

LMP-1: Emma Goldman an Leon Malmed, Chicago, 29.11.1919, Folder 25.

LMP-2: Emma Goldman an Leon Malmed, Chicago, 3.12.1919, Folder 25: 1.

Literatur

Adams, Matthew S. / Kinna, Ruth (Hg.) (2017): Anarchism, 1914-18: Internationalism, Anti-Militarism and War. Manchester. DOI: https://doi.org/10.7765/9781526115768.

Arendt, Hannah (2018). Die Freiheit, frei zu sein. München.

Ashbolt, Anthony (2003): Love and Hate in European Eyes: Emma Goldman and Alexander Berkman on America. In: Australasian Journal of American Studies 22(1): 1-14.

Avrich, Paul / Avrich, Karen (2012): Sasha and Emma: The Anarchist Odyssey of Alexander Berkman and Emma Goldman. Cambridge/MA. DOI: https://doi.org/10.4159/harvard.9780674067677.

Bergmann, Theodor u.a. (1996): Einleitung. In: Ders. u.a. (Hg.): Zwischen Utopie und Kritik: Friedrich Engels – ein »Klassiker« nach 100 Jahren. Hamburg: 9-13.

Bernstein, Michael A. / Wilson, Mark R. (2011): New Perspectives on the History of the Military-Industrial Complex. In: Enterprise & Society 12(1): 1-9. DOI: https://doi.org/10.1093/es/khq148.

Bois, Marcel / Jacob, Frank (Hg.) (2020): Zeiten des Aufruhrs (1916–1921). Globale Proteste, Streiks und Revolutionen gegen den Ersten Weltkrieg und seine Auswirkungen. Berlin.

Cornell, Andrew (2016): Unruly Equality. U.S. Anarchism in the Twentieth Century. Oakland/CA. DOI: https://doi.org/10.1525/9780520961845.

Dal Lago, Enrico / Healy, Róisín / Barry, Gearóid (Hg.) (2018): 1916 in Global Context. An Anti-Imperial Moment. London. DOI: https://doi.org/10.4324/9781315180076.

Drinnon, Richard / Drinnon, Anna Maria (1975): Nowhere at Home: Letters from Exile. New York.

Drinnon, Richard (1982): Rebel in Paradise. A Biography of Emma Goldman. Chicago.

Dunlap, Charles J., Jr. (2011): The Military-Industrial Complex, In: Daedalus 140(3): 135-147. DOI: https://doi.org/10.1162/DAED_a_00104.

Eisenhower, Dwight D. (1961): Military-Industrial Complex Speech, 17.1.1961.

Falk, Candace (1990): Love, Anarchy, & Emma Goldman. A Biography. New Brunswick/NJ.

– (Hg.) (1995): Emma Goldman. A Guide to Her Life and Documentary Sources. Alexandria/VA.

Galleani, Luigi (2006): Anarchy will be! Selected Writings of Luigi Galleani, hgg. v. Barry Pateman. Edinburgh.

Goldman, Emma (1915): Preparedness, the Road to Universal Slaughter. In. Mother Earth 10(10). URL: https://theanarchistlibrary.org, Zugriff: 25.8.2019.

Hennes, Michael (2003): Der neue Militärisch-Industrielle Komplex in den USA. In: APuZ 46: 41-46.

Herwig, Holger H. (2015): »One Hell of a Business«. The Genesis of the Military-Industrial Complex in the United States. In: Kollmer, Dieter H. (Hg.): Militärisch-Industrieller Komplex? Rüstung in Europa und Nordamerika nach dem Zweiten Weltkrieg. Freiburg/Br.: 29-48.

Jacob, Frank / Altieri, Riccardo (Hg.) (2018): Krieg und Frieden im Spiegel des Sozialismus 1914-1918. Berlin.

Jacob, Frank (2018b): From Aspiration to Frustration: Emma Goldman's Perception of the Russian Revolution. In: Amercian Communist History 17(2): 185-199. DOI: https://doi.org/10.1080/14743892.2018.1464302.

– (2019): Radical Trinity. Anarchist, Jew, or New Yorker? In Kunze, Sebastian / Jacob, Frank (Hg.): Jewish Radicalisms. Historical Perspectives on a Phenomenon of Global Modernity. Berlin: 153-180.

– (Hg.) (2020a): Engels @ 200. Reading Friedrich Engels in the 21st Century. Marburg.

– (2020b): Emma Goldman and the Russian Revolution. From Admiration to Frustration. Berlin.

– (2020c): 1917 – Die korrumpierte Revolution. Marburg.

Kampmark, Binoy (2016): Science and War: Remembering the Military Industrial Complex. In: New Zealand International Review 36(4): 11-14.

Kellermann, Philippe (2016). Propaganda der Tat. Standpunkte und Debatten (1877-1929). Münster.

Kennedy, David M. (2004): Over Here. The First World War and American Society. 25th Anniversary Edition. Oxford-New York.

Kennedy, Ross A. (2001): Woodrow Wilson, World War I, and an American Conception of National Security. In: Diplomatic History 25(1): 1-31. DOI: https://doi.org/10.1111/0145-2096.00247.

Kennedy, Sinclair (1917): An Open Letter to Howard E. Coffin, Esq., Advisory Commission of the Council of National Defense. Brookline/MA.
Koistinen, Paul A. C. (1967): The »Industrial-Military Complex« in Historical Perspective. World War I. In: The Business History Review 41(4): 378-403. DOI: https://doi.org/10.2307/3112647.
Lehnert, Detlef / Morina, Christina (Hg.) (2020): Friedrich Engels und die Sozialdemokratie. Werke und Wirkungen eines Europäers. Berlin.
Levy, Carl (2019); Anarchism and Cosmopolitanism. In: Ders. / Adams, Matthew S. (Hg.): The Palgrave Handbook of Anarchism. Cham: 125-148. DOI: https://doi.org/10.1007/978-3-319-75620-2_7.
McKnight Nichols, Christopher (2009): Rethinking Randolph Bourne's Trans-National America. How World War I Created an Isolationist Antiwar Pluralism. In: The Journal of the Gilded Age and Progressive Era 8(2): 217-257. DOI: https://doi.org/10.1017/S1537781400001158.
NYT (The New York Times), 12.10.1916.
– (1917a): Anarchists Demand Strike to End War, 19.5.1917.
– (1917b): Government to End All Anarchy Here, 17.6.1917.
– (1917c): Emma Goldman Out On Bail, 22.6.1917.
– (1917d): Leaders Disappoint Anarchist Hordes, 24.6.1917.
– (1917e): »Reds Are Defiant, Can Get No Delay«, 28.6.1917.
– (1917f): Anarchists Delay Trial, 30.6.1917.
Perlo-Freeman, Sam / Sköns, Elisabeth (2008): The Private Military Services Industry. In: SI-PRI Insights on Peace and Security 1: 1-18.
Rublew, Dimitri (2017): Die politische Position der Anarchisten in der russischen Revolution 1917-1918. In: Kellermann, Philippe (Hg.): Anarchismus und russische Revolution. Berlin: 11-66.
Shulman, Alix (1971): To the Barricades: The Anarchist Life of Emma Goldman. New York.
Tierney, John J., Jr. (2014): For America ›The War to End War‹ Was Just the Beginning. In: The Brown Journal of World Affairs 21(1): 219-229.
Wexler, Alice (1989): Emma Goldman in Exile: From the Russian Revolution to the Spanish Civil War. Boston.
Wilson, Ross J. (2016). New York and the First World War. Shaping an American City. New York. DOI: https://doi.org/10.4324/9781315598215.
Wilson, Woodrow (1916a): Address in Pitsburgh, 19.1.1916. In: Link, Arhur S. u.a. (Hg.) (1966-1994): The Papers of Woodrow Wilson, Bd. 36. Princeton: 39.
– (1916b): A Colloquy with a Group of Antipreparredness Leaders, 8.5.1916. In: Link, Arhur S. u.a. (Hg.) (1966-1994): The Papers of Woodrow Wilson, Bd. 37. Princeton: 214-215.

contraste

zeitung für selbstorganisation

37. JAHRGANG **2020** **4'50 EUR**

CONTRASTE, die einzige überregionale Monatszeitung für Selbstorganisation, dient seit über 35 Jahren den Alternativen Bewegungen als Sprachrohr und Diskussionsforum. AktivistInnen aus den unterschiedlichsten Bewegungen verfolgen mit der Herausgabe der Zeitung das Ziel, zu den von Globalisierung, Sozialabbau und Umweltzerstörung geprägten Verhältnissen Alternativen zu diskutieren, Entwicklungen aufzuzeigen, eigene Utopien zu entwickeln und diese zu erproben.

Gern versenden wir für 9 € ein dreimonatiges Schnupperabo.

www.contraste.org

Kritisch. Solidarisch. Unabhängig.

Probeabo
3 Ausgaben für 10 €

LATEIN AMERIKA NACHRICHTEN

www.lateinamerika-nachrichten.de

PROKLA 201 | 50. Jahrgang | Nr. 4 | Dezember 2020 | S. 697-704
https://doi.org/10.32387/prokla.v50i201.1920

Andreas Grünewald*

Die Militarisierung des Naturschutzes

Zusammenfassung: In den letzten Jahrzehnten wurden viele Schutzgebiete zu bewaffneten Festungen umgebaut. Dies ist neueren Entwicklungen geschuldet, wie der Professionalisierung der Wilderei oder der Privatisierung von Nationalparks, weist aber auch wichtige Kontinuitäten zur Kolonialzeit auf, in die die Gründung vieler dieser Parks zurückreicht. Am Beispiel des Kongobeckens zeigt der Artikel, wie weit die Bundesregierung in die Militarisierung des Naturschutzes verstrickt ist, und welch dramatische Folgen sie für die lokale Bevölkerung hat.

Schlagwörter: Naturschutz, Kolonialismus, Gewalt, Sub-Sahara-Afrika, Politische Ökologie

Militarisation of conservation

Abstract: Within the last decades, many protected areas have become armed fortresses of conservation. This is the result of new tendencies, like more professional poachers or the privatisation of national parks, and old legacies, as many of these parks were funded in colonial times. The article explores the militarisation of conservation in the Congo-Basin. It shows that the German government is heavily involved in the militarisation of conservation which has dramatic consequences for the local population.

Keywords: Conservation, colonialism, violence, Sub-Saharan-Africa, political ecology

Die Lage ist ernst. Die Umweltzerstörung schreitet ebenso wie der Klimawandel in einem bedrohlichen Tempo voran. Eine Million Tier- und Pflanzenarten sind laut Angaben der Vereinten Nationen (UNO) vom Aussterben bedroht, das ist ein Achtel aller Arten. Der Mensch ist dabei, sich als Verursacher des sechsten Massensterbens seit Entstehung des Planeten Erde ein Denkmal zu setzen.[1]

Bei den Bemühungen, dem Artensterben Einhalt zu gebieten, spielen die tropischen Regenwälder eine herausragende Rolle. Sie sind nicht nur die »Lungen der Erde«, sondern auch Hotspots der Biodiversität. Und sie sind massiv bedroht, durch großflächige Feuer und Abholzungen, das Vorrücken der Agrarfront und des Bergbaus, durch Infrastrukturprojekte und die Wilderei.

* **Andreas Grünewald** arbeitet bei der Fraktion DIE LINKE im Bereich Entwicklungspolitik.

1 »Nature's Dangerous Decline ›Unprecedented‹; Species Extinction Rates ›Accelerating‹« (6.5.2019), https://www.un.org/.

Der Kampf um den Erhalt dieser Regenwälder ist ebenso wichtig wie schwierig. Und er wird immer öfter auch mit Waffen ausgetragen.

Mitten drin: die Bundesrepublik Deutschland. Mit laufenden finanziellen Verpflichtungen von 2,1 Milliarden Euro zählt Deutschland zu den größten Geldgebern des globalen Waldschutzes.[2] Ein Schwerpunkt des deutschen Engagements ist das Kongobecken, in das seit 2005 rund eine halbe Milliarde Euro Haushaltsmittel geflossen sind (Bundestag 2018: 15ff.; 2019: 1). Damit leistet die Bundesregierung einen wichtigen Beitrag zum Naturschutz - und macht sich zugleich zur Komplizin von dessen Militarisierung.

2017 berichtete *Der Spiegel*, dass Parkwächter einen 17-jährigen Batwa im ostkongolesischen Nationalpark Kahuzi-Biega erschossen hatten, als er laut Angaben seines Vaters Heilkräuter sammelte (Klawitter 2017). 2019 veröffentliche die Nachrichtenplattform *buzzfeed* Dokumente, die belegen, dass der World Wide Found for Nature (WWF) in zahlreichen Nationalparks an schweren Menschenrechtsverletzungen beteiligt war, darunter willkürliche Morde, Vergewaltigungen und Vertreibungen (Warren/Baker 2019). Und in diesem Jahr publizierte die *taz* eine Reihe von Artikeln, die umfassendes Zeugnis von der Gewalt ablegen, der die lokale Bevölkerung in und um Schutzgebiete im Kongobecken ausgesetzt ist.[3]

Eine direkte Beteiligung deutscher Soldat*innen bei der Militarisierung des Naturschutzes findet bisher nicht statt – auch wenn Martin Jäger, Staatssekretär im Bundesministerium für wirtschaftliche Zusammenarbeit und Entwicklung (BMZ), durchaus bereit wäre, die Bundeswehr »zur Verteidigung globaler öffentlicher Güter, etwa von Schutzzonen in afrikanischen Regenwäldern« zu entsenden (Jäger 2020). Doch auch ohne eigene Truppen ist die Bundesregierung stark in die Militarisierung verstrickt (Bundestag 2018; 2019). Im Nationalpark Kahuzi-Biega in der Demokratischen Republik Kongo (DRC) bestreitet das BMZ mehr als die Hälfte des Jahresbudgets. Die Parkverwaltung wäre ohne deutsche Unterstützung längst zusammengebrochen. In mehreren Schutzgebieten der DRC kooperiert das BMZ eng mit der Nationalparkbehörde, dem Institut Congolais pour la Conservation de la Nature (ICCN). Dabei handelt es sich um eine paramilitärische Organisation, die dem kongolesischen Verteidigungsministerium unterstellt ist. Dem ICCN finanziert das BMZ unter anderem Nachtsichtgeräte, Drohnen oder Patrouillenboote und zahlt einen Teil der Löhne der Ranger (Bundestag 2019: 20ff.). Auch der WWF ist in Sachen Naturschutz in Sub-Sahara-Afrika einer der zentralen Empfänger deutscher »Entwicklungshilfe«, und wird vom BMZ in Dokumenten teilweise sogar als »Durchführungsorganisation« gelistet (Bundestag 2018: 6).

Zur Natur der Militarisierung

Der WWF selbst weist – wie übrigens auch die Bundesregierung – den Begriff

2 »Wald und Klima«, https://www.bmz.de, Zugriff: 18.10.2020.

3 Die Recherchen sind auch in eine Studie der Rosa-Luxemburg-Stiftung zur Militarisierung von Naturschutz in Afrika eingeflossen (Schlindwein 2020a).

der »Militarisierung des Naturschutzes« als falsch und überzogen zurück. Eine stärkere Bewaffnung der Parkwächter rechtfertigt er insbesondere mit der Professionalisierung und Aufrüstung der Wilderer. Dabei werden Wilderer und andere Eindringlinge in die Parks immer wieder als Terroristen bezeichnet, und eine diskursive Verknüpfung zwischen dem wehrhaften Naturschutz und dem Krieg gegen den Terror hergestellt (Titeca/Edmond 2019).[4] Doch weder sind bewaffnete Wilderer die einzige Ursache der Militarisierung, noch liefert diese eine adäquate Antwort (Duffy u.a. 2019).[5]

Mit der Militarisierung des Naturschutzes wird eine militärische Logik der räumlichen Kontrolle von Territorien dominant, die frühere Interpretationen von Naturschutz als Bewahrung von Ökosystemen überlagert.[6] Dies äußert sich u.a. durch
– das Aufrücken von militärischem Personal in Schlüsselpositionen;
– die Militarisierung der Ausbildung, da sich auch die Aufgaben der Ranger verschieben, wie ein ehemaliger südafrikanischer Major berichtet: »In der Vergangenheit widmeten die Ranger nur zehn Prozent ihrer Arbeit der Strafverfolgung. Derzeit sind es 10 Prozent Naturschutz und 90 Prozent Strafverfolgung« (Hübschle 2017: 63);
– das Auftreten von internationalen Sicherheitsfirmen und Söldnertruppen, die sowohl zur Rangerausbildung, als auch zur Wildereibekämpfung selbst eingesetzt werden (McClanahan/Taylor 2016);
– die Aufrüstung der Ranger und Nationalparks mit Maschinengewehren, Panzerfäusten und Drohnen ebenso wie Hightech-Überwachungsräume, die mittlerweile in einigen Nationalparks eingerichtet wurden, um Bewegungen von Tieren und Menschen in Echtzeit nachverfolgen zu können.

Die Militarisierung allein auf den Anstieg externer Bedrohungen zurückzuführen, greift zu kurz. Sie ist ebenso Resultat interner Veränderungen, der (Teil-)Privatisierung vieler Nationalparks. Ein wichtiger Akteur der Privatisierung in Sub-Sahara-Afrika ist die NGO African Parks. Sie verwaltet derzeit 19 Nationalparks in elf Ländern mit einer Fläche von insgesamt 11,4 Mio. Hektar.[7] In anderen Schutzgebieten sind Naturschutzorganisationen wie der WWF oder die World Conservation Society (WCS) in das Parkmanagement mit eingestiegen.[8] Und der Virunga Nationalpark im

4 Immer wieder wird auch die Behauptung aufgestellt, islamistische Terrorgruppen würden sich über den illegalen Elfenbeinhandel finanzieren – eine Behauptung, die längst widerlegt ist (vgl. Schlindwein 2020a: 26-30).
5 Rosaleen Duffy hat in den letzten Jahren eine Forschungsgruppe geleitet, die die Militarisierung des Naturschutzes kritisch aufarbeitet. Vgl. https://biosec.group.shef.ac.uk/.
6 Eine anschauliche Schilderung dieses Perspektivenwechsels liefert ein Interview mit dem ehemaligen südafrikanischen General Johan Jooste, der nach seinem Ausscheiden aus dem Militärdienst in afrikanischen Nationalparks zur Wildereibekämpfung eingesetzt wurde. Vgl. Hübschle 2017.

7 Das entspricht etwa einem Drittel der Fläche Deutschlands.
8 Der WWF ist beispielsweise Co-Manager in den Nationalparks Salonga (DRC) und Dzanga-Sangha (Zentralafrikannische Republik), die beide auch Gelder von der Bundesregierung erhalten. Zukünftig wird die Rolle des WWF in der DRC weiter aufgewertet, da die

Osten der DRC wird seit 2008 von der Virunga Foundation verwaltet, die ihr Geld u.a. von dem US-Milliardär Howard G. Buffet erhält.[9]

Im Zuge dieser Privatisierung wird die Militarisierung Teil der Geschäftsstrategie, und zwar auf doppelte Weise. Sie gehört zum einen zur Inszenierung, bei der mit heroisierenden Bildern von bewaffneten Rangern um Spendengelder geworben wird. Im Virunga Nationalpark ist diese Inszenierung besonders weit fortgeschritten (Marijnen/Verweijen 2016). Meldungen von gestorbenen Parkwächtern werden regelmäßig mit Spendenaufrufen versehen,[10] die Virunga Foundation hat sogar einen eigenen *fallen rangers fund* eingerichtet. Zum anderen dient die Aufrüstung auch dem Schutz der wichtigsten Assets der Parks, der Tourist*innen und touristischen Hauptattraktionen, zu denen neben den Gorillas vor allem die *big five* (Elefanten, Nashörner, Löwen, Leoparden und Büffel) zählen. Je bedeutender zahlungskräftige Tourist*innen, die in vielen Parks auch dem Jagdtourismus frönen, für die Finanzierung der Parks werden, desto größer ist der Anreiz, dieses Geschäftsmodell mit Waffengewalt abzusichern.

Der vermehrte Einsatz von Waffen, Militärtechnologie und -strategie ist jedoch nicht nur nachfragegetrieben. Ebenso wie sich private Sicherheitsdienstleister wie die Maisha-Group[11] oder Veterans Empowered to Protect African Wildlife (VETPAW)[12] offensiv als Ausbildner und Söldner im Kampf gegen die Wilderei anbieten, haben Rüstungskonzerne den Naturschutz als lukratives Geschäftsfeld entdeckt. So liefert die südafrikanische Paramout-Group Kampfhubschrauber und Hundestaffeln an afrikanische Nationalparks. Und auch Rheinmetall hat Konzepte entwickelt, wie mithilfe von Drohnen, Satellitenüberwachung und elektronisch gesicherten Abwehranlagen Nationalparks umfassend überwacht und geschützt werden können. Verantwortlich für diese Überlegungen ist pikanterweise der ehemalige FDP-Entwicklungsminister und jetzige Cheflobbyist bei Rheinmetall, Dirk Niebel (Schlindwein 2020c). Die Bundesregierung hat die Angebote von Niebel, namibische Nationalparks mit Rheinmetall-Technologie aufzurüsten, bisher zwar abgelehnt. Zugleich finanziert sie aber selbst militärisches Equipment wie Kleinflugzeuge, Wärmebildkameras oder Rangeruniformen, beispielsweise für die Frankfurter Zoologische Gesellschaft (FZG), die seit Jahrzehnten in den großen Schutzgebieten Tansanias, dem Selous und der Serengeti, aktiv ist (Bundestag 2019: 20-30).

Bundesregierung dem ICCN vorschreibt, in allen von Deutschland mitfinanzierten Parks internationale Naturschutzorganisationen am Management zu beteiligen.

9 Ein weiterer wichtiger Geldgeber ist die EU, über die auch deutsche Gelder in den Park fließen. Vgl. »Virunga: Preserving Africa's national parks through people-centred development« (3.4.2018), https://europa.eu.

10 Leonardo Di Caprio, ein weiterer Großspender der Virunga Foundation, hilft bei der Verbreitung solcher Nachrichten. Vgl. »Leonardo DiCaprio Saves Gorilla Park by Donating to € 1.8 Million Fund« (19.5.2020), https://www.euronews.com/.

11 https://www.maisha-group.com/.

12 https://vetpaw.org/.

Militarisierung als kolonialer Zugriff auf Natur

Mit der verstärkten Militarisierung, die wir derzeit erleben, kehrt der moderne Naturschutz in Afrika auf tragische Weise zu seinen Anfängen zurück. Ihren Ursprung haben viele afrikanische Schutzgebiete in der Kolonialzeit. Gewalt war ihr konstituierendes Element. Dabei bedienten sich die Kolonialherren eines verklärten Natur- und Afrikabilds, welches die »afrikanische Wildnis« als Raum imaginierte, in dem Flora und Fauna in einem vorgeschichtlichen, unberührten Zustand zu bewundern wären (Blaikie 2001: 136f.). Die Kolonialherren erklärten sich zu Bewahrern dieses »Gartens Eden« oder »zoologischen Gartens« (Gissibl 2016: 2, 141) und fanden darin eine Legitimation, die lokale Bevölkerung, die dieses Paradies in ihren Augen bedrohten, mit Gewalt zu vertreiben.[13] *Serengeti darf nicht sterben* und andere Tierfilme von Bernhard Grimzek, langjährigem Leiter der FZG, verbreiteten später ebenfalls das Stereotyp einer afrikanischen Wildnis als menschenleerem und zugleich bedrohtem Raum in den deutschen Wohnzimmern der Nachkriegszeit. Ein Bild, auf das Naturschutzorganisationen wie der WWF bis heute zurückgreifen, und welches ein bewaffnetes Vorgehen gegen »Eindringlinge« rechtfertigt.

Damals wie heute ist das Bild der menschenleeren afrikanischen Natur ebenso machtvoll wie falsch. So war das Gebiet des Selous-Wildreservats im heutigen Tansania zwischen 1905 und 1907 Schauplatz eines der grausamsten Kriege der afrikanischen Kolonialgeschichte – des Maji-Maji-Krieges. Die deutschen Kolonialherren schlugen damals einen mehrjährigen Aufstand mithilfe der Strategie der »verbrannten Erde« nieder und töteten bis zu 300.000 Menschen (ebd.: 112). Erst damit wurde die Region zu dem menschenleeren Naturraum, der daraufhin zum Schutzgebiet ausgebaut werden konnte – und in dem die FZG mit Geldern der Bundesregierung über Jahrzehnte dafür sorgte, dass die lokale Bevölkerung keinen Fuß in das Reservat setzte.

Das Bild von Schutzgebieten als unberührter Natur ist aber auch aus einem anderen Grund völlig unzutreffend. Viele der heutigen afrikanischen Schutzgebiete waren ursprünglich Jagdgebiete der Kolonialherren. Im Fall Deutsch-Ostafrikas fungierten sie zudem als ökonomisches Standbein der Kolonie, indem die Kolonialverwaltung den lukrativen Elfenbeinhandel monopolisierte. Auch hier sind die Parallelen zur Gegenwart frappierend. Viele afrikanische Schutzgebiete finanzieren sich bis heute über den Verkauf von Abschusslizenzen an westliche Großwildjäger. Und auch die ökonomische Nutzung, beispielsweise durch große Holzunternehmen, ist in vielen Schutzgebieten gestattet, während die lokale Bevölkerung schon bei kleinsten Eingriffen Repressalien fürchten muss.

Die Militarisierung des Naturschutzes steht in der Kontinuität eines kolonialen und zutiefst rassistischen Naturbilds Afrikas. Dieses basiert u.a. auf

13 Der Historiker Bernhard Gissibl (2016) hat dies eindrücklich in seinem Buch *The Nature of German Imperialism* für »Deutsch-Ostafrika« (das heutige Tansania) aufgearbeitet.

einer Dichotomie zwischen weißen Naturschützer*innen und »schwarzer« Bedrohung, und rechtfertigt die Intervention der ersten bei gleichzeitigem gewalttätigem Ausschluss des anderen. Der kenianische Ökologe Mordecai Ogada stellt diesen Rassismus mit der rhetorischen Frage bloß: »Haben Sie jemals einen Schwarzen gesehen, der Tiere schützt?«[14]

Das Elend der Militarisierung

Seit Gründung der ersten Schutzgebiete Ende des 19. Jahrhunderts haben viele Afrikaner*innen Naturschutz als Ausschluss erlebt, als illegitime Landnahme. Die Militarisierung erneuert diese Erfahrung. Einem partizipativen Ansatz, wie er seit Jahrzehnten im Naturschutz propagiert wird, steht sie diametral entgegen.[15] Und sie ist teuer, wodurch die ohnehin geringen Ressourcen zur Unterstützung lokaler Akteure noch knapper werden. Damit verstrickt sich die Militarisierung in einen Widerspruch: Sie ist angetreten, um den Schutz bedrohter Gebiete und Arten zu verbessern, führt jedoch zu einer Delegitimierung der Schutzbestrebungen, insbesondere auf lokaler Ebene.

Unstrittig ist: Bewaffnete Wilderer stellen eine reale, ernsthafte Gefahr dar, für Menschen und Tiere. Strategien zur Bekämpfung des Wildtier- und Elfenbeinhandels werden aber nur nachhaltigen Erfolg haben, wenn sie die Aspekte in den Fokus nehmen, die hinter der Wilderei stecken, von den Absatzmärkten über die Schmugglernetzwerke bis hin zur grassierenden Armut im Umfeld von Schutzgebieten, die die Komplizenschaft lokaler Akteure mit professionellen Wilderern fördert. Die Militarisierung der Schutzgebiete senkt die Nachfrage nach Elfenbein oder exotischen Haustieren nicht – und damit die Triebfedern der Wilderei. Sie stellt aber eine ernsthafte Bedrohung für die lokale Bevölkerung dar.

Im Nationalpark Salonga in der DRC, den der WWF gemeinsam mit dem ICCN führt und der von der deutschen Bundesregierung mitfinanziert wird, sind Menschenrechtsverstöße gut dokumentiert: Ranger haben in den vergangenen Jahren mehrfach Frauen vergewaltigt und lokale Anwohner*innen in der Öffentlichkeit exekutiert – wegen Bagatelldelikten wie der illegalen Entnahme von Feuerholz (Warren/Baker 2019). Im ebenfalls von der Bundesregierung finanzierten Kahuzi-Biega kommt es immer wieder zu tödlichen Zwischenfällen zwischen Parkwächtern und der indigenen Bevölkerung, den Batwa. Diese fordern in die Gebiete zurückkehren zu können, aus denen sie in den 1970er-Jahren vertrieben wurden. Die Parkverwaltung bezeichnet die Batwa als »Terroristen« und lässt Schauprozesse gegen deren Anführer vor Militärgerichten führen (Schlindwein 2020b).

14 Ogada stellt diese Frage im Rahmen eines Vortrags, bei dem er das gemeinsam mit John Mbaria veröffentlichte Buch *the big conservation lie* (2016) vorstellte. URL: https://www.youtube.com/watch?v=3_YuC29wS0c, Zugriff: 23.10.2020.

15 In Lateinamerika hat sich die Ausweisung indigener Territorien als besonders effektive Form des Naturschutzes bewährt. In Afrika findet eine Beteiligung der lokalen und/oder indigenen Bevölkerung bis heute jedoch meist nicht statt.

In fragilen Kontexten droht die Militarisierung des Naturschutzes bestehende Konflikte zu verschärfen und eine Gewaltspirale in Gang zu setzen, wie Verweijen und Marijnen (2018) für den Virunga-Nationalpark dokumentiert haben. Um ihr Überleben angesichts der Repressalien durch die Parkwächter*innen zu sichern, stellen sich dort Anwohner*innen unter den Schutz lokaler bewaffneter Gruppen oder greifen selbst zu den Waffen. Anstatt die lokale Bevölkerung als Verbündete des Naturschutzes zu gewinnen, bringt die Militarisierung diese gegen den Naturschutz auf. Damit droht der Naturschutz die Fehler des *war on drugs* in Lateinamerika zu wiederholen, der die Drogenkartelle nicht geschwächt, jedoch ganze Regionen in Gewalt und Chaos gestürzt hat.

Doch auch die ökologische Bilanz der Militarisierung ist keineswegs positiv. Zwar haben sich die Wildbestände in einigen besonders hoch gerüsteten Parks erholt. Eine Studie von Pyhälä u.a. (2016), die sich auf die Untersuchung von 36 Schutzgebieten im Kongobecken stützt, kommt jedoch zu dem Schluss, dass der Biodiversitätsverlust in der Region weiter voranschreitet. Denn die Militarisierung bietet keine Antwort auf die großen Treiber der Naturzerstörung. Sie fokussiert auf die Bekämpfung einzelner Akteure (Wilderei, lokale Bevölkerung), kann aber gegen großflächige Abholzungen durch Holzunternehmen oder Agrarkonzerne ebenso wenig ausrichten wie gegen die Aktivitäten von Bergbaukonzernen. Darauf hat auch Greenpeace vor kurzem hingewiesen und ein Ende des Modells *fortress conservation* gefordert (Wabiwa Betoko/Carvalho 2020).

Derzeit droht jedoch das Gegenteil, der weitere Ausbau des »Festungs-Naturschutzes«. Um den Biodiversitätsverlust zu stoppen, soll bei der kommenden UN-Vertragsstaatenkonferenz der Konvention für biologische Vielfalt, das Ziel verankert werden, bis 2030 30 Prozent der Erde unter Schutz zu stellen (UNEP/CBD 2020: 5). Dies entspricht in etwa einer Verdoppelung der derzeitigen Schutzflächen. Vorangetrieben wird die Initiative von konservativen Naturschutzorganisationen und philanthropischen Stiftungen wie der Wyss Foundation, die für einen exklusiven und technokratischen Naturschutz stehen. Von daher ist es wenig überraschend, dass bisher keine verpflichtenden Mechanismen vorgesehen sind, die die Mitbestimmungsrechte der lokalen Bevölkerung bei der Ausweisung neuer Schutzgebiete sichern.

Dennoch unterstützt die Bundesregierung diese Initiative, beispielsweise als Gründungsmitglied des *Legacy Landscapes Fund*, der bei der Umsetzung des 30/2030-Zieles helfen soll und zugleich die partielle Privatisierung der Schutzgebiete vorantreibt. Damit macht sie sich weiterhin zum Komplizen eines autoritären Naturschutzes. Unter Berufung auf ein höheres Gut – den Erhalt der Biodiversität – legt dieser Fonds die Entscheidung darüber, welche Gebiete weltweit geschützt und welche Maßnahmen dazu angewandt werden, in die Hand einiger weniger. Die Gefahr ist groß, dass diese Form der grünen Landnahme auch zukünftig mit Waffengewalt vollzogen und abgesichert wird. Man kann es nicht oft genug betonen: Die Lage ist ernst.

Literatur

Blaikie, Piers (2001): Social Nature and Environmental Policy in the South: Views from Verandah and Veld. In: Castree, Noel / Braun, Bruce (Hg.): Social Nature. Theory, Practice, and Politics. Oxford: 133-150.

Bundestag (2018): Antwort der Bundesregierung auf die Kleine Anfrage der Abgeordneten Eva-Maria Schreiber u.a. und der Fraktion DIE LINKE. Deutschlands Finanzierung von Schutzgebieten im Kongo-Becken. BT-Drucksache 19/540. Berlin.

– (2019): Antwort der Bundesregierung auf die Kleine Anfrage der Abgeordneten Eva-Maria Schreiber u.a. und der Fraktion DIE LINKE. Aktuelle Entwicklungen in von Deutschland finanzierten Schutzgebieten in Afrika. BT-Drucksache 19/8418. Berlin.

Duffy, Rosaleen / Massé, Francis / Smidt, Emile / Marijnen, Esther / Büscher, Bram / Verweijen, Judith / Ramutsindela, Maano / Simlai, Trishant / Joanny, Laure / Lunstrum, Elizabeth (2019): Why we must question the militarisation of conservation. In: Biological Conservation 232: 66–73. DOI: https://doi.org/10.1016/j.biocon.2019.01.013.

Gissibl, Bernhard (2016): The nature of German Imperialism. Conservation and the Politics of Wildlife in Colonial East Africa. New York-Oxford.

Hübschle, Jooste (2017): On the record: interview with major general Johan Jooste (retired), south African National Parks, head of special projects. In: South Africa Crime Quarterly 60: 61-68. DOI: https://doi.org/10.17159/2413-3108/2017/v0n60a2776.

Jäger, Martin (2020): Deutschland sollte interventionsfähig sein. In: FAZ (6.9.2020). URL: https://www.faz.net/, Zugriff: 18.10.2020.

Klawitter, Nils (2017): A Killing in Congo Reveals Human Cost of Conservation. In: Der Spiegel (1.11.2017). URL: https://www.spiegel.de/, Zugriff: 18.10.2020.

Marijnen, Esther / Verweijen, Judith (2016): Selling green militarization: the discursive (re)pro-duction of militarized conservation in the Virunga National Park, DemocraticRepublic of the Congo. In: Geoforum 75: 274-285. DOI: https://doi.org/10.1016/j.geoforum.2016.08.003.

McClanahan Bill / Wall Taylor (2016): ›Do Some Anti-Poaching, Kill Some Bad Guys, and Do Some Good‹: Manhunting, Accumulation, and Pacification in African Conservation. In: Potter, Garry / Nurse, Angus / Hall, Matthew (Hg): The Geography of Environmental Crime. Palgrave Studies in Green Criminology. London: 121-147. DOI: https://doi.org/10.1057/978-1-137-53843-7_6.

Mbaria, John / Ogada, Mordecai (2016): The big conservation lie. Auburn.

Pyhälä, Aili / Orozco, Ana Osuna / Counsell, Simon (2016). Protected Areas in the Congo Basin: failing both people and biodiversity? London.

Schlindwein, Simone (2020a): Die ›Grüne Armee‹. Die Militarisierung des Naturschutzes und die Folgen in Afrika. Studien der Rosa-Luxemburg-Stiftung 3/2020. Berlin.

- (2020b): Der Feind in Grün. In: taz (2.3.2020). URL: https://taz.de/, Zugriff: 19.10.2020

– (2020c): Krieg gegen die Wilderei. In: taz (10.3.2020). URL: https://taz.de, Zugriff: 18.10.2020.

Titeca, Kristof / Edmond, Patrick (2019): Outside the Frame: Looking Beyond the Myth of Garamba's LRA Ivory–Terrorism Nexus. In: Conservation and Society 17(3): 258-269. DOI: https://doi.org/10.4103/cs.cs_18_145.

UNEP / CBD (2020): Update of the zero draft of the post-2020 global biodiversity framework (17.8.2020). URL: https://www.cbd.int, Zugriff: 20.10.2020.

Verweijen, Judith / Marijnen, Esther (2018): The counterinsurgency/conservation nexus: guerrillalivelihoods and the dynamics of conflict and violence in the Virunga National Park, Democratic Republic of the Congo. In: The Journal of Peasant Studies 45(2): 300-320. DOI: https://doi.org/10.1080/03066150.2016.1203307.

Wabiwa Betoko, Irene / Carvalho, Savio (2020): To protect nature, bring down the walls of fortress conservation (20.10.2020). URL: https://www.greenpeace.org/, Zugriff: 21.10.2020.

Warren, Tom / Baker, Katie (2019): WWF Funds Guards Who Have Tortured And Killed People (4.3.2019). URL: https://www.buzzfeednews.com/, Zugriff: 18.10.2020.

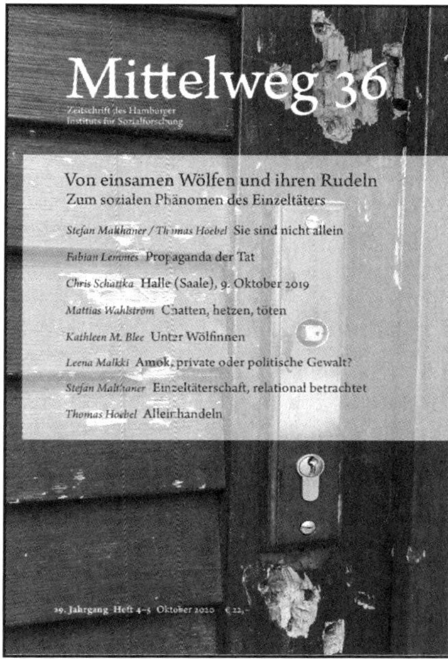

Denn sie wissen, was sie tun

Von einsamen Wölfen und ihren Rudeln

Zum sozialen Phänomen des Einzeltäters

Doppelheft 4–5/2020
168 Seiten | Print 22 € | E-Journal 15 €

www.mittelweg36.de

Mittelweg 36
Zeitschrift des Hamburger Instituts für Sozialforschung

Klaus Dörre

In der Warteschlange

Arbeiter*innen und die radikale Rechte

2020 – 355 Seiten – 30,00 €
ISBN 978-3-89691-048-6

Warum sind bei Umfragen vor allem männliche Arbeiter unter den Sympathisierenden rechtsradikaler Parteien und Bewegungen? Gegen luftige Erklärungsversuche setzt Klaus Dörre Forschungen, denen er über 40 Jahre lang in Arbeitermilieus nachgegangen ist. Dokumentiert wird eine rechte Tiefengeschichte, die sich im Zeitverlauf radikalisiert.

WWW.DAMPFBOOT-VERLAG.DE

VERLAG WESTFÄLISCHES DAMPFBOOT

VSA: Politische Ökonomie, kritische Analyse

Hannes Heer/
Christian Streit
Vernichtungskrieg im Osten
Judenmord, Kriegsgefangene und Hungerpolitik

240 Seiten | € 19.80
ISBN 978-3-96488-039-0

Reinhold Gütter
Fluchtursachen
Fremd- und Selbstbestimmung Afrikas seit 1960

176 Seiten | € 14.80
ISBN 978-3-96488-052-9

Werner Goldschmidt
Kapital – Macht – Staat
Stichworte zur marxistischen politischen Theorie
Hrsg. v. Wulf D. Hund und Lars Lambrecht

376 S. | Hardcover | € 29.80
ISBN 978-3-96488-057-4

Im Buchhandel oder direkt bei: www.vsa-verlag.de

Sozialismus.de

★ monatlich gedruckt ...
★ täglich im Netz

facebook.com
Zeitschrift.Sozialismus

twitter.com
ZsSozialismus

Jetzt Probelesen!
3 Hefte zum Kennenlern-Preis von 14,- Euro

www.sozialismus.de

„Die Philosophen haben die Welt nur verschieden interpretiert...“

www.spw.de

PROKLA 201 | 50. Jahrgang | Nr. 4 | Dezember 2020 | S. 707-725
https://doi.org/10.32387/prokla.v50i201.1911

Stefan Kerber-Clasen • Franziska Meyer-Lantzberg*

Selbstverständliches und Ausgeblendetes der kritischen Care-Debatte

Ein Plädoyer für mehr Dissens

Zusammenfassung: Der Care-Forschung ist es in den vergangenen Jahren gelungen, ihre Analysen und Positionen stärker als zuvor in kritisch-wissenschaftliche und linke politische Diskussionen einzubringen. Ausgehend von diesem Erfolg, sollten Forschungs- und Diskussionsbeiträge zukünftig darauf zielen, nicht nur etablierte Analysen auszubauen, sondern auch veränderte Perspektiven auf Care-Arbeit und Kämpfe um Care-Arbeit zu entwickeln. Auf diese Weise würden Facetten und Widersprüchlichkeiten sichtbar, die es ermöglichen, ein komplexes Bild der gesellschaftlichen Care-Verhältnisse zu zeichnen, auf das sich politisches Denken und Handeln beziehen kann. Wo eine solche Arbeit ansetzen kann, legt der Beitrag beispielhaft dar.

Schlagwörter: Care, Arbeit, Arbeitskämpfe, Gewerkschaften, Sorgeethos

The common sense and hidden aspects of the critical debate on care work

A plea for more dissent

Abstract: In recent years, numerous analyses and interpretations of developments in the realm of care work have added substance to scientific and political discourse. Taking this success, it would be desirable elaborating new perspectives on care work and conflicts in care work rather than stuck with established visions of the research area. This would be important in order to be able to address past shortcomings as well as open up discussions for further analysis of ambiguities and contradictions characterizing the social organization of care work. In our contribution, we discuss these arguments in detail and suggest possibilities for a comprehensive approach to care work.

Keywords: Care, work, labour unrest, trade unions

* **Stefan Kerber-Clasen** ist wissenschaftlicher Mitarbeiter an der Universität Hamburg im Fachbereich Sozialökonomie. | **Franziska Meyer-Lantzberg** ist wissenschaftliche Mitarbeiterin an der Leibniz Universität Hannover am Institut für Soziologie.

1. Einleitung

Forschung und Publikationen zu Care- und Sorgearbeit ist es in den vergangenen Jahren gelungen, wissenschaftlich und politisch stärker wahrgenommen und diskutiert zu werden. Das liegt in erster Linie am gestiegenen Interesse an Analyse und Einordnung der sich ändernden gesellschaftlichen Sorgeverhältnisse und der öffentlich wahrnehmbaren Kämpfe um Care- und Sorgearbeit: von empirischen Studien zur Verfasstheit einzelner Felder bezahlter Care-Arbeit und feldübergreifenden Entwicklungen – wie Arbeitsverdichtung, Fachkräftemangel oder Ökonomisierung –, über Analysen der Streiks in Krankenhäusern und Kitas bis hin zur gesellschaftstheoretischen Debatte um soziale Reproduktion und Care Revolution, die auch die Verteilung und Organisation der unbezahlten Arbeit einschließt. Care- und Sorgearbeiten sind auf diese Weise sowohl in der Öffentlichkeit als auch in den Sozialwissenschaften ein Stück weit sichtbarer geworden[1]; für den Moment zudem durch die publizistische Diskussion ihrer Systemrelevanz in der Corona-Pandemie.

Zugleich ist klar: Für eine kritische Reflexion der bestehenden Verhältnisse und aktueller oder möglicher emanzipatorischer Strategien und Praxis kommt es darauf an, die vorliegenden Erkenntnisse gemeinsam zu reflektieren und hierfür bedarf es geeigneter theoretischer Perspektiven. Die im Care-Diskurs wieder stärker präsenten kapitalismuskritischen und feministischen Ansätze sind aus unserer Sicht ein guter Ansatzpunkt, mit denen der Schnittpunkt von Geschlechter- und Arbeitsverhältnissen in den Blick rückt. Gerade weil wir diese Ausrichtung teilen und uns selbst innerhalb dieses Diskurses verorten, erscheint es uns lohnenswert, danach zu fragen, was in dieser Debatte[2] eigentlich nicht zur Sprache kommt. Hierzu skizzieren wir, welcher Common Sense sich in den vergangenen Jahren in der Debatte herausgebildet hat (vgl. Maier/Schmidt 2019), bestehend aus Argumentationsfiguren und Narrativen, von denen einige explizit vertreten werden, andere eher als unterschwellige Selbstverständlichkeiten die Analyse fundieren.

1 Der politische, ökonomische und wissenschaftliche Mainstream ist allerdings nach wie vor weit davon entfernt, Care-Leistungen systematisch mitzudenken. Sie bleiben deshalb strukturell unsichtbar. Wir sind uns bewusst, dass wir uns nach wie vor in einem – wenn auch wachsenden – Nischendiskurs bewegen.

2 Die Beiträge, auf die wir uns hier beziehen, bilden nur einen kleinen Ausschnitt der sozialwissenschaftlichen Forschung zum Themenfeld Care. Neben ihrem mehr oder minder expliziten Bezug auf kritische Gesellschaftstheorien verbindet sie, dass sie sich vorrangig auf bezahlte Care-Arbeit konzentrieren und stark interessiert sind an den beobachtbaren Konflikten.

Die Herausbildung eines solchen Common Sense hat – wie das auch für andere kritisch-wissenschaftliche Diskurse gilt – politisch und akademisch seine Vorzüge: Er schafft eine gemeinsame Diskussionsgrundlage, aufgrund derer Analysen auf verschiedenen Ebenen und aus unterschiedlichen kritischen Positionen als miteinander verbunden gelesen werden können. Dies trägt sowohl zur Verständigung als auch zu einer größeren Sichtbarkeit dieses kritischen Diskurses bei. Diese Bündelung hat aber auch ihren Preis, denn sie blendet vieles aus. Letzteres stellen wir hier in den Mittelpunkt und rekonstruieren es in vier Schritten:

Wir wenden uns *erstens* kritisch gegen Analysen, die versuchen, aus politisch-strategischen Gründen den Care-Bereich als homogen zu fassen. *Zweitens* beziehen wir uns kritisch auf Studien, die das gegenwärtige Handeln der Beschäftigten vorrangig aus der Analyse eines Berufsethos oder Fürsorgeethos – das in Konflikt steht zur Ökonomisierung von Care – zu erklären versuchen. *Drittens* problematisieren wir ausgehend davon eine verbreitete Analyseperspektive der Arbeitskämpfe, die vorrangig in Chancen und Hindernissen denkt und Gewerkschaften entweder aus allzu großer Distanz kritisiert oder im Sinne von Handlungsaufforderungen adressiert. Im *vierten* Punkt erläutern wir, warum wir es als notwendig erachten, die vorherrschende einseitige positive Aufladung des Care-Begriffs aufzugeben.

Grundlage dieser Argumentation ist unsere eigene Forschungspraxis zu Arbeit und Organisierung in Kindertagesstätten (Bräutigam u.a. 2020; Kerber-Clasen 2017a, 2017b; Evans/Kerber-Clasen 2017; Meyer-Lantzberg 2016). Über die Jahre haben wir mit verschiedenen theoretischen Perspektiven gearbeitet, die sich teils gut in den kritischen Common Sense einpassen, teils aber auch andere Vorschläge aufnehmen. Wir stellen unsere eigenen Arbeiten hier nicht umfassend vor, versuchen aber aufzuzeigen, wie sich unsere Kritikpunkte aus ihnen speisen und an welchen Stellen wir alternative Perspektiven einbringen.

Unser Ziel ist es, aufzuzeigen, wie veränderte Perspektiven auf Care-Arbeit vielfältige neue Einblicke sowie damit verbunden andere Lesarten, Denk- und potenziell auch andere Handlungsoptionen hinsichtlich der gesellschaftlichen Verfasstheit, den gegenwärtigen Entwicklungen und Bewegungen von Care-Arbeit eröffnen können. Neue Facetten und auch Widersprüchlichkeiten ermöglichen es, ein komplexes Bild der gesellschaftlichen Verhältnisse zu zeichnen, auf das sich politisches Handeln bezieht.

2. Care-Arbeiten: Gleich oder verschieden – Feld oder Felder?

Beginnend möchten wir Analysen hinterfragen, die in kritischer Absicht die Homogenität des Care-Bereichs betonen. International bildete sich in den letzten Jahrzehnten eine »Sociology of Care« (Aulenbacher u.a. 2018: 747) heraus, die mit unterschiedlichen Perspektiven (geschlechterbezogen, familiensoziologisch, fokussiert auf Wohlfahrtsstaatlichkeit etc.) die gesellschaftliche Organisation von Sorgeleistungen analysiert. So instruktiv dieser Fokus auf Care als zentralem gesellschaftlichen Teil- und Aufgabenbereich ist, um die in der kapitalistischen Gesellschaftsformation systematisch ausgeblendeten Leistungen der sozialen Reproduktion ins Blickfeld zu rücken, so sehr ist darauf zu achten, dass zentrale Unterschiede und Trennlinien innerhalb des Bereichs nicht vergröbert dargestellt werden. Damit meinen wir im Bereich der bezahlten Care-Arbeit[3] unzulässige Verallgemeinerungen über unterschiedliche Teilfelder hinweg.

Neben der Tatsache, dass weitgehende Uneinigkeit darüber herrscht, welche Berufe eigentlich zu den Care-Berufen zählen (Sind Lehrer_innen Care-Arbeiter_innen? Gilt das für Grund- und Berufsschule gleichermaßen? Was ist mit Bewährungshelfer_innen?) fassen auch engere Zuschneidungen von Care Berufsgruppen und Bereiche zusammen, deren Historie und gegenwärtige Verfasstheit höchst unterschiedlich sind: Zwischen der Tätigkeit in Kindertagesstätten, der ambulanten Altenpflege, der Haushaltshilfe im Privathaushalt und Heilpädagog_innen, um nur einige Beispiele zu nennen, bestehen auf verschiedenen Ebenen grundlegende Unterschiede. Wenn wir im Folgenden einige dieser Unterschiede und deren Wirkmächtigkeit herausstellen, basiert unsere Auswahl dieser Aspekte vorrangig auf unseren Kenntnissen über die Kindertagesstätten und unserer Einschätzung darüber, was sie im Verhältnis zu anderen Feldern besonders macht.

Es müssen die unterschiedlichen historischen Entwicklungslinien der Teilbereiche und der darin aktiven Berufsgruppen berücksichtigt werden, weil diese nachwirken: Es macht einen großen Unterschied, ob ein Care-Beruf aus karitativer Arbeit hervorgegangen ist oder aus solcher, die vormals nahezu ausschließlich innerhalb familiärer Bezüge geleistet wurde, oder aber eine Nähe zu den Arbeitsverhältnissen von persönlichen Dienstleistungen aufweist. Denn auf diese Weise lässt sich nachvollziehen, inwiefern die Geschlechterverhältnisse in den verschiedenen Care-Berufen bis heute unterschiedlich sind. Auch zeigen sich hier die organisationalen Spezifika der unterschiedlichen Teilfelder.

3 Uns scheint auch, dass die Stärke des Care-Ansatzes, gerade die Verflechtungen bezahlter und unbezahlter Arbeit sichtbar zu machen, teilweise den Fallstrick birgt, die Spezifika unbezahlter Arbeit eher zu vernachlässigen. Da wir selbst aber nur zu bezahlter Care-Arbeit geforscht haben, obliegt diese Einschätzung aus unserer Sicht eher jenen, die über mehr Expertise in diesem Feld verfügen.

In welchen organisationalen Formen Care-Arbeit erbracht wird, sehen wir als weiteren wichtigen Differenzierungspunkt, der mit der historischen Entwicklung eng verbunden ist: In Kindertagesstätten oder in Altenpflegeheimen findet die Arbeit in kleinen bis mittelgroßen Beschäftigtengruppen statt. Die jeweiligen Teams und ihre »Häuser« bilden den Hauptbezugspunkt der Beschäftigten, sowohl sozial als auch hinsichtlich der Bestimmung der konkreten Arbeitsbedingungen. Beschäftigte in Krankenhäusern hingegen sind Teil von komplexen Großorganisationen, die Belegschaft in der Pflege ist außerdem hochgradig ausdifferenziert. Formalisierte und institutionalisierte Akteur_innen der betrieblichen Interessenvertretung sind stärker etabliert und weiter verbreitet als bei den ersten beiden Berufsfeldern. Zuletzt wären beispielhaft Bereiche wie die ambulante Altenpflege oder die Beschäftigung in Privathaushalten zu nennen, die hochgradig vereinzelt, teilweise ohne formalen arbeitsrechtlichen Status und damit ohne Schutz ausgeübt werden, und denen eine institutionalisierte Interessenvertretung sowohl betrieblich als auch überbetrieblich weitestgehend fehlt.

Schließlich lohnt sich ein Blick auf die Entwicklungen in den unterschiedlichen Berufsfeldern innerhalb der letzten Jahrzehnte: Hier finden sich unterschiedlich gelagerte, teils gar gegenläufige Trends, die perspektivisch auch die politischen Interventionsmöglichkeiten, etwa von Gewerkschaften, maßgeblich bestimmen. Exemplarisch verdeutlichen möchten wir dies am Vergleich von stationärer Krankenpflege und Kindertagesbetreuung.

In deutschen Krankenhäusern lässt sich – insbesondere durch die Einführung der Finanzierung über DRG-Fallkostenpauschalen im Jahr 2004 – ein starker Ökonomisierungsdruck beobachten (Mohan 2018), der unter anderem zu tayloristisch anmutenden Rationalisierungsmaßnahmen sowie eklatanter und permanenter Personalknappheit im Bereich der Pflege führt. Eine Konsequenz ist, dass Arbeitsbedingungen zunehmend belastend sind. Viele Klinikbetriebe begegnen dem Kostendruck dadurch, dass sie Arbeitstätigkeiten zerstückeln, um vermeintliche Hilfstätigkeiten identifizieren zu können, die dann von weniger qualifizierten Beschäftigten mit schlechterer Entlohnung ausgeführt oder gleich an Tochtergesellschaften oder Drittfirmen ausgelagert werden.

Verglichen hiermit sind die Entwicklungen der letzten 20 Jahre in der Kindertagesbetreuung weit weniger eindeutig (Kerber-Clasen 2017b): Mit der an die Ergebnisse der PISA-Studie 2004 anschließenden Diskussion um die Relevanz frühkindlicher Bildung etablierte sich zunehmend eine Perspektive auf Kindertagesbetreuung als zentralem Ansatzpunkt für sozialinvestive Politik. Investitionen in verbesserte Betreuung und Bildung der Jüngsten zahlen sich

– so das Credo – langfristig in Form besser verwertbaren Humankapitals aus; gleichzeitig stehen Mütter früher und in größerem Umfang wieder dem Arbeitsmarkt zur Verfügung.

Dieses sozialinvestive Paradigma hat es in den letzten zwei Jahrzehnten ermöglicht, eine gestiegene gesellschaftliche Aufmerksamkeit für das Arbeitsfeld und vielfältige finanzielle Förderungen zu erlangen. Allerdings haben diese angesichts des verordneten schnellen Ausbaus der Angebote und der Sparpolitik vieler Kommunen die strukturelle Unterfinanzierung nicht kompensieren können. Auch beobachten wir bei den Fachkräften in der Kindertagesbetreuung bisher keine maßgebliche Ausdifferenzierung und Dequalifizierung. Nach wie vor ist der Beruf der staatlich anerkannten Erzieher_in dominant. Relevant für das Feld sind eher Diskussionen um eine grundsätzliche »Aufwertung« des Arbeitsbereichs, wie sie etwa in den Arbeitskämpfen 2009 und 2015 von gewerkschaftlicher Seite eingefordert wurde[4].

Worauf all diese Unterschiede hinauslaufen, mag sich aus den Beschreibungen bereits andeuten: Die Voraussetzungen für Organisierungsprozesse und die derzeitige Ausgestaltung kollektiver Interessenvertretungen sind hochgradig unterschiedlich, und dies ist maßgeblich auch durch die angedeuteten strukturellen Unterschiede der Arbeitsbereiche bedingt: In der Kindertagesbetreuung können sich Beschäftigte und Interessenvertretungen auf einen gesellschaftlich etablierten Diskurs der notwendigen Modernisierung stützen, mag dies auch für die Akteur_innen durchaus spannungsreich sein. In den Krankenhäusern hingegen werden Kämpfe vorrangig gegen die etablierte Form der Ökonomisierung geführt. Beide Ausgangspositionen bringen offensichtlich sowohl strategische Vor- als auch Nachteile für Arbeitskämpfe mit sich – und diese sind weder bruch- noch problemlos aufeinander zu beziehen und zusammenzuführen.

Entsprechend sind Einschätzungen zu einer *übergreifenden* Problematik der Organisierung im Care-Bereich mit Vorsicht zu genießen, die in der langen Vernachlässigung der Arbeitsfelder durch die Gewerkschaften, in den Schwierigkeiten des Streiks als Kampfform oder in der gesellschaftlichen Organisation von Care gründen. Beides mögen relevante Faktoren sein, andere könnten sich aber als ebenso relevant oder sogar entscheidender erweisen. Um Aussagen über den gesamten Bereich zu treffen und auch um die Varianz zwischen den Bereichen zu erklären, ist daher die Konzentration auf die Differenzen wohl instruktiver als der Verweis auf teils nur vermeintliche Gemeinsamkeiten.

4 Teils wird Aufwertung auch mit einer Akademisierung des Berufsfeldes zusammengedacht. Akademisierung findet allerdings bisher real nur in Ansätzen statt und ist umstritten.

3. Kritik des Sorgeethos und alternative Konzeptualisierungen von Arbeitsorientierungen

Verwandt, aber nicht identisch mit dieser Tendenz zur Vereinheitlichung der vielfältigen Arbeitsrealitäten von Care-Arbeit sind Überlegungen, die dem Berufs- bzw. Fürsorgeethos für das Arbeitshandeln und die gewerkschaftliche Organisierung in Care-Bereichen einen zentralen Stellenwert zumessen. Uns interessieren hier vor allem die Forschungsbeiträge, die sich in den vergangenen Jahren der zunehmenden Dynamik im Arbeitskampfgeschehen in Branchen wie der öffentlichen Kindertagesbetreuung oder der Krankenpflege widmen.

Argumentiert wird in diesen Beiträgen, dass sich die Beschäftigten aufgrund zunehmender Ökonomisierung und daraus resultierenden schlechten Arbeitsbedingungen nicht mehr in der Lage sehen, ihre Arbeit gemäß ihren eigenen Ansprüchen zu verrichten und dem auf einem Fürsorgegedanken gründenden Berufsethos gerecht zu werden. Wenn es Gewerkschaften gelingt, diesen Widerspruch aufzuzeigen und zum Gegenstand von Auseinandersetzungen zu machen, könne sich dieses Berufsethos als mobilisierende Ressource erweisen – so die These, z.B. bei Becker u.a. (2017).

Die große Stärke des Ansatzes sehen wir darin, dem verbreiteten Narrativ der duldsamen und streikunfähigen Care-Arbeiter_innen eine alternative Deutung gegenüberzustellen, die gerade das vermeintliche Hindernis für Kampfbereitschaft – eine fürsorgliche Haltung – als potenziellen Ansatzpunkt für Widerständigkeit sichtbar macht. Auch wir konnten empirisch beobachten, dass Ansprüche an die Arbeit und das berufliche Selbstverständnis Potenzial für widerständiges Handeln und teilweise auch für gewerkschaftliche Organisierung bieten können (Kerber-Clasen 2017a; Meyer-Lantzberg 2016).

Jedoch erscheint uns eine Analyse, die sich derart vorrangig auf dieses Ethos der Beschäftigten konzentriert und dessen grundsätzliche Unvereinbarkeit mit Ökonomisierungsentwicklungen proklamiert, einerseits inhaltlich nicht ausreichend konkretisiert zu sein, und andererseits als Erklärungsfaktor zu schematisch. Was die inhaltliche Bestimmung des Fürsorgeethos angeht, sind unseres Erachtens zu viele Fragen in bisherigen Beiträgen unbeantwortet geblieben: Was genau macht dieses »Ethos« eigentlich aus? Wie berufsspezifisch oder berufsübergreifend ist es zu denken? Wie wird es vermittelt und erlernt? Verändert es sich, und mit welchen gesellschaftlichen Entwicklungen ist es verknüpft? All dies bleibt aus unserer Sicht auch deshalb zumeist sehr unbestimmt, weil unter dem Begriff verschiedene Aspekte vermengt werden (zur kritischen Einschätzung vgl. Kratzer u.a. 2015): grundsätzliche normative Ansprüche, die Beschäftigte an Erwerbsarbeit stellen; berufsspezifische und nicht beruflich, sondern organisational oder arbeitsinhaltlich vermittelte Ansprüche, etwa an gute Arbeit oder Qualität, und zuletzt vielleicht auch eine grundsätzliche Fürsorgeorientierung.

Für diese drei Aspekte wären die obigen Fragen unterschiedlich zu beantworten. Wir bezweifeln, dass das Konzept des fürsorglichen Berufsethos tatsächlich so instruktiv ist, wie es auf den ersten Blick wirkt. Seine vermeintliche Plausibilität liegt vor allem darin begründet, dass es gängige Annahmen über den Care-Bereich und seine Beschäftigten spiegelt, die wir als Forschende reproduzieren. Diese Skepsis speist sich wesentlich aus unseren empirischen Erkenntnissen, in deren Auswertung wir auch einen alternativen Vorschlag zur Systematisierung des Zusammenhangs von Arbeitsorientierungen und Konflikten entwickelt haben. Dazu wollen wir im Folgenden einen Einblick geben (für die weiteren Ausführungen vgl. Bräutigam u.a. 2020: 43–60).

In unserer Studie[5] haben wir drei unterschiedliche Orientierungen unter den Beschäftigten von Kindertagesstätten identifiziert. Diese unterscheiden sich anhand des Verständnisses der Arbeitstätigkeit und des Verhältnisses zu Kindern und Eltern, des Blicks auf das Berufsfeld und dessen derzeitige Veränderungen sowie der Art und Weise, wie Beschäftigte auf Grundlage ihrer Orientierungen individuelle und kollektive Ansprüche formulieren[6].

1) Die größte inhaltliche Nähe zu einem »Fürsorgeethos« zeigt die Orientierung der »expansiven Bedürftigkeit«. Was das Verständnis der Tätigkeit und die Arbeitsinhalte angeht, steht in dieser Orientierung die Fürsorgebeziehung und deren Pflege im Vordergrund. Das Eingehen auf die Bedürfnisse der Kinder sehen die Beschäftigten als ihre zentrale Aufgabe, aber auch Eltern und Kolleg_innen werden als bedürftig wahrgenommen und adressiert. Das Attribut »expansiv« verweist auf eine Unabschließbarkeit der Aufgaben, die mit diesem starken Fokus auf die diversen Bedürfnisse verknüpft ist. Es fällt den Beschäftigten entsprechend schwer, ihr berufliches Engagement zu begrenzen, da dies bedeuten würde, auf Bedürftigkeiten in ihrer Wahrnehmung nicht angemessen eingehen zu können. In Bezug auf das zweite Kriterium, die Wahrnehmung des Berufsfelds, ist in dieser Orientierung ein Facharbei-

5 Im Forschungsprojekt wurden in drei Betriebsfallstudien 27 Interviews mit Beschäftigten, Interessenvertretungen, und Mitarbeiter_innen der verschiedenen Trägerinstitutionen, sowie zwei Gruppendiskussionen mit Beschäftigen geführt. Die Auswertung des Materials erfolgte auf Grundlage der dokumentarischen Methode (Bohnsack 2013). Mittels der sinngenetischen Typenbildung wurden die drei Orientierungsrahmen herausgearbeitet.

6 Pädagogische Leitbilder und Praktiken stehen hierzu quer: *Wie* pädagogisch gehandelt und gedacht wird, kann sich erheblich unterscheiden – auch innerhalb der Orientierungen. Das Wohl der Kinder und die Wege seiner Beförderung werden daher auf kollektiver Ebene, etwa in den Tarifrunden, zumeist sehr allgemein und damit vage bestimmt. Auch das spricht nicht für ein unproblematisches Sorgeethos.

ter_innen-Verständnis vorherrschend, wobei neben fachlichen Kenntnissen eine fürsorgende Grundhaltung für notwendig erachtet wird. Die Veränderungen im Berufsfeld innerhalb der letzten 20 Jahre werden vor dem Hintergrund dieser Orientierung ausgelesen: Der zunehmende Fokus auf Bildung, eingebunden in einen Humankapital-Diskurs und sozialinvestive Politiken, fordert das Berufsverständnis in dieser Orientierung heraus, weil es Fürsorge und Betreuung aus dem Zentrum rückt und abwertet.

Liegt es für uns nahe, dass die Beschäftigten, die sich auf diese Weise orientieren, vor dem Hintergrund der fürsorglichen Haltung für eine kollektive Organisierung gewonnen werden können, so muss auch die Kehrseite dessen berücksichtigt werden: Die Fürsorgebeziehung und die aus ihnen resultierenden Anerkennungserfahrungen sind für die Beschäftigten eine entscheidende Ressource. Diese müssen sie in Konflikten innerhalb des Teams oder in Streiks aufs Spiel setzen. Dabei droht ihnen, beispielsweise bei Streikbeteiligung, wie im Jahr 2015, die eklatante Missachtung vonseiten betroffener Eltern und nicht-streikenden Kolleg_innen – also gerade von den Akteur_innen, die in dieser Orientierung als die einzigen legitimen Spender_innen von Anerkennung verstanden werden.

In den Fallstudien konnten wir zudem beobachten, dass die vorhandenen formalen Instrumente der betrieblichen Interessenvertretung von Beschäftigten mit dieser Orientierung eher nicht als relevant zur Durchsetzung ihrer Ansprüche angesehen werden. Das ist wenig überraschend. Die Deutung von Konflikten als in strukturell gegensätzlichen Interessen begründet, etwa zwischen den Trägern bzw. der jeweiligen Leitung und den Mitarbeiter_innen, die mittels Kompromissbildung ausgehandelt werden müssen, widerspricht ihrer Orientierung. Da die betriebliche Realität nicht anhand von »Interessengegensatz«, »Organisation«, »Recht« und »Kompromiss« wahrgenommen wird, sondern entlang der Konzepte »wechselseitige Abhängigkeit«, »Gemeinschaft« und »Verständigung« – ist eine Orientierung an formalisierten Aushandlungsverfahren weder naheliegend noch handlungsleitend. Weil die Beschäftigten sich aber dennoch in Konflikten befinden, formulieren sie ihre Ansprüche informell und legitimieren diese durch Verweis auf das Wohl der Klient_innen.

Hinsichtlich der inhaltlichen Arbeitsorientierungen sind zwei weitere von uns identifizierten Orientierungen jedoch noch weiter vom »Fürsorgeethos« entfernt.

2) Die von uns mit »Primat der Praxis« benannte Orientierung begreift die Arbeitspraxis in erster Linie als Lösung sich immer wieder stellender praktischer Erfordernisse: Die Beschäftigten verstehen sich als erfahrene und flexible Praktiker_innen, die vor allem für das reibungslose Funktio-

nieren des »Betriebs« Sorge tragen. Der Umgang mit den Kindern gilt dann als gelungen, wenn die fachlichen und sozialen Ansprüche an die Arbeit mit den gegebenen Rahmenbedingungen in Einklang gebracht werden können. Das Verhältnis zu Kindern und Eltern ist grundsätzlich darauf ausgerichtet, die Kinder gut zu betreuen und auf deren Bedürfnisse einzugehen. Diesen Beschäftigten ist es aber im Gegensatz zur »expansiven Bedürftigkeit« wichtig, ihre arbeitsinhaltlichen Ansprüche mit den jeweiligen Bedingungen in Übereinstimmung zu bringen. Damit wird auch das potenziell ausufernde notwendige Engagement begrenzt, das wir in der ersten Orientierung beobachtet haben.

Dass diese Orientierung viel Wert darauf legt, sich flexibel den gegebenen Umständen anpassen zu können, prägt auch die Sicht aufs Berufsfeld und dessen Veränderungen: Neue Anforderungen und Diskurse werden so aufgegriffen und umgesetzt, dass sie zu den wahrgenommenen praktischen Bedingungen und Erfordernissen passen. Vorteile, die sich daraus beispielsweise für die Ressourcenausstattung ergeben, werden gern angenommen, grundsätzliche und langwierige Transformationen werden aber weder angestrebt noch angedacht.

Für die Formulierung von Ansprüchen und deren Umsetzung erweist sich eine Orientierung am »Primat der Praxis« als wenig ergiebig. Wo Unkompliziertheit und Funktionsfähigkeit als hohes Gut gelten, ist die innerbetriebliche Formierung und Durchsetzung individueller oder etablierter Interessen von Beschäftigten nicht naheliegend. Auf kollektives Handeln kann sich die Orientierung je nach Team der jeweiligen Einrichtung in bestimmter Hinsicht auch positiv auswirken: Ist es etabliert und als Teil der Routine anerkannt, sich gewerkschaftlich zu engagieren und an Arbeitskämpfen teilzunehmen, wird dies nicht hinterfragt. Umgekehrt gilt jedoch auch: Ist eine solche gewerkschaftliche Verankerung in der Einrichtung nicht vorhanden, dürfte sich Organisierung äußerst schwierig gestalten.

3) In der Orientierung der »rationalen Einhegung« steht die Fürsorglichkeit am wenigsten im Fokus der beruflichen Tätigkeit. Primärer Bezugsrahmen sind hier nicht die Fürsorgebeziehungen, sondern die Kindertagesstätte als formale Organisation. Die arbeitsinhaltlichen Ansprüche werden also im Sinne der Organisationsförmigkeit »eingehegt«. Kindertagesstätten haben in der Perspektive dieser Orientierung einen klar definierbaren und abgrenzbaren Auftrag gegenüber Eltern und Kindern, die hier vorrangig als Empfänger_innen von Dienstleistungen adressiert werden. Auch die Beziehungen innerhalb des Teams werden deutlich stärker als in den anderen Orientierungen durch die formalen Positionen innerhalb der Einrichtung strukturiert. Zur Arbeitspraxis bei Beschäftigten gehört natürlich trotzdem

die Betreuung und das fürsorgliche Handeln, es wird aber in einem formalen Kontext verortet und hat damit eine andere Bedeutung.

Dem zunehmend dominanten Bildungsdiskurs gegenüber erweist sich die »rationale Einhegung« als sehr empfänglich – die bisher vorherrschende Arbeitspraxis wird vielfach als reformbedürftig begriffen. Eine stärkere Formalisierung der Abläufe und Inhalte wird begrüßt, auch weil sie es ermöglicht, die Arbeitsleistungen, zum Beispiel aufgrund verstärkter Dokumentationspflichten, besser mess- und sichtbar zu machen. Ist dieser Rahmen auf der Ebene der inhaltlichen Arbeitsorientierung am wenigsten empfänglich für die Mobilisierung fürsorglicher Haltung in Arbeitskämpfen, bietet er für innerbetriebliche wie überbetriebliche Organisierung jedoch andere Potenziale: Der Fokus auf die formale Organisation führt auch zur Wahrnehmung und Nutzung der formalen Mitbestimmungsinstrumente. Eigene Interessen, individuell wie kollektiv, zu entwickeln und zu vertreten erscheint in dieser Orientierung – zumindest im Rahmen der formalisierten und etablierten Wege – naheliegender als in den beiden anderen vorgestellten Orientierungen.

Was wir mit dem an dieser Stelle notwendigerweise eher kursorischen Einblick in unsere Forschungsergebnisse verdeutlichen wollen, ist die Diversität, in der Beschäftigte ihre Arbeitstätigkeit deuten und sich gegenüber den betrieblichen Erfordernissen und gesellschaftlichen Diskursen um die Kindertagesbetreuung ins Verhältnis setzen. *Ein* pauschales, für alle anschlussfähiges fürsorgliches Ethos – das sich quasi wie von selbst gegen Ökonomisierung und schlechte Arbeitsbedingungen[7] richtet – können wir darin nicht erkennen. Vielmehr stellen wir fest, dass alle Orientierungen mit je unterschiedlichen Modi der innerbetrieblichen und überbetrieblichen Wahrnehmung und Verfolgung von Ansprüchen einhergehen, und dass diese für gewerkschaftliche Ansprache- und Mobilisierungsstrategien unterschiedlich empfänglich sind sowie zu unterschiedlichen Konfliktdynamiken führen können.

4. Über Chancen und Hindernisse von Kämpfen hinausdenken

Bisher werden solche vielschichtigen Sichtweisen auf subjektive Arbeitsorientierungen und kollektives Handeln von Care-Arbeiter_innen selten diskutiert. Mit oder ohne Berücksichtigung eines »Sorgeethos« wird hin-

7 Überhaupt lässt sich in unseren Interviews feststellen, dass die Arbeits- und Beschäftigungsbedingungen eher auf Nachfrage zum Thema in den Interviews wurden. Das spricht zumindest dafür, dass ihre Relevanz nicht ohne Weiteres mit Aussagen zu anderen Erzählimpulsen und Fragen verbunden werden kann.

sichtlich des Interessenhandelns in der Care-Arbeit vor allem danach gefragt, welche hemmenden und begünstigenden Faktoren sich ausmachen lassen. Dass es diese Beiträge in zunehmender Anzahl und Sichtbarkeit inzwischen gibt, ist aus unserer Sicht eine der größten Neuerungen im Care-Diskurs der vergangenen Jahre. Die Beiträge reichen von der kommunalpolitischen Aushandlung von Kinderbetreuung (Vidot 2017) über die vielfältigen Arenen der Aushandlung von Altenpflege (Evans/Ludwig 2019) bis hin zu Sorge-Kämpfen im Großen und (vor allem im) Kleinen (Artus u.a. 2017; Rudolph/Schmidt 2019). Die Beiträge eint, dass die Bedingungen von Arbeit und Beschäftigung als problematisch bewertet werden und dringender Verbesserungsbedarf gesehen wird. Die Gewerkschaften und teilweise auch »der Staat« werden als die Akteure betrachtet, die diese Verbesserungen auf den Weg bringen sollen.

Die in den vergangenen Jahren erschienenen Sammelbände und Zeitschriftenbeiträge zum Thema zeigen, dass inzwischen viele Erkenntnisse hinsichtlich hemmender und begünstigender Faktoren für Interessenhandeln in der Care-Arbeit gewonnen wurden – und das ist natürlich eine erfreuliche Errungenschaft: Zu denken ist an die Trägervielfalt und unklaren Governance-Strukturen jenseits der industriellen Tarifpartnerkonstellation, die gewerkschaftliche Auseinandersetzungen verkomplizieren; an die Schwierigkeit, staatliche Politik, die in finanzieller Hinsicht maßgebliche Rahmenbedingungen setzt, in konkreten Tarifauseinandersetzungen adäquat zu adressieren; an das intensive gewerkschaftliche Organizing und die lange Aufbauarbeit in Betrieben als Voraussetzungen für die vermeintlich schnelle erfolgreiche Etablierung in einzelnen Branchen; an die Bedeutung berufsfachlicher Themen für die Gewinnung und Bindung von Mitgliedern im Care-Bereich; an die Notwendigkeit, den klassisch-industriellen Streik durch andere Formen der Konfliktaustragung zu adaptieren und zu ergänzen.

Allerdings würden wir auch sagen: Vermutlich ist in der Debatte damit (fast) alles bekannt, was sich zu den Chancen und Hindernissen mit den gängigen Herangehensweisen und Analysemustern ausarbeiten lässt. Somit dürfte der Erkenntnisgewinn weiterer Studien zu einzelnen Bereichen und von Fallstudien zu einzelnen Konflikten, die sich mit der Analyse des Interessenhandelns befassen, für den Moment eher gering sein – obwohl sich alle Teilbereiche von Care selbstverständlich stetig entwickeln und verändern.

Wir sind allerdings durchaus der Überzeugung, dass es noch Spannendes und Neues zur wissenschaftlichen wie politischen Debatte beizutragen gäbe. Allerdings müsste die Forschung hierzu anders vorgehen. Unsere eigenen

Forschungen zum Interessenhandeln im Kita-Bereich sehen wir als Versuche, Neues auszuprobieren[8] – hinsichtlich des empirischen Forschungsdesigns, des empirischen Fokus', der in unserem Forscher_innen-Milieu etablierten Narrative zur Situation und Entwicklung von Care-Arbeit sowie der theoretischen Konzepte.

Das gilt *erstens* für die zuvor skizzierten Überlegungen zum Zusammenhang der Diversität von Berufsverständnissen und innerbetrieblichen sowie gewerkschaftlichen Konfliktdynamiken. Konkreter greifbar wird dies *zweitens* bei der Frage, was es für Gewerkschaften bedeutet, und was daraus für sie resultiert, wenn Aushandlungen als Kämpfe um Aufwertung und Anerkennung geführt werden. Die in unserer Studie herausgearbeitete starke Neigung in der »expansiven Bedürftigkeit«, die eigenen Ansprüche vor allem als Einforderung von Anerkennung zu rahmen, ist, so unsere Beobachtung, mit dem diskursiven Fokus der Tarifkampagne 2015 auf die Aufwertungs- und Anerkennungsthematik von Gewerkschaftsseite durchaus erfolgreich aufgegriffen worden. Der in Tarifauseinandersetzungen für gewöhnlich zentrale Modus der Konfliktaustragung als Interessenaushandlung (inklusive der inhärenten Kompromisslogik) trat in der Ansprache und öffentlichen Kommunikation der Aufwertungs-Kampagne ein Stück weit in den Hintergrund. Für viele Beschäftigte bot die Aufwertungserzählung, womöglich aus unterschiedlichen Gründen, offenbar ein überzeugendes Narrativ. Im weiteren Verlauf offenbarte sich schließlich die Problematik eines Arbeitskampfes, der so stark als Kampf um angemessene Anerkennung kommuniziert wird: Ein Kompromiss ist hier schwer vermittelbar. Entweder die Anerkennung wird gewährt, oder – und so wurde das Verhandlungsergebnis unter den gewerkschaftlich aktiven Kita-Beschäftigten vielfach interpretiert – sie wird versagt. Dies stellt für diejenigen, die hierin die Missachtung ihres Berufsstands ausgedrückt sahen, eine dramatische Niederlage dar, die auch von Gewerkschaftsseite in ihren Folgen nicht unterschätzt werden sollte.

Dies führt uns zu einem *dritten* Gesichtspunkt, dem wir uns ausgehend von unserer eigenen Studie gewidmet haben, den wir auch zukünftig für bedenkens- und beforschenswert halten: die Reflexion von Scheitern und Enttäuschungen als wiederkehrende Erfahrungen gewerkschaftspolitischen Handelns, und wie diese individuell und kollektiv (nicht) verarbeitet werden. Bezogen auf das Beispiel der Kampagne im Sozial- und Erziehungsdienst 2015 lassen sich mindestens zwei grundlegende Fragenkomplexe

8 Wir sind glücklicher Weise nicht die einzigen: Ansatzpunkte hierzu finden sich beispielsweise auch in Überlegungen zum Verhältnis von Streiks und Weiblichkeit (Artus 2019) sowie zu Streiks und Intersektionalität (Kurz-Scherf i.E.)

aufstellen: 1.) Inwiefern kann angesichts des Verhältnisses von Aufwand, Konfliktintensität und Ergebnis überhaupt von einem Erfolg gesprochen werden? Dies ließe sich in der Forschung weiterführen und verallgemeinern zu Fragen wie: Wann kann überhaupt von einem Erfolg gesprochen werden? Wer bewertet auf welche Weise, was als Erfolg gilt? Und welche Bewertung hat welche Relevanz? Damit hängt ein weiterer Komplex zusammen: 2.) Was passiert eigentlich mit den aufgerufenen Anerkennungs- und Gerechtigkeitsansprüchen – die zweifellos starke mobilisierende Wirkung hatten – nach einem mittelmäßigen Abschluss? Lassen sich diese nach der Kampagne wieder »runterfahren«, um sie bei nächster Gelegenheit wieder an- und aufzurufen? Werden diese dauerhaft von den Mitgliedern an die Organisation adressiert, und müssen dort bearbeitet werden? Oder werden sie als Ansprüche zurückgenommen? Es ließe sich an diesem Beispiel erforschen, wie Gewerkschaften auf den verschiedenen Ebenen mit Misserfolgen umgehen, inwiefern diese überhaupt als Scheitern wahrgenommen und kommuniziert werden, wie auf Vorwürfe und Enttäuschungen seitens der Mitglieder reagiert wird, und wie erfolgreiche Bewältigungsstrategien aussehen könnten. Dies ließe sich dann auch beziehen auf längerfristige Strategien, in die Anerkennungs- und Gerechtigkeitskonflikte einzubetten wären.

Damit positionieren wir uns anders als jene Beiträge der politischen wie wissenschaftlichen Care-Diskussion, in denen die Gewerkschaften aus allzu großer Distanz entweder kritisiert oder zu scheinbar überfälligem adäquatem Handeln aufgefordert werden.[9] Es geht uns dabei nicht darum, die Gewerkschaften gegen berechtigte Kritik in Schutz zu nehmen. Wir halten es aber für ein lohnenswertes Unterfangen, im Rahmen sozialwissenschaftlicher Forschung die Frage aufzuwerfen, unter welchen Voraussetzungen und mit welchen Handlungslogiken Gewerkschaften agieren, und wie sie sich zu einem übergeordneten Ziel der gesellschaftlichen Aufwertung von Care-Tätigkeiten verhalten. In den Blick rücken damit Fragen nach ihren grundlegenden Strukturproblemen als Mitgliederorganisation, nach gewerkschaftlichen Ressourcen, internen demokratischen Prozessen und der gewerkschaftlichen Stellung innerhalb der derzeitigen gesellschaftlichen Kräfteverhältnisse – und auf dieser Grundlagen Fragen nach Möglichkeiten des Handelns im Spannungsfeld von großen gesellschaftlichen Transformationen und sichtbaren kleinen Erfolgen.

9 Mit der Beobachtung solcher Beiträge stehen wir nicht allein da (z.B. Kurz-Scherf i.E.; Wolf 2019).

5. Wider die Überhöhung von Care-Arbeit

Die gewonnene Erkenntnis, dass Care-Arbeit offensichtlich auch ohne ein starkes Fürsorge-Ethos erbracht werden kann, bietet für uns neben einem veränderten Blick auf kollektives Handeln auch einen Anstoß, die zumeist implizit bleibende Konzeptualisierung von Care-Arbeit in der kritischen-wissenschaftlichen und politischen Debatte zu hinterfragen. Das wohl hervorstechendste Charakteristikum dieser Debatte ist, dass Care als gesellschaftliches Organisationsprinzip und als Form der Bezugnahme verstanden wird, die der »Sorglosigkeit des Kapitalismus«[10] (Aulenbacher u.a. 2015) gegenüberstellt wird. Das halten wir wissenschaftlich wie politisch für einen zentralen Punkt. Auch sind wir unbedingt dafür, Sorgearbeiten und Sorglosigkeit auf verschiedenen gesellschaftlichen Ebenen und in der Organisation von Arbeit sichtbar zu machen und in ihren Prozessen und Bedingungen zu problematisieren.

Bei weitem nicht durchgängig bringt kritische Forschung allerdings diese Aspekte mit einem machtkritischen Blick auf Care-Arbeit selbst zusammen: Etabliert ist eine Argumentation, die die guten Care-Arbeiter_innen den schlechten Verhältnissen gegenüberstellt – sich dann also vorrangig auf die schlechten Verhältnisse konzentriert und untersucht, wie die Arbeiter_innen diese aushalten, in ihnen durchhalten und vielleicht auch kämpfen.

Diese Leitorientierung führt allerdings dazu, dass ausgeblendet wird[11], inwiefern erwerbsförmige Care-Beziehungen in der konkreten Interaktion und in der Beziehung – Pfleger_in-Patient_in oder Erzieher_in-Kind – strukturell auch durch Machtasymmetrien, Möglichkeit des Machtmissbrauchs und Gewalt gekennzeichnet sind; oder dass Arbeitende in Kindertagesstätte, Schule, Sozialer Arbeit oder Psychiatrie qua gesellschaftlicher Organisation dieser Bereiche und durchaus wider Willen immer auch an der autoritären Einpassung in die gesellschaftlichen Verhältnisse beteiligt sind – inklusive der Marginalisierung und Diskriminierung bestimmter Menschen. Und letztlich wird auch ausgeblendet, dass Care-Arbeiter_innen in ihrer alltäglichen Arbeit »keine Heiligen« sind, wie der Autor und erwerbsmäßige Care-Arbeiter Frédéric Valin (2020) – in seiner Kritik zum Applaus für Pflegende zu Beginn der Corona-Epidemie – treffend schreibt: »Nein, Pflegende sind keine

10 Aulenbacher und Kolleg_innen bezeichnen mit diesem Konzept – im Anschluss u.a. an Oskar Negt – die Tatsache, »dass der Kapitalismus der ›Marktökonomie‹ Vorrang vor der ›Gemeinwohlökonomie‹ und der Kapitalverwertung Vorrang vor der Existenzsicherung einräumt« (2015: 6).

11 Das gilt nicht für alle Teile der fachwissenschaftlichen Diskussionen; insbesondere bei der Analyse der 24-Stunden-Pflege ist diese Verwobenheit derart deutlich, dass sie auch intensiv diskutiert wird.

Heiligen. [...] Unter den Pflegenden sind Arschlöcher, Ignoranten und – ja – auch Rassist*innen. Wer die Pflege jetzt in den Himmel hebt, verdeckt das.«

Eigentlich wenig verwunderlich: Wenn es allenthalben gesellschaftlich exklusive Solidaritäten gibt, warum dann nicht in der Kita oder der Altenpflege potenziell auch exklusive Fürsorglichkeit oder Zuwendung? Und warum sollten sich Care-Arbeiter_innen im Arbeitsalltag nicht auch eigensinnig, gelegentlich gar gezielt, gegen die Interessen und Bedürfnisse der Klient_innen oder Patient_innen richten – so wie das in anderen Bereichen interaktiver Dienstleistungen auch zu beobachten ist?

Dennoch tut sich die kritische Sozialwissenschaft schwer damit, aus ihrer spezifischen Position heraus diese realen Widersprüchlichkeiten der Care-Arbeitsverhältnisse zu berücksichtigen – vielleicht auch aus der Angst heraus, als unsolidarisch wahrgenommen zu werden. Und es ist in der Tat nicht das gleiche, ob Care-Arbeiter_innen selbst diese Kritik äußern, oder ob dies aus der distanzierteren wissenschaftlichen Position heraus passiert. Aber die Nicht-Thematisierung ist keinesfalls eine angemessene Lösung des Problems: Gerade die sich politisch positionierende sozialwissenschaftliche Care-Forschung hätte hierzu die Möglichkeiten und die Ressourcen. Und es gelingt ja manchen Autor_innen und Aktivist_innen auch besser als anderen, den Versuch zu wagen, differenzierte Analyse, Kritik oder Selbstkritik und politische Strategie-Diskussion zu verbinden (vgl. Steinklammer u.a. 2010).

Es ergeben sich aus diesen Überlegungen für die Forschung interessante und bisher kaum beachtete Fragestellungen mit dem Potenzial, auch die politische Debatte weiterzubringen: Wird in den meisten vorliegenden Studien das Handeln von Beschäftigten vorrangig darauf untersucht, wie angepasst oder widerständig es sich gegenüber Rationalisierungsdruck verhält, bleiben andere Formen eigensinnigen Handelns, wie etwa unkooperatives und unprofessionelles Handeln gegenüber Klient_innen, weitestgehend ausgespart. Den Beobachtungsfokus hier zu erweitern, verspricht neue Erkenntnisse darüber, welche Strategien jenseits von kollektiver Organisierung und Widerstand von Beschäftigten bereits real praktiziert werden, wie anschlussfähig sie für Politisierung sind, und wie sie auch ohne explizite politische Intention in die Aushandlungen der Veränderungen von Care-Arbeit vor Ort eingreifen.

Uns beschäftigt in diesem Kontext außerdem die Frage, wie statisch eigentlich das zuvor diskutierte ‚Sorgeethos' in bestimmten Berufsfeldern und Arbeitsorganisationen ist, und ob wir nicht schon seit Jahrzehnten bedeutende Veränderungen und Modernisierungen hierin zu konstatieren haben. Es erscheint uns nicht plausibel, angesichts tiefgreifender gesellschaftlicher Transformationsprozesse von einer geradezu zeitlosen Existenz einer universalen Sorgeorientierung in den einzelnen Berufsfeldern auszugehen. Anpassungsprozesse an die neuen politischen Diskurse, gesellschaftlichen Anrufungen und die sich ändernden Strukturen der Arbeitsbereiche sind, so unsere empirischen Erkenntnisse, längst im Gange, wie wir in der Diskussion der Arbeitsorientierungen von Beschäftigten in Kitas gezeigt haben. Freilich bleiben die Beschäftigten hierin nicht passiv, sondern betreiben eine aktive Aneignung dieser Diskurse. Und dies begreifen wir grundsätzlich auch als Möglichkeitsfenster dafür, ein moralisch überhöhtes, eng mit weiblicher Selbstaufgabe verbundenes Arbeitsverständnis zu transformieren.

Für uns ist es eine offene Frage, wie eine Alternative aussehen kann, die die beschriebenen Fallstricke vermeidet und trotzdem die Grundorientierung an der Angewiesenheit und gegenseitigen Abhängigkeit menschlicher Existenz nicht aufgibt. Und zwar keine rein abstrakte, denn auch mit dem Blick auf die Arbeitskämpfe und Organisierungsbestrebungen der letzten Jahre war und ist es relevant, welche Narrative einer wünschenswerten Ausgestaltung von Care hier aufgerufen wurden und wie dies auch die praktische Ausrichtung der Kampagnen und Auseinandersetzungen beeinflusst.

Um dies an einem konkreten Beispiel zu verdeutlichen: Eine wichtige Frage in den Streiks des Sozial- und Erziehungsdienstes war, wie sich die Beschäftigten gegenüber den betroffenen Familien verhalten sollten. In der Annahme, es gäbe aufgrund der Sorgebeziehung geteilte Interessen, bemühten sich die Gewerkschaften stark darum, Familien über umfassendes Kommunikationsmaterial als Verbündete zu gewinnen. Dies war an vielen Stellen durchaus erfolgreich, schützte aber die Beschäftigten zumeist nicht davor, Frust und Unmut vieler Eltern abzubekommen. Was würde es für die Ausrichtung von Gewerkschaftskampagnen bedeuten, hier weniger die Interesseneinheit zu beschwören und beispielsweise stärker an den realen Missachtungserfahrungen von Beschäftigten durch Eltern anzusetzen?

6. Fazit

Ziel dieses Beitrages war es, anhand von vier ausgewählten Schwerpunkten aufzuzeigen, wie der aktuelle Common Sense der kritischen Forschung zu bezahlter Care-Arbeit aussieht, und welche Ausblendungen und Probleme er aus unserer Sicht, jenseits aller theoretischen und empirischen Plausibilität, produziert. Dass wir in diesem Beitrag dafür plädiert haben, neue und andere Ansätze zur Erforschung bezahlter Care-Arbeit zu entwickeln, ist weniger als Grundsatzkritik zu verstehen denn als Aufruf, die Forschungszugänge breiter zu gestalten. Andere Foki und andere Perspektiven als Startpunkte zu wählen, birgt das Potenzial, neue Einblicke in den Bereich und damit verbunden auch neuen Diskussionsstoff für die politische und gewerkschaftliche

Debatte zu generieren. Gerade hier kann sozialwissenschaftliche Forschung ihre relative Entlastung davon, unmittelbar in die Kämpfe involviert zu sein, produktiv nutzen. Es können Denkräume abgeschritten werden, bei denen der politisch-strategische Ertrag nicht vordergründig ersichtlich ist, sondern implizit verfolgt wird und in einem gemeinsamen Reflexionsprozess erschlossen werden kann. Nicht alles muss dabei in Form von neuen Studien geschehen. Durch theoriegeleitete Synthese vorliegender, empirisch stichhaltiger Erkenntnisse könnten Vergleiche, Verallgemeinerungen und Differenzierungen herausgearbeitet werden, die uns zu einem systematischeren Verständnis verhelfen.

Was schließlich die inhaltliche Stoßrichtung angeht, plädieren wir dafür, die Diagnose ernst zu nehmen, dass wir es mit einer strukturellen Sorglosigkeit des Kapitalismus zu tun haben, und die bezahlte Care-Arbeit ein Feld ist, auf dem sich daraus resultierende Spannungen massiv zeigen. Daher sollten wir zukünftig noch stärker versuchen, diese Momente auch in unseren Analysen zusammenzudenken. Und zwar nicht in Form des Versuchs, jede öffentlich wahrnehmbare Organisierung und Kampagne von Care-Arbeiter_innen als Keimzelle gesellschaftlicher Transformation zu deuten und möglichst genau zu bestimmen, wann und wie die besten Voraussetzungen hierfür bestehen. Stattdessen sollten wir ernsthafter als bisher die Frage stellen, wie die verschiedenen Felder der Care-Arbeit, die Arbeiter_innen und auch die Gewerkschaften als institutionalisierte Form der Interessenvertretung selbst hochgradig in die gesellschaftlichen Widersprüche und Entwicklungen verstrickt sind, und was dies wiederum für die zukünftige politisch-strategische Ausrichtung bedeuten könnte. Das erfordert Gesellschaftstheorie, empirische Studien und soziologische Fantasie – klingt eigentlich verlockend.

Literatur

Artus, Ingrid (2019): Frauen*-Streik! Zur Feminisierung von Arbeitskämpfen (Analysen, 54). URL: https://www.rosalux.de, Zugriff: 17.7.2020.

– / Birke, Peter / Kerber-Clasen, Stefan / Menz, Wolfgang (Hg.) (2017): Sorge-Kämpfe. Auseinandersetzungen um Arbeit in sozialen Dienstleistungen. Hamburg.

Aulenbacher, Brigitte / Bachinger, Almut / Décieux, Fabienne (2015): Gelebte Sorglosigkeit? Kapitalismus, Sozialstaatlichkeit und soziale Reproduktion am Beispiel des österreichischen »migrant-in-a-family-care«-Modells. In: Kurswechsel. Zeitschrift für gesellschafts-, wirtschafts- und umweltpolitische Alternativen 1/2015: 6-14.

Aulenbacher, Brigitte / Dammayr, Maria / Riegraf, Birgit (2018): Care und Care Work. In: Böhle, Fritz / Voß, G. Günter / Wachtler, Günther (Hg.): Handbuch Arbeitssoziologie, Band 2: Akteure und Institutionen. Wiesbaden: 747–766. DOI: https://doi.org/10.1007/978-3-658-21704-4_22.

Becker, Karina / Kutlu, Yalcin / Schmalz, Stefan (2017): Die mobilisierende Rolle des Berufsethos. Kollektive Machtressourcen im Care-Bereich. In: Artus, Ingrid / Birke, Peter / Ker-

ber-Clasen, Stefan / Menz, Wolfgang (Hg.): Sorge-Kämpfe. Auseinandersetzungen um Arbeit in sozialen Dienstleistungen. Hamburg: 255-277.
Bohnsack, Ralf (2013): Typenbildung, Generalisierung und komparative Analyse. In: Bohnsack, Ralf / Nentwig-Gesemann, Iris / Nohl, Arnd-Michael (Hg.): Die dokumentarische Methode und ihre Forschungspraxis. Grundlagen qualitativer Sozialforschung. 3., aktualisierte Auflage. Wiesbaden: 241–270. DOI: https://doi.org/10.1007/978-3-531-19895-8_11.
Bräutigam, Christoph / Evans, Michaela / Hilbert, Josef / Kerber-Clasen, Stefan / Meyer-Lantzberg, Franziska / Wagner, Gabriele (2020): Reorganisation und Mitbestimmung von Care-Arbeit. Interessen- und Anerkennungsansprüche der Beschäftigten. Düsseldorf (Study, 437). URL: https://www.boeckler.de, Zugriff: 10.3.2020.
Evans, Michaela / Kerber-Clasen, Stefan (2017): Arbeitsbeziehungen in der Care-Arbeit. Blockierte Aufwertung? In: WSI-Mitteilungen 70 (3): 180-188. DOI: https://doi.org/10.5771/0342-300X-2017-3-180.
Evans, Michaela / Ludwig, Christine (2019): »Dienstleistungssystem Altenhilfe« im Umbruch. Arbeitspolitische Spannungsfelder und Herausforderungen. In: Aus Politik und Zeitgeschichte 69 (33-34): 31-36.
Kerber-Clasen, Stefan (2017a): Erfolgreich gescheitert? Gewerkschaftliche Aushandlungen des Sozialstaatsumbaus im Kita-Bereich. In: Artus, Ingrid / Birke, Peter / Kerber-Clasen, Stefan / Menz, Wolfgang (Hg.): Sorge-Kämpfe. Auseinandersetzungen um Arbeit in sozialen Dienstleistungen. Hamburg: 34-57.
– (2017b): Umkämpfte Reformen im Kita-Bereich. Veränderte Arbeitsprozesse, alltägliche Aushandlungen und Streiks von Kita-Fachkräften. Baden-Baden:. DOI: https://doi.org/10.5771/9783845280585.
Kratzer, Nick / Menz, Wolfgang / Tullius, Knut / Wolf, Harald (2015): Legitimationsprobleme in der Erwerbsarbeit. Gerechtigkeitsansprüche und Handlungsorientierungen in Arbeit und Betrieb. Baden-Baden.
Kurz-Scherf, Ingrid (i.E.): Der intersektionale Frauen*streik: ein neuer Lichtblick im Dickicht verschlungener Verhältnisse? In: Artus, Ingrid / Bennewitz, Nadja / Henninger, Annette / Holland, Judith / Kerber-Clasen, Stefan (Hg.): Arbeitskonflikte sind Geschlechterkämpfe. Münster.
Maier, Friederike / Schmidt, Dorothea (2019): Das Gespenst der Care-Krise. In: PROKLA 195 49(2): 239-258. DOI: https://doi.org/10.32387/prokla.v49i195.1821.
Meyer-Lantzberg, Franziska (2016): Sorge | Streik. Eine Untersuchung des Streiks im Sozial- und Erziehungsdienst 2015 vor dem Hintergrund der Theorien zu Sorgearbeit. Masterarbeit. Universität Wien, Institut für Politikwissenschaft. Wien.
Mohan, Robin (2018): Die Ökonomisierung des Krankenhauses. Dissertation (Sozialtheorie). DOI: https://doi.org/10.14361/9783839445655.
Rudolph, Clarissa / Schmidt, Katja (Hg.) (2019): Interessenvertretung und Care. Voraussetzungen, Akteure und Handlungsebenen. Münster.
Steinklammer, Elisabeth / Botka, Kristina / Tinhofer, Barbara / Fleischmann, Gloria (2010): Aufstand ist (k)ein Kinderspiel! In: PERSPEKTIVEN. Magazin für linke Theorie und Praxis 4 (10). URL: http://www.perspektiven-online.at, Zugriff: 17.7.2020.
Valin, Frédéric (2020): Systemrelevante Jobs in Coronakrise: Ihr beklatscht euch selbst. URL: https://taz.de, Zugriff: 17.7.2020.
Vidot, Viviane (2017): Wie defamilisierend ist der Kita-Ausbau? Zum Verhältnis zwischen impliziten Theorien lokaler AkteurInnen und der lokalen Varianz der Kinderbetreuungsquote. In: Fempol 26(2): 75-88. DOI: https://doi.org/10.3224/feminapolitica.v26i2.06.
Wolf, Yanira (2019): Nur der Wille zählt? Anmerkungen zum Frauen*streik. In: express. Zeitschrift für sozialistische Betriebs- und Gewerkschaftsarbeit 1/2019. URL: https://express-afp.info, Zugriff: 11.6.2020.

Z. ZEITSCHRIFT MARXISTISCHE ERNEUERUNG

2020: **Z. 123:** Corona-Krise und Kapitalismus / Jugend und Politik / DDR 1989/99 - Sozialismus-Bilanz **Z. 122:** Engels 1820 -2020 / Corona-Krise **Z. 121:** Strategiedebatten / Lateinamerika

2019: **Z. 120:** Geschlechterverhältnisse / Rechtspopulismus **Z. 119**: Klimakrise II: Was tun im Treibhaus? / 1989 - das letzte Jahr der DDR / EU-Wahlen **Z. 118**: Hegemonieverschiebungen in der Weltwirt-schaft - Neue Konfliktfelder / Kapitalismustheorie **Z. 117**: Kontrollverlust? Krise der Parteien und sozialer Protest

2018: **Z. 116**: Neue Klassendiskussion **Z. 115**: Von der Novemberrevolution zum „deutschen Oktober" **Z. 114**: Kli-makrise: Industriepolitik und Kapitalinteressen **Z. 113**: Marx 200: Arbeit und Ausbeutung

Z. erscheint vierteljährlich mit je 224-248 Seiten
Einzelheft: 10 Euro. Abo: 35 Euro
Bestellung: www.zme-net.de, Postf. 7003346, 60553 Frankfurt/M., redaktion@zme-net.de

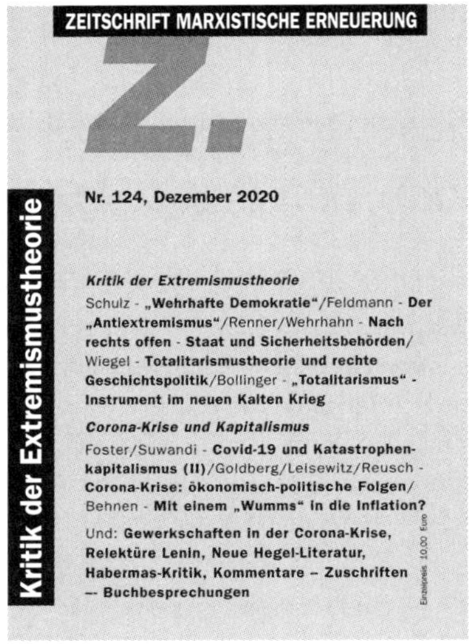

graswurzel revolution

Seit 1972 erscheint die graswurzelrevolution und kommentiert die aktuelle Politik und Kultur aus gewaltfrei-anarchistischer Sicht. Sie berichtet über:

- direkte gewaltfreie Aktionen
- internationale gewaltfreie und anarchistische Bewegungen
- Theoretiker*innen des Anarchismus und der Gewaltfreiheit
- Befreiung im Alltag

Jahresabo / Geschenkabo: 38€ (10 Ausgaben)
Schnupperabo: 5 € (8 € Ausland, 3 Ausg., bitte Vorkasse)
Auslandsabo: 48 € / Förderabo: 60 €
Bestellen auf graswurzel.net / abo@graswurzel.net
Abos verlängern sich automatisch. Sie können jederzeit gekündigt werden. Geschenkabos verlängern sich nicht automatisch.Ein Schnupperabo verlängert sich ohne Kündigung zum Jahresabo. Kündigung jederzeit möglich.

PROKLA 201 | 50. Jahrgang | Nr. 4 | Dezember 2020 | S. 727-745
https://doi.org/10.32387/prokla.v50i201.1901

Christopher Wimmer*

Gesellschaftsformation und historisches Milieu

Mit Marx von der Geschichtsphilosophie zur Kontingenz

Zusammenfassung: Der Artikel geht der Frage nach, ob im Werk von Marx und Engels von einer Geschichtsphilosophie gesprochen werden kann. Dafür beschäftige ich mich anfangs mit Grundlagen der bürgerlichen Geschichtsphilosophie der europäischen Aufklärung und stelle die Frage, wie Marx diese verarbeitet hat. Insbesondere durch seine geschichtstheoretischen Erweiterungen, die sich in Konzepten wie »Gesellschaftsformation« als auch »historisches Milieu« zeigen, entwickelt Marx zunehmend ein Geschichtsverständnis, das sich an konkreten Ereignissen und Verhältnissen orientiert. Mit der Geschichtsvorstellung von Siegfried Kracauer sollen am Ende geschichtsphilosophische Vorstellungen gänzlich verabschiedet werden.

Schlagwörter: Gesellschaftsformation, historisches Milieu, Geschichtsphilosophie, Kontingenz der Geschichte

Social formation and historical milieu

With Marx from the philosophy of history to contingency

Abstract: The article asks whether one can speak of a philosophy of history in the work of Marx and Engels. To this end, I begin by examining the foundations of the bourgeois philosophy of history of the European Enlightenment and ask the question of how Marx processed this. Particularly through his historical-theoretical extensions, which manifest themselves in concepts such as »social formation« and »historical context«, Marx increasingly developed an understanding of history that is oriented towards concrete events and conditions. In the end, Siegfried Kracauer's conception of history is intended to completely abandon historical-philosophical ideas.

Keywords: Social formation, historical context, philosophy of history, contingency of history

* **Christopher Wimmer** ist Soziologie und freischaffender Journalist und promoviert derzeit an der Humboldt-Universität über das Bewusstsein der marginalisierten Klasse in Deutschland.

Geschichte ist »unser Ein und Alles« (MEW 1: 545), schreibt der junge Friedrich Engels, in der *Deutschen Ideologie* heißt es, sie sei die einzige Wissenschaft, die Karl Marx und Engels kennen (MEW 3: 18), und Marx' Kritik der politischen Ökonomie will die Geschichte der modernen Gesellschaft und ihr »Bewegungsgesetz« (MEW 23: 15) erklären. Es erscheint daher lohnenswert, sich intensiv und immanent mit Marx' Geschichtsverständnis auseinanderzusetzen, da dieses bis heute von Bedeutung ist.

Marx hat zwar keine eigenständige Theorie von Geschichte hinterlassen, aber Anmerkungen zum Thema finden sich im gesamten Werk. Dabei gibt es bei Marx nicht das *eine* Geschichtsbild, sondern es finden sich unterschiedliche Phasen. Dabei ist das Werk selbst widersprüchlich, es ist mitunter unklar, welche Vorstellung gerade vorherrscht.

Dieser Wandel hat auch konkrete Folgen für politische Bewegungen nach Marx: Der historische Materialismus der sozialdemokratischen und kommunistischen Arbeiter*innenbewegung geht davon aus, dass sich die Geschichte vernünftig in ihrem Sinne entwickeln wird. Andere Marxist*innen hingegen betonen im Gegenteil, der geschichtliche Fortschritt sei die eigentliche Katastrophe (Benjamin 1991: 683; vgl. Horkheimer/Adorno 1988). Alle können sich – mit einigem Recht – auf Marx beziehen.

Auch für die wissenschaftliche Forschung bleibt die Frage der Geschichtsauffassung bei Marx von Bedeutung. Dabei haben sich Kontroversen entwickelt, ob bei Marx von einer Geschichtsphilosophie gesprochen werden kann, oder nicht. Für Frieder Otto Wolf hat Marx »jeder Art von Geschichtsphilosophie eine Absage erteilt« (Wolf 2001: 460; vgl. Vargas Lozano 2001: 448). Folgt man hingegen Michael Heinrich, ist es »umstritten«, ob man von einer Geschichtsphilosophie sprechen kann (Heinrich 1999: 127; vgl. Quante 2010: 96). Ebenso gibt es Debatten in den aktuellen *postcolonial-studies*-Ansätzen. So erteilen die einen Marx aufgrund seines angeblich teleologischen und eurozentrischen Geschichtsbildes eine Absage (vgl. Castro Varela/Dhawan 2015: 167), während andere ihn als Grundlage für eine aktualisierte universalistische Gesellschaftstheorie verstehen (Chibber 2018). All diese Beispiele zeigen, dass die Frage, ob Marx eine Geschichtsphilosophie vertreten hat, noch immer relevant ist.

Die Frage ist auch deshalb noch nicht abgeschlossen, weil im Zuge der Herausgabe der Marx-Engels-Gesamtausgabe (MEGA^2) noch zahlreiche Notizen und Exzerpte zum Thema veröffentlicht werden. Bereits erschienene Editionen (Krader 1973; 1976) sowie Harsticks Aufstellung der marxschen Lektüre zum Thema Geschichte (Harstick 1977: 131-263) sind dennoch bereits wertvolle Quellen. Darüber hinaus gibt es neuere Forschung, die sich mit den unterschiedlichen marxschen historistischen Erklärungsmustern der Entwicklung von Gesellschaften beschäftigt (Anderson 2016; Wemheuer 2016; Conversano 2018).

Im Folgenden soll der Frage nachgegangen werden, ob bei Marx von einer Geschichtsphilosophie gesprochen werden kann. Dafür beschäftige ich mich anfangs mit der bürgerlichen Geschichtsphilosophie der europäischen Aufklärung und stelle die Frage, wie Marx diese in seinem Schaffen unterschiedlich und teilweise auch widersprüchlich verarbeitet hat. Der Aufsatz geht von der These aus, dass die Begriffe »Gesellschaftsformation« und »historisches Milieu« dabei helfen können, Marx' Geschichtsvorstellung besser zu begreifen. Sie deuten darauf hin, dass Marx selbst keine Geschichtsphilosophie vertreten hat. Vor diesem Hintergrund soll am Ende des Beitrags anhand der Geschichtsvorstellung im Spätwerk des Soziologen und Journalisten Siegfried Kracauer ein Verständnis von Geschichte konkretisiert und entwickelt werden, das sich an konkreten Ereignissen und Verhältnissen orientiert und sich von geschichtsphilosophischen Vorstellungen verabschiedet.

Die bürgerliche Philosophie der Geschichte und Karl Marx

Marx' Auseinandersetzung mit Geschichte muss vor dem Hintergrund der bürgerlichen Geschichtsschreibung seiner Zeit verstanden werden. Dort entwickelte sich eine Geschichtsphilosophie mit der Vorstellung, Geschichte verlaufe nach vermeintlichen Regeln der Vernunft, eine zirkuläre Vorstellung von Zeit wurde abgelöst von der Idee, Geschichte entwickle sich linear. Der Begriff »Philosophie der Geschichte« wurde 1765 von Voltaire geprägt. Geschichte ist für ihn ein Gegenstand, der philosophisch und empirisch dargestellt und erforscht werden kann. Daran anschließend wurde Geschichtsphilosophie auf zweierlei Arten, als spekulative oder als analytische, verstanden (vgl. Schwemmer 2008). Spekulative Geschichtsphilosophie beschäftigt sie sich mit allgemeinen Gesetzmäßigkeiten der Geschichte und einem darin verborgen geglaubten Sinn. Hegel plädierte für »eine Einteilung der *Geschichte* [...] in notwendige *Perioden* [...] – eine Einteilung, welche dieselbe als ein organisch fortschreitendes Ganzes, als einen vernünftigen Zusammenhang zeigen muss, wodurch allein diese Geschichte selbst ihre Würde einer Wissenschaft erhält« (Hegel 2014: 19). Für ihn ist die Weltgeschichte ein dialektischer Stufengang der Selbstverwirklichung und Selbstbewusstwerdung des Weltgeistes mit dem Ziel der größtmöglichen Freiheit des Menschen: »Die Weltgeschichte ist der Fortschritt im Bewusstsein der Freiheit – ein Fortschritt, den wir aus seiner Notwendigkeit zu erkennen haben« (Hegel 2015: 32). Nicht nur bei Hegel findet sich ein solcher Fortschrittsglauben. Auch

Schelling hoffte – und steht damit paradigmatisch für den geschichtsphilosophischen Diskurs des deutschen Idealismus – auf »das allmähliche Entstehen der weltbürgerlichen Verfassung«, die als einziger »historischer Maßstab der Fortschritte des Menschengeschlechts« gelten sollte (Schelling 1979: 241f.). So verstanden, wird Geschichte zu einem linearen und allseitigen Prozess, zu einer Totalität erster Größenordnung; Gesetze bestimmen den sinnvollen Lauf der Dinge (vgl. Vargas Lozano 2001). Sollen die überzeitlich wirkenden Kräfte und Momente mehr sein als bloße Spekulation, so müssen diese sich auf Erkenntnisse empirischer Forschung stützen. Dies ist dann Inhalt der analytischen Geschichtsphilosophie (vgl. Acham 1974: 19ff.).

Zusammengefasst ist Geschichtsphilosophie die Suche nach der objektiv bestimmbaren Logik der Weltgeschichte, die sich durch ein Subjekt des historischen Prozesses auszeichnet. Eine solche Geschichtsphilosophie reflektiert, wie alle Geschichtstheorien, die Geschichte von einem ganz bestimmten Punkt aus und muss daher selbst historisiert werden. Wird sie allerdings stattdessen universalisiert, läuft sie Gefahr, Besonderheiten und Abweichungen zugunsten der umfassenden Konstruktion zu übersehen.[1] Ebenso kann die Sinnzuschreibung dieser Konstruktionen dazu dienen, Herrschaftsverhältnisse als »vernünftig« zu legitimieren – und so ihr Bestehen auch in die Zukunft zu garantieren.

Von diesen geschichtsphilosophischen Prämissen sind auch Marx und Engels geprägt. In den Manuskripten der Jahre 1845/46, die später als *Deutsche Ideologie* zusammengefasst werden sollten, findet sich aber bereits eine wesentliche Korrektur der bisherigen Geschichtsphilosophie. Sie wollen »der Geschichtsschreibung eine materialistische Basis [...] geben« (MEW 3: 28) und beschäftigen sie sich besonders im Feuerbach-Abschnitt mit einer Vielzahl historischer Fragestellungen (vgl. Hubmann 2018), die sie im Kontrast zur Geschichtsphilosophie empirisch zu beantworten suchen. Dabei rückt bei ihnen verstärkt die menschliche Tätigkeit ins Zentrum der Analyse:

»Die erste geschichtliche Tat ist also die Erzeugung der Mittel zur Befriedigung dieser Bedürfnisse, die Produktion des materiellen Lebens selbst, und zwar ist dies eine geschichtliche Tat, eine Grundbedingung aller Geschichte« (MEW 3: 28). Ihr Ausgangspunkt sind die Menschen in ihrem »tätige[n] Lebensprozess« (ebd.: 27). In der Arbeit als Stoffwechsel mit der Natur gestalten die Menschen ihre eigene Geschichte und machen darin Erfahrungen,

1 Als Kritik daran entwickelte sich im 19. Jahrhundert der Historismus, maßgeblich von Leopold von Ranke, Johann Gustav Droysen, Wilhelm Dilthey und Benedetto Croce geprägt, der die Besonderheit der einzelnen Epochen und Geschehnisse betonte, dabei aber selbst die Gefahr mit sich brachte, in einen historischen Relativismus zu verfallen.

die sie in materieller und ideologischer Form weitergeben. Geschichte ist für Marx und Engels somit »nichts als die Aufeinanderfolge der einzelnen Generationen, von denen jede die ihr von allen vorhergegangenen übermachten Materiale, Kapitalien, Produktionskräfte exploitiert, daher also einerseits unter ganz veränderten Umständen die überkommene Tätigkeit fortsetzt und andrerseits mit einer ganz veränderten Tätigkeit die alten Umstände modifiziert« (ebd.: 45). Menschliche Praxis – im Kontext sozialer Klassen und unter bestimmten Systembedingungen (vgl. MEW 8: 115) – wird zum Anfangs- und Endpunkt ihrer Analyse. Für Marx und Engels haben *rein* theoretische und geschichtsphilosophische Sätze »für sich, getrennt von der wirklichen Geschichte, durchaus keinen Wert« (MEW 3: 27). Wer »die spätere Geschichte zum Zweck der früheren« (ebd.: 45) deutet, handele »spekulativ« (ebd.). Dadurch würde Geschichte »ihre aparten Zwecke« (ebd.) sowie »Selbstbewusstsein« (ebd.) erhalten. Gegen eine solche Vorstellung wird der Fokus auf die menschliche Tätigkeit gelegt.

Geschichtsphilosophische Reste bei Marx und die Folgen

Mit der Hinwendung zur Praxis (vgl. MEW 3: 7, 39) ist das geschichtsphilosophische Denken bei Marx jedoch noch nicht endgültig überwunden. Vielmehr: im gesamten Werk finden sich verstreut geschichtsphilosophische Annahmen. Wohl am klarsten werden diese im *Manifest der kommunistischen Partei* auf den Punkt gebracht (vgl. Heinrich 1999: 130; Schmidt 1967: 103-117): »Die Geschichte aller bisherigen Gesellschaft ist die Geschichte von Klassenkämpfen« (MEW 4: 462), heißt es dort. Die Produktivkraftentwicklung mache es möglich, »alle chinesischen Mauern in den Grund« (ebd.: 466) zu schießen. Das *Manifest* folgt einem unilinearen Entwicklungs- und Geschichtsverständnis mit eindeutigem Ziel: »Die Bourgeoisie reißt durch die rasche Verbesserung aller Produktionsinstrumente [...] alle, auch die barbarischsten Nationen in die Zivilisation. [...] Mit einem Wort, sie schafft sich eine Welt nach ihrem eigenen Bilde« (ebd.). Der Kapitalismus breite sich fortlaufend aus und homogenisiere die Welt. »Alle festen eingerosteten Verhältnisse mit ihrem Gefolge von altehrwürdigen Vorstellungen und Anschauungen werden aufgelöst [...]. Alles Ständische und Stehende verdampft, alles Heilige wird entweiht« (MEW 4: 465). Marx und Engels lassen keine Zweifel aufkommen, dass dieser Prozess zum Untergang der kapitalistischen Produktionsweise führen wird: »Mit der Entwicklung der großen Industrie wird also unter den Füßen der Bourgeoisie die Grundlage selbst hinweggezogen, worauf sie produziert und die Produkte sich aneignet. Sie produziert vor allem ihren eigenen Totengräber. Ihr Untergang und der Sieg des Proletariats sind gleich unvermeidlich« (ebd.: 474). Durch ihren Fokus auf gesellschaftliche Klassen und deren Kämpfe materialisieren Marx und Engels zwar die geschichtsphilosophischen Vorstellungen, verstetigen sie aber zudem insofern, als dass der Geschichtsprozess zur Kontinuität der Klassenkämpfe erklärt wird. Geschichte wird in Abgrenzung zu Hegel nicht mehr durch den Fortschritt wissenschaftlicher Begriffssysteme erklärt, sondern als umkämpfter Schauplatz verstanden. Jedoch bleibt dieser Kampf immer noch auf ein *Telos* hin ausgerichtet. Die Sinnhaftigkeit der Geschichte besteht hier in der Ablösung verschiedener Gesellschaftsformationen. Geschichte folgt noch immer dem Muster einer ihr innewohnenden Vernunft. Auch der Klassenkampf, kritisch gegen die Geschichtsphilosophie gerichtet, löst deren Prämissen nicht vollständig auf.

Nach den Jahren 1848/49 widmete sich Marx aufgrund der gescheiterten europäischen Revolutionsversuche verstärkt der politischen Analyse sowie der Kritik der politischen Ökonomie. Das Europa Mitte des 19. Jahrhunderts war durch massiven industriellen Fortschritt, wachsendem Reichtum und zugleich Krisen und Verarmung breiter Volksmassen gekennzeichnet und ist damit eine »Raumzeit«, in der Geschichte ungewöhnlich verdichtet verlief. Marx reflektiert dies als scharfsinniger Beobachter und so lassen sich auch in seinen ökonomischen Schriften »unvermeidliche« historische Vorgänge finden (vgl. MEW 19: 223; MEW 20: 260f.). Seine Vorstellung, dass die Revolution unmittelbar bevorsteht, wandelt sich zu deren »Permanenzerklärung« (MEW 7: 89). Doch selbst hier finden sich geschichtsphilosophische Vorstellungen. Apodiktisch formuliert Marx 1850: »Eine neue Revolution ist nur möglich im Gefolge einer neuen Krisis. Sie ist aber auch ebenso sicher wie diese« (ebd.: 440; vgl. MEW 1: 494). Dies sind Reste der hegelschen Universalisierung und des Teleologismus. Je klarer Marx seine ökonomische Analyse ausformuliert, desto größer wird die Gefahr, dass er die europäische Entwicklung in seiner Theorie verallgemeinert.

Neun Jahre später formuliert Marx in seinem Vorwort von *Zur Kritik der politischen Ökonomie* ein allgemeines Strukturmodell von Gesellschaftsformationen und hält darin ebenso kategorisch fest: »Eine Gesellschaftsformation geht nie unter, bevor alle Produktivkräfte entwickelt sind, für die sie weit genug ist, und neue höhere Produktionsverhältnisse treten nie an die Stelle, bevor die materiellen Existenzbedingungen derselben im Schoß der alten Gesellschaft selbst ausgebrütet worden sind« (MEW 13: 9). Zwar verweigert sich Marx hier durch das Zusammenspiel von objektiven Möglichkeiten (Produktivkraftentwicklung) und kollektiven Handlungen (Klassenkampf) einem Automatismus, doch bleibt er auch hier einem Entwicklungsmodell verhaftet. Im Vorwort zur Erstausgabe des *Kapitals* im Jahr 1867 erweitert Marx dies zur Vorstellung eines einheitlichen geschichtlichen Wegs für *alle* Gesellschaften, deren Gesetzmäßigkeiten »aus den Naturgesetzen der kapitalistischen Produktion entspringen. Es handelt sich um diese Gesetze selbst, um diese mit eherner Notwendigkeit wirkenden und sich durchsetzenden Tendenzen. Das industriell entwickeltere Land zeigt dem minder entwickelten nur das Bild der eigenen Zukunft« (MEW 23: 12). Wenige Seiten später ergänzt er, dass es in diesem »naturgemäße[m]« (ebd.: 16) Prozess unmöglich ist, einzelne Phasen zu »überspringen« (ebd.). Ebenso führt die Expansion des kapitalistischen Weltmarkts zu »einer Vereinheitlichung der gesellschaftlichen Zustände auf der ganzen Welt« (Kößler/Wienold 2013: 240). Ähnliche Stellen finden sich im Abschnitt »Geschichtliche Tendenz der kapitalistischen Akkumulation« im ersten Band des *Kapitals*. Dort schreibt Marx, eine Produktionsweise bringe auf einem »gewissen Höhegrad [...] die materiellen Mittel ihrer eignen Vernichtung zur Welt. [...] Sie muss vernichtet werden, sie wird vernichtet« (MEW 23: 789).

Es ist zweifellos klar, dass solche Formulierungen einen geschichtsdeterministischen und ebenso eurozentristischen Einschlag aufweisen. Geschichte wird als automatisches Subjekt verstanden, das nicht nur in der Vergangenheit, sondern auch für die Zukunft Bedeutung hat, denn die kapitalistische Produktionsweise bringe »mit der Notwendigkeit eines Naturprozesses ihre eigne Negation« hervor (ebd.: 791). Geschichte wird als mechanischen Größe verstanden, die nach festgelegten Regeln abläuft, zu einem »Prozess der Notwendigkeit« (Kracauer 2009: 45), wie es der Journalist und Soziologie Siegfried Kracauer formulierte. Es finden sich somit in diesen Schriften von Marx geschichtsphilosophische Überreste, die eigentlich Gegenstand seiner Kritik waren. Folgt man Alfred Schmidt ist ein solches Geschichtsbild für den systematischen Aufbau der Kritik der politischen Ökonomie allerdings nicht notwendig, da es sich als logische Konstruktion nicht aus der historischen Abfolge ergebe (vgl. Schmidt 1974: 37; vgl. Heinrich 1999: 138). Vielmehr verschließe sich Marx' Methode einer solchen Geschichtsschreibung im eigentlichen Sinne. Ihn interessiere in erster Linie nicht ein historischer Ablaufplan, sondern die analytische Gegenüberstellung verschiedener Produktionsweisen und Gesellschaftsformationen (vgl. Erdmann 1970: 155). Diese Sichtweise mag zutreffen, doch übersieht sie die politischen Folgen. Insbesondere die Vertreter*innen der II. und III. Internationale (vgl. Groh 1974) entwickelten aus den geschichtsphilosophischen Äußerungen von Marx abstrakte Theorien eines »naturgeschichtlichen Entwicklungsprozesses der ökonomischen Gesellschaftsformationen« (LW 1: 128; vgl. LW 21: 43-46), wie Lenin es formulierte. Der »historische Materialismus« – als Begriff von Franz Mehring geprägt – wurde zu einer politischen Ideologie und einem wissenschaftlichen System ausgearbeitet, das in Stalins Artikel über den dialektischen und historischen Materialismus (1957) seinen »Höhepunkt« fand. Geschichte war zu einem von der »welthistorischen revolutionären Mission« (LW 21: 313) des Proletariats gestalteten Prozess geworden. Marx selbst trug zum Zustandekommen einer solchen Orthodoxie durchaus bei (vgl. MEW 2: 37f.), die sich durch einen (irrtümlichen) Fortschrittsoptimismus und einer quasi-religiösen Wendung des Proletariats auszeichnete. Ganz im geschichtsphilosophischen Sinne ging es um die Legitimierung der »vernünftigen« Herrschaftsstruktur der Sowjetunion.

Heute finden sich insbesondere dort geschichtsphilosophische Auffassungen wieder, wo mit einer ähnlichen Argumentation beispielsweise die Digitalisierung als unaufhaltsamer Geschichtsprozess verstanden wird – so etwa bei Paul Mason (2016).

Ausweg: Gesellschaftsformation bei Marx

Mit dem Begriff der Gesellschaftsformation ermöglicht es Marx, historische Wirklichkeit im Detail zu erforschen. Wolfgang Küttler fasst die Gesellschaftsformation zusammen als »die Art der Wechselbeziehungen zwischen den materiellen Produktions- und Reproduktionsprozessen und den soziokulturellen, politischen u. a. Gesamtkonstellationen konkreter Gesellschaften« (Küttler 2000: 99). Produktionsverhältnisse meint diejenigen gesellschaftlichen Beziehungen, die Menschen bei der Produktion miteinander eingehen (vgl. MEW 13: 7ff.). Zusammen mit den entsprechenden Produktivkräften konstituieren sie je spezifische Produktionsweisen. Die Produktionsweise bildet in allen Gesellschaftsformationen die ökonomische Basis, wobei die herrschende Produktionsweise die jeweilige Gesellschaftsformation bestimmt. Die Gesellschaftsformation ist somit die historisch konkrete »Totalität« (MEW 42: 35) der durch die Produktionsverhältnisse bestimmten Gesellschaftsstruktur. Der Begriff ermöglicht es ebenso, den materiellen Reduktionsprozesses von Gesellschaften zu unterscheiden und steht analytisch in unmittelbarer Nähe zum Begriff der Produktionsweise (vgl. Haug 2008), meint jedoch etwas anderes.

Gesellschaftsformation bezieht sich »historisch übergreifend auf Werden, Entwicklung und progressive Überwindung einer Produktionsweise« (Küttler 2001: 590). Die Formation, immer auch als Formierung, ist somit Ausdruck der genetischen Methode Marx', die alles Bestehende aus seinem Geworden-Sein versteht. Die Kategorie der Gesellschaftsformation ist vor allem und in erster Linie die begriffliche Operationalisierung des Materialismus den Marx' Gesellschafts- und Geschichtstheorie auszeichnet.

Um die bereits in der *Deutschen Ideologie* getroffenen Aussagen zur Praxis zu belegen, wendet sich Marx verstärkt der politökonomischen Analyse der kapitalistischen Gesellschaftsformation zu. Er weist den transitorischen Charakter des Kapitalismus nach, etwa indem er 1857/58 im Abschnitt »Formen, die der kapitalistischen Produktion vorhergehen« (MEW 42: 383-421) aus den *Grundrissen* seine Ausführungen auf zunehmend empirische Füße stellt. Verschiedene vorkapitalistische Gesellschaftsformationen stehen dort hierarchiefrei nebeneinander. Sie folgen weder aufeinander noch entwickeln sie sich auseinander (vgl. Tökei 1969: 22). Auch sind sie nicht zwingend als »Vorformen« des Kapitalismus zu verstehen.

»In groben Umrissen« unterscheidet Marx in den *Grundrissen* »asiatische, antike, feudale und modern bürgerliche Produktionsweisen als progressive Epochen der ökonomischen Gesellschaftsformation« (MEW 42: 9). Diese Aufzählung beinhaltet nicht notwendigerweise ein unilineares Nacheinander, sondern impliziert eine Gleichzeitigkeit unterschiedlicher Produktionsweisen – zumindest hinsichtlich des Verhältnisses der asiatischen Produktionsweise zu allen anderen sowie der feudalen zur modernen. Diese Produktionsweisen unterscheiden sich in der Beziehung der Produzierenden zu Grund und Boden. Kurz: Es geht um die spezifische Art der Erzeugung des gesellschaftlichen Mehrprodukts. Anstelle einer Geschichte der Produktionsweisen in universalhistorischer Absicht werden verschiedene Formen des Eigentums beschrieben.[2] Eine zentrale Rolle muss somit die Analyse des Arbeitsprozesses spielen, die in jeder Gesellschaftsformation alle übrigen gesellschaftlichen Verhältnisse prägt und zu der Erkenntnis führt, den Wandel von Gesellschaftsformationen »erst aus dem Studium des Arbeitsprozesses und seiner Widersprüche« (Pasemann 1978: 201) erklären zu können.

---

2 Dafür spricht auch, dass Marx beispielsweise davon spricht, dass bestimmte Eigentumsformen nur »in den meisten *asiatischen* Grundformen« (MEW 42: 385) auftauchen oder er Variationen des Gemeindelandbesitzes gar als Ausdruck des Zufalls beschreibt (vgl. Krader 1976: 43). Weitere gesellschaftliche Institutionen des »Überbaus« wie Religion oder Selbstverwaltung (Harstick 1977: 40ff.) werden zwar erwähnt, fließen jedoch nicht systematisch in die Analyse ein.

Hieraus entwickelt Marx das, was unter dem Begriff der asiatischen Produktionsweise jahrzehntelang hitzig diskutiert wurde (vgl. Sofri 1969; Wittfogel 1981). Marx versteht darunter eine Produktionsweise, in der die unmittelbar Produzierenden die Produktionsmittel selbst besitzen und zusätzlich selbständig Ackerbau betreiben. Dabei sind sie Teil eines Gemeinwesens, das als Voraussetzung der bäuerlichen Existenz verstanden wird. Im Unterschied zum Feudalismus ist die asiatische Produktionsweise dadurch bestimmt, dass sie *keinerlei* Privateigentum kennt. Die Dörfer als die zentrale Einheit sind autark und organisieren sich grundlegend selbst. Ein weiteres Kennzeichen ist die Existenz der übergeordneten Einheit eines despotischen Staates. In der asiatischen Produktionsweise ist die herrschende Klasse identisch mit der Spitze des Staatsapparats. Die heutige Geschichtsschreibung hat sich von der Vorstellung der asiatischen Produktionsweise hingegen größtenteils verabschiedet (vgl. O'Leary 1989).

Es gibt demnach keine einheitliche Vernunft oder Logik, die die Geschichte bestimmt. »Die Bildung eines universalen Schemas einer bestimmten Formationsfolge oder eines überall gültigen Strukturmodells der konkreten Entwicklung des Kapitalismus ist in dieser Intention nicht zu finden« (Küttler 2001: 592). Zwar bestimmt Marx die kapitalistischen Produktionsverhältnisse als die »letzte antagonistische Form des gesellschaftlichen Produktionsprozesses« (MEW 13: 9) und deutet damit den Übergang zu einer postkapitalistischen Gesellschaftsformation an, doch stellt er gleichzeitig die Entwicklung des Kapitalismus in Westeuropa (vgl. MEW 13: 20f.) als notwendiges Durchgangsstadium infrage. Die europäische »Formationsfolge [erscheint] nunmehr als Sonderfall des allgemeinen Formationsprozesses« (Küttler 2001: 589). In der französischen Ausgabe des *Kapitals* von 1875 schreibt Marx sogar, dass sich die Entwicklung innerhalb der westeuropäischen Länder in ihrem Charakter und in ihrer Reihenfolge verändern kann, abhängig vom jeweiligen »milieu« (MEGA² II/7: 634; franz. Original). Die Kategorie der Gesellschaftsformation ermöglicht es, konkrete Gesellschaften anhand ihrer Mehrwertproduktion und Eigentumsformen zu unterscheiden, verbleibt jedoch auf diesem relativ hohen Abstraktionsgrad.

Das historische Milieu als Konkretisierung

In den 1870er und 1880er Jahren nimmt Marx weitere Konkretisierungen seines Geschichtsverständnisses vor (vgl. Küttler 1976; Engelbeg/Küttler 1978: 227-255). Neben den zahlreichen ethnografischen Exzerpten (Krader 1973) und seiner Auseinandersetzung mit Urgesellschaften (Harstick 1977) beschäftigt sich Marx mit Problemen der Agrarverfassung (vgl. MEW 32: 42-44), der Bauernbefreiung in Russland (vgl. MEW 19: 407–424) und der Entstehung und Entwicklung des amerikanischen Kapitalismus (vgl. MEW 34: 359). Diese globalgeschichtliche Ausrichtung führt jedoch zu keiner Universalgeschichte.[3] Vielmehr betrachtet er die konkreten historischen Situationen. Wie Gesellschaftsformationen zusammenhängen, sich verschränken oder unterscheiden, hängt von der jeweiligen Umgebung ab, für die Marx die Kategorie *milieu historique* (historisches Milieu) verwendet.

Diese Kategorie wird im Kontext seiner Arbeit zu Russland eingeführt. Marx beginnt sich für Fragen des Grundeigentums und der Dorfgemeinde zu interessieren, beschäftigt sich mit Forschungen zur historischen Entwick-

3 Genauer bestimmt werden kann die Rolle der Weltgeschichte wohl erst mit den mehrere hundert Seiten starken Manuskript der »Chronologischen Auszüge«, das in MEGA² IV/29 erscheinen soll.

lung des Gemeineigentums an Grund und Boden in Russland und fertigt Studien zur Welt-, Kultur- und Verfassungsgeschichte an (vgl. MEGA^2 I/25: 25). Er beabsichtigte sogar, die Entwicklung der Grundrente im dritten Band des *Kapitals* am Beispiel Russland darzustellen (vgl. MEW 25: 14). Seit 1869 lernt er Russisch. Im Jahr 1872 erscheint die erste russische Ausgabe des *Kapital*, worauf unter Aktivist*innen die Frage diskutiert wurde, ob das Land unvermeidlich die (europäische) kapitalistische Entwicklung durchmachen müsse. Ende 1877 schreibt Marx in einem (im Original französischen Brief) an die Redaktion der Sankt Petersburger Zeitschrift *Otečestvennyje Zapiski* (vgl. MEGA^2 I/25: 112-117), dem Blatt der Narodniki, diese Notwendigkeit gelte nur für Westeuropa, nur dort besitze seine »geschichtliche Skizze« (MEW 19: 111) Gültigkeit. »Das ist alles« (ebd.). Marx verweist hierbei nochmals auf die französische Übersetzung des ersten Bandes des *Kapitals* und die Möglichkeit alternativer Entwicklungsmodelle außerhalb Europas (vgl. MEGA^2 II/10: 778). Im Brief deutet Marx ebenso auf die Möglichkeit hin, den Kommunismus als diejenige ökonomische Formation, »die mit dem größten Aufschwung der Produktivkräfte der gesellschaftlichen Arbeit die allseitigste Entwicklung des Menschen sichert« (MEW 19: 111), auf unterschiedlichen Entwicklungspfaden zu erreichen. Dies sei abhängig von verschiedenen »Völkern« (ebd.) und »geschichtliche[n] Umstände[n]« (ebd.), die Marx hier erstmals unter der Kategorie des *milieu historique* zusammenfasst. Darunter versteht Marx, wenn auch nicht näher definiert, die konkreten historischen Verhältnisse, in denen sich Gesellschaften sowohl im nationalen als auch internationalen Rahmen in verschiedener Weise vermittelt in unterschiedliche Richtungen entwickeln können. Mit seiner Intervention durch den Begriff des historischen Milieus markiert Marx seine Methode weder als geschichtsphilosophisch noch als relativistisch und warnt eindringlich davor sozioökonomische Entwicklungen eines Landes schematisch aus den Bedingungen eines anderen abzuleiten.

Die Kategorie »historisches Milieu« findet sich neben besagtem Brief nur in den Briefentwürfen an Vera Sassulitsch (MEW 19: 386, 389ff., 398, 404f.)[4]

4 Im Werkregister der MEW taucht »historisches Milieu« nicht auf und auch der Milieubegriff wird in den Werken kaum verwendet. Der Milieubegriff hatte über die französischen Physiker des 17. und 18. Jahrhunderts Eingang in die Soziologie von Auguste Comte und die Schriften von Honoré de Balzac und Émile Zola gefunden (vgl. Feldhoff 1980: 1393f.) und wurde dort als »Umweltbedingung« verstanden. Zwar gibt es keine direkten Bezüge von Marx oder Engels auf diese Verwendung des Begriffs, aber in zwei Briefen verwendet Engels Milieu als umfassenden Begriff, der historische und internationale Verhältnisse meint, in denen sich konkrete historische Tatsachen abspielen (MEW 37: 485; MEW 39: 205f.). Damit wird er auch anders verwendet als in der modernen Soziologie und Geschichtsschreibung, wo er auf einzelne Gruppen einer Gesellschaft begrenzt ist, die sich aufgrund ihrer ähnlichen

Sassulitsch wandte sich am 16. Februar 1881 an Marx, um dessen Meinung über das Schicksal der russischen Dorfgemeinschaft *Obščina*, einer vorkapitalistischen Sozialform mit kollektivistischer Lebensweise, einzuholen. Während er sich an anderer Stelle gleichzeitig mit Fragen der Urgemeinde und der Entwicklungen in Nordamerika beschäftigt, konzipiert Marx im Februar und März 1881 in verschiedenen Fassungen eine Antwort (vgl. ebd.: 242, 384-406.) und nimmt damit das erste Mal eine »spezielle Untersuchung der russischen Dorfgemeinde« (MEGA[2] I/25: 828) vor. Wie durch ein Brennglas werden dort seine Versuche zur Differenzierung des Formationsbegriffes sichtbar. Dass alle Briefentwürfe deutlich länger sind als der dann abgeschickte Brief zeigen deutlich, wie sehr Marx selbst mit der Thematik gerungen hat. Sein Vorhaben, sich intensiver mit der russischen Dorfgemeinde auseinanderzusetzen bzw. Sassulitsch früher zu antworten, wurde durch Krankheit, Arbeitsbelastung und familiäre Probleme verunmöglicht (vgl. MEW 35: 154).

In allen Briefentwürfen und im abgeschickten Brief verneint Marx zunächst nochmals die Schicksalhaftigkeit des westeuropäischen Entwicklungspfades (vgl.: MEW 19: 384f., 390f., 401, 242f.). Bei der Frage nach einer nichtkapitalistischen Entwicklung auf der Basis der *Obščina* laviert Marx. Er äußert zunächst, dass »das in den Händen der russischen Bauern befindliche Land niemals *ihr Privateigentum* gewesen« (ebd.: 384) gewesen sei und spricht von der »ökonomische[n] Überlegenheit des Gemeineigentums (ebd.: 399). Damit schließt er grundsätzlich abstrakte historische Analogien aus und konzentriert sich auf die konkret gegebenen Verhältnisse des historischen

Lage oder Haltung nach innen zusammenschließen und nach außen abgrenzen (Vester u.a. 2015). Die Kategorie »historisches Milieu« wurde bisher kaum ausgearbeitet (Tenfelde 1996). Auch in der marxistischen Tradition spielt(e) er kaum eine Rolle. Dabei gilt zu bedenken, dass Marx' Brief an die Redaktion der *Otečestvennyje Zapiski* nie abgeschickt wurde und erstmalig 1885 in russischer Sprache (vgl. MEGA[2] I/25: 655f.), die französischen Originaltexte der Briefentwürfe an Sassulitsch gar erst 1926 von David Rjasanow im *Marx-Engels-Archiv* veröffentlicht wurden. Rosa Luxemburg verwendet den Begriff einmal in ihrem Hauptwerk »Die Akkumulation des Kapitals« von 1913. Der Akkumulationsprozess des Kapitals ist »durch alle seine Wertbeziehungen und Sachbeziehungen: konstantes Kapital, variables Kapital und Mehrwert an nichtkapitalistische Produktionsformen gebunden. Letztere bilden das gegebene historische Milieu jenes Prozesses« (Luxemburg 1981: 314). Dabei verweist sie auf den dialektischen Widerspruch, »dass die kapitalistische Akkumulation zu ihrer Bewegung nichtkapitalistischer sozialer Formen als ihrer Umgebung bedarf« (ebd. 315). Bei Lenin kann das »historische Milieu« am ehesten mit dem Epochenbegriff (LW 21: 134) in Verbindung gebracht werden. In jeder geschichtlichen Epoche gibt es »einzelne Teilbewegungen bald vorwärts, bald rückwärts [...] verschiedene Abweichungen vom Durchschnittstypus und vom Durchschnittstempo der Bewegungen. Wir können nicht wissen, mit welcher Schnelligkeit und mit welchem Erfolg sich einzelne geschichtliche Bewegungen der jeweiligen Epoche entwickeln werden« (ebd.). Abhängig sind diese Besonderheiten von »der geschichtlichen Situation in der jeweiligen Epoche« (ebd.).

Milieus im Jahr 1881. Für ihn ist es durchaus denkbar, dass die *Obščina* einen Ausgangspunkt für eine sozialistische Transformation bilden könnte. Er glaubt, dass Russland über nicht weniger als »die schönste Chance« verfügt, »die die Geschichte jemals einem Volk dargeboten hat« (ebd.: 108). Das Gemeineigentum bietet der russischen Dorfgemeinde »die natürliche Basis der kollektiven Aneignung und ihr historisches Milieu, die Gleichzeitigkeit mit der kapitalistischen Produktion, bietet ihr fix und fertig dar die materiellen Bedingungen der in großem Maßstabe organisierten kollektiven Arbeit. Sie kann sich also die vom kapitalistischen System hervorgebrachten positiven Errungenschaften aneignen, ohne dessen Kaudinisches Joch durchschreiten zu müssen. Sie kann den parzellierten Ackerbau allmählich durch eine kombinierte und mit Hilfe von Maschinen betriebene Landwirtschaft ersetzen, zu der die physische Beschaffenheit des russischen Bodens geradezu einlädt. Nachdem sie erst einmal in ihrer jetzigen Form in eine normale Lage versetzt worden ist, kann sie der unmittelbare Ausgangspunkt des ökonomischen Systems werden, zu dem die moderne Gesellschaft tendiert, und ein neues Leben anfangen, ohne mit ihrem Selbstmord zu beginnen« (ebd.: 405). Gerade aufgrund der Gleichzeitigkeit mit der kapitalistischen Produktionsweise im Westen – von der Marx in allen Entwürfen spricht – könne die russische Dorfgemeinde »sich deren positive Errungenschaften aneignen, ohne ihre furchtbaren Wechselfälle durchzumachen« (ebd.: 385; s.a. 108) und »ohne sich ihrem Modus Operandi unterwerfen zu müssen« (ebd. 390). Im Vorwort zur russischen Ausgabe des *Manifests* ergänzen Marx und Engels im Januar 1882 dahingehend, dass das russische Gemeinwesen ohne »vorher denselben Auflösungsprozess [zu] durchlaufen, der die geschichtliche Entwicklung des Westens ausmacht«, »unmittelbar in die höhere des kommunistischen Gemeinbesitzes übergehn« (ebd. 296) könne. Somit werde sie zum »Stützpunkt der sozialen Wiedergeburt Russlands« (ebd. 243).

Dass diese Entwicklungsoption genutzt wird, ist allerdings keineswegs sicher. Wie sich die Dorfgemeinschaft entwickelt, folgt nicht einem Fahrplan, sondern den konkreten weltweiten Verhältnissen und der Logik der Praxis. Auch zwischen verschiedenen dörflichen Gemeinschaften unterscheidet Marx je nach historischem Milieu (vgl. ebd.: 287, 398, 402), die *Obščina* ist nur eine Spielart unter vielen.

Für sie sind aufgrund der Wechselbeziehungen zwischen ihrer spezifischen Struktur und einer völlig anderen Gesellschaftsformation zwei alternative Entwicklungspfade denkbar. Einerseits besteht für die Dorfgemeinschaft die Gefahr des absolutistischen, zaristischen Staates (vgl. MEW 19: 243). Ebenso droht ihr im historischen Milieu der Gleichzeitigkeit mit dem kapitalistischen Weltmarkt, dass ihr Gemeineigentum zum »*Gemeindeanhängsel* des Privateigentums« (ebd.: 388) wird. Andererseits ist für Marx die Existenz des Kapitalismus im Westen die notwendige Bedingung für die sozialistische Transformation in Russland. Maschinenindustrie, die Eisenbahn und der »ganze Tauschmechanismus (Banken, Kreditgesellschaften etc.)« (ebd.: 385) führen jedoch nur zum Sozialismus, wenn eine ergänzende Revolution im Westen das historische Milieu dafür herstellt (ebd.: 242; s.a. 4: 576).[5]

Es ist allerdings bezeichnend, dass der letzte Entwurf genau an der Stelle abbricht, an der es um die praktische Umgestaltung geht (vgl. MEW 19: 406). Die Entwürfe machen jedoch deutlich, wie sehr Marx um eine ausführliche Antwort bemüht war, ihm seine Überlegungen aber letztendlich doch unzureichend erschienen. Seine Zurückhaltung im schließlich abgeschickten Brief mag auch daran liegen, dass ein solch komplexes Problem nicht in einem Brief beantwortet werden konnte – und bis heute (auch über Marx hinaus) diskutiert wird (vgl. Goehrke 2010).

Konstellationen, Konfigurationen und menschliche Praxis

Gegen eine vorschnell universalisierte Konzeption von historischer Entwicklung beharrt Marx auf der Bedeutung des historischen Milieus, in dem diese stattfindet. Die Besonderheiten, unter denen sich Gesellschaftsformationen konkret herausbilden, sind nicht abstrakt und allgemein aus der Produktionsweise abzuleiten. Innerhalb des Weltsystems des Kapitalismus kommt es zu vielfältigen Wechselbeziehungen zwischen diesen Formationen.[6] Die Betrachtung des historischen Milieus ermöglicht, historische und regionale Spezifitäten zu erkennen, die in zahlreichen Vari-

5 In allen Entwürfen macht Marx noch einen weiteren Aspekt deutlich. Die Entwicklungen, die im Westen Jahrhunderte gedauert haben, erfolgen in Russland innerhalb weniger Jahre. Einmal nennt Marx dies sogar »voreilig« (MEW 19: 393). Diesen Gedanken hatte er bereits in einem Brief vom 10. April 1879 ausgeführt. Die (zu) schnelle, zwanghafte Anbindung an den Weltmarkt für auch in den bereits kapitalistischen Ländern zu stärkeren Verwerfungen und inneren Spannungen (MEW 34: 373f.).

6 Das Bild der Gesellschaftsformation nimmt eindeutig Anleihen in der Geologie. Geschichte zeigt sich dort in den verschiedenen übereinanderliegenden Schichten. Ebenso verhält es sich in Gesellschaften, die unter gegebenen historischen Bedingungen die Produktion und Reproduktion ihres materiellen Lebens qualitativ unterschiedlich organisieren. Von der Notwendigkeit einer Gleichförmigkeit ist jedoch nicht die Rede. Die Schichten können sich verschieben oder neu übereinanderlegen. Letztendlich entsteht an der Oberfläche ein vielfältiges Bild der Formationen. »Was als Problem der ›Gleichzeitigkeit des Ungleichzeitigen‹ begriffen werden kann, wird für Marx also eine Gelegenheit, seine Geschichtsauffassung und die mit ihr verbundene politische Perspektive unmissverständlich in einem anti-teleologischen und anti-deterministischen Sinn zu bestimmen« (Conversano 2018: 29; vgl. Krader 1967: 19; Kößler/Wienold 2013: 177).

ationen zueinander in Beziehung stehen. Einer notwendigen Chronologie, die die Vergangenheit geprägt haben soll, wird damit eine Absage erteilt. Der marxsche Formaktionsgedanke ist somit prinzipiell offen. In der Konzeption über die Abfolge von Gesellschaftsformationen kommt den Milieus besondere Bedeutung zu. Diese sind veränderbar; verschiedene »Zukünfte« werden möglich. In den Briefentwürfen an Vera Sassulitsch verabschiedet sich Marx von der Vorstellung einer notwendigen Abfolge von Perioden in der Geschichte, die er von der bürgerlichen Geschichtsphilosophie übernommen hatte und skizziert sein materialistisches Geschichtsverständnis. Der Begriff des historischen Milieus scheint Marx' Antwort – oder Antwortversuch – zu sein, gegenwärtige historische Phänomene und die Prognosen über eine mögliche befreite Zukunft zu konkretisieren. Mit dem Wissen über historische Milieus wird es möglich, »verschiedene geschichtliche Typen und Reihenfolgen gesellschaftlicher Formationen [zu verstehen], die ebenso viele Alternativen und Widerstände zum Kapitalismus anbieten können« (Conversano 2018: 37).

Wenn Marx von Gesellschaft und Geschichte spricht, ist immer auch von der Tätigkeit der Menschen die Rede. Der Mensch erzeugt sich selbst, die Menschheit ist Produkt ihrer eigenen Tätigkeit (vgl. Krader 1976: 21). Der Formationsbegriff und das historische Milieu helfen, mit Marx diesen alltäglichen Produktions- und Lebensprozess tätiger Menschen – ihre Praxis – in den Blick zu nehmen. Diese menschlichen Tätigkeiten und Prozesse finden in vielfältigen Beziehungen innerhalb der Gesellschaftsformationen statt und »sind weder determiniert, noch können sie [...] als Teil irgendeines Determinierens angesehen werden« (Krader 1973: 81; vgl. 1976: 91). Ebenso helfen die Begriffe dabei, den Aspekt des sozialen Wandels, mithin auch einer möglichen Revolution, nicht zu vergessen. Im Gegenteil. Ähnliche gesellschaftliche Voraussetzungen können durch unterschiedliche Umstände zu ganz unterschiedlichen geschichtlichen Ergebnissen führen. Es ist daher notwendig, sich diese im Detail anzusehen und sie zu unterscheiden. Geschichtliche Analogien alleine helfen nicht weiter (vgl.: MEW 13: 629).[7] Auch heute noch kann somit

7 Marx macht dies am Beispiel der Enteignung antiker römischer Bauern deutlich. Während der Enteignungsprozess in England zur Entwicklung des Kapitalismus führte, wurden die römischen Proletarier nicht Lohnarbeiter, »sondern ein faulenzender *Mob*« (MEW 19: 111). Die Existenz der Ware Arbeitskraft allein ist eine notwendige aber nicht hinreichende Bedingung für die Entstehung kapitalistischer Produktionsverhältnisse (Wolf 2006: 167f.). Marx fasst daher zusammen: »Ereignisse von einer schlagenden Analogie [...] führten also zu ganz verschiedenen Ergebnissen. Wenn man jede dieser Entwicklungen für sich studiert und sie dann miteinander vergleicht, wird man leicht den Schlüssel zu dieser Erscheinung finden, aber man wird niemals dahin gelangen mit dem Universalschlüssel einer allgemeinen geschichtsphilosophischen Theorie, deren größter Vorzug darin besteht,

mit Marx – und gegen orthodoxe Marxismen – gegen Fortschrittsoptimismus und Teleologie argumentiert werden. Formationsübergänge sind durch das jeweilige historische Milieu, in denen sich gesellschaftlichen Verhältnisse zeigen, kontingent – kontingent, aber nicht im Sinne einer völligen Zufälligkeit (vgl. Stützle 2015: 136f.). Darüber hinaus brauchen sie eingreifende Umgestaltung durch Menschen. Diese menschliche Praxis, der »tätige Lebensprozess« und der »praktische Entwicklungsprozess« (MEW 3: 27) macht bereits bei Antionio Labriola den Kern des historischen Materialismus aus (Labriola 2018: 206). Eine solche praxeologische inspirierte Formationstheorie ist ein Synonym für Formierung, die sich in der Alltagswelt – und an der »Oberfläche«, um Begriffe von Kracauer zu verwenden – abspielt und die bei Marx nur eine untergeordnete Rolle spielt.

Mit der Einsicht, dass Geschichte von der menschlichen Praxis abhängig ist und keinem Kausalmechanismus unterliegt, stellt sich die Frage, wie Geschichtsschreibung diese Offenheit reflektieren kann, ohne in Beliebigkeit abzugleiten. Ein Autor, der sich dieser Problematik besonders intensiv genähert hat auf eindringliche Weise genähert hat, war Siegfried Kracauer. Mit ihm wird es gewissermaßen möglich, die offenen Fragen von Marx zu operationalisieren. Bei Kracauer handelt Geschichte »unmittelbar von dem Leben, das auf der Bahn unsere Alltagserfahrung liegt« (Kracauer 2009: 56). Für ihn ist »aus der Analyse ihrer unscheinbaren Oberflächenäußerungen«, von denen oben bereits die Rede war, der »Ort, den eine Epoche im Geschichtsprozess einnimmt [...] schlagender zu bestimmen als aus den Urteilen der Epoche über sich selbst« (Kracauer 1990: 57). Diesen Gedanken arbeitet Kracauer in seinem posthum erschienenen geschichtstheoretischen Spätwerk *Geschichte – Vor den letzten Dingen* aus, dem bislang allerdings keine große Rezeptionsgeschichte vergönnt war (Baumann 2014).

In Kracauers Geschichtsbuch erhält die Kontingenz in der Geschichte einen theoretischen Raum und Kracauer erweist sich der Geschichtsphilosophie gegenüber als radikaler Skeptiker. Aus Furcht »vor allem endgültig Fixierten« (Kracauer 2009: 17) gilt sein Interesse den »Zwischenräumen« (ebd.: 15). Großbegriffe und großflächige Allgemeinheiten lehnt er rundweg ab, da es durch sie unmöglich ist, die »Mannigfaltigkeit von Erscheinungen des wirklichen Lebens [...] in ihrer Gesamtheit« (ebd.: 69) zu erfassen. Kracauer dachte durch die Dinge, statt über sie hinweg (vgl. van Rahden 2018: 330).

Somit ist es für ihn völlig klar, dass »Universalgeschichte illegitim geworden ist [...]. Es ist nicht länger legitim, ›von oben nach unten‹ zu denken – das

übergeschichtlich zu sein« (MEW 19: 111). Von einer solchen Theoriebildung distanziert sich Marx nun ausdrücklich.

heißt, von irgendeiner philosophischen Vorstellung zur Universalgeschichte auszugehen« (Kracauer 2009: 190f.). Durch seine Reflexionen über das Verhältnis von Natur und Geschichte, Mikro- und Makrogeschichtsschreibung, Universal- und Spezialgeschichte zieht sich seine Kritik an immer schon vorausgesetzten geschichtsphilosophischen Gewissheiten, auch lineares Fortschrittsdenken lehnt er ab (ebd.: 142). Geschichte wird in einem »Vorraum«, eben in den Dingen *vor* der Philosophie und Metaphysik lokalisiert und damit deren Generalisierungen entzogen. Kracauer nimmt damit Fragen der Historismusdebatte der 1920er Jahre auf (vgl. Baumann 2014: 249-270) und kommt zum Ergebnis, aus Geschichte lasse sich letztendlich nur Vorläufigkeit erkennen.

Schwer scheint dies mit Marx' Kritik der politischen Ökonomie vereinbar zu sein. Vielmehr mag Kracauer auf den ersten Blick als Vorläufer eines postmodernen *anything goes* gelten. Doch Kracauers Verzicht auf die »letzten Fragen« bedeutet nicht den einfachen Umkehrschluss des Relativismus. Mit dessen Problematik setzt er sich bereits 1919 in einem Aufsatz über Georg Simmel auseinander. Kracauer bleibt seiner skeptischen und kritischen Haltung treu.

Seine »Hinwendung zum Kleinen und Nahen [...] ist eine Variante des Kracauer'schen Plädoyers für mehr Konkretion« (Baumann 2014: 324). Sein Plädoyer gilt der Genauigkeit und der Empirie, die er der puren Abstraktion vorzieht. Damit öffnet sich der Blick für das Besondere, dessen materialistische Basis die Gesellschaftsformation darstellt. Kracauer will, so in einem Brief an Ernst Bloch, den Marxismus daher auch nicht verabschieden, sondern ihn »mit Realien [...] durchdringen« (in: Bloch 1985: 272). Sein Ansatz des Gegenständlichen sei auch »aus einer echten Revolutionstheorie nicht zu extirpieren« (ebd.: 273). Somit bietet Kracauers Blick auf die Geschichte eine Möglichkeit, sich von geschichtsphilosophischen Ansichten zu verabschieden. Mit Kracauer bleibt die Forderung an historische Arbeit bestehen, nicht der Versuchung zu erliegen, der Geschichte Sinn zu verleihen. Vielmehr geht es mit Marx und Kracauer um die eingreifende Praxis in die Gesamtheit gesellschaftlicher Verhältnisse – Bereiche wie Recht, Verwaltung, Kultur, Wissenschaft und Religion und weltanschauliche bzw. religiöse Normen in ihrer Eigenlogik – wie sie sich in einem bestimmten spezifischen historischen Milieu ereignen. Sie alle bleiben kontingent und entsprechen in ihren Entwicklungen und Zusammenhängen vielmehr »Konstellationen« und »Konfigurationen« (Adorno 1975: 263) als Regeln oder Gesetzen. Verändert und gestaltet werden können sie allerdings zweifellos. Dafür ist allerdings auch ein entsprechendes Geschichtsverständnis notwendig.

Literatur

Acham, Karl (1974): Analytische Geschichtsphilosophie. Freiburg/Br.
Adorno, Theodor, W. (1975): Negative Dialektik. Frankfurt/M.
Anderson, Kevin (2016): Marx at the Margins. Chicago.
Baumann, Stephanie (2014): Im Vorraum der Geschichte. Konstanz.
Benjamin, Walter (1991[1937]): Charles Baudelaire. Ein Lyriker im Zeitalter des Hochkapitalismus. In: Ders.: Gesammelte Schriften. 1. Band. Frankfurt/M.: 509-690.
Bloch, Ernst (1985): Briefe 1903-1975. Frankfurt/M.
Castro Varela, María do Mar; Dhawan, Nikita (2005): Postkoloniale Theorie. Bielefeld.
Chibber, Vivek (2018): Postkoloniale Theorie und das Gespenst des Kapitals. Berlin.
Conversano, Emanuela (2018): Zur Kritik der Anthropologie. In: Marx-Engels-Jahrbuch 2017/18. Berlin-Boston: 9-40. DOI: https://doi.org/10.1515/mejb-2018-20170102.
Engelberg, Ernst / Küttler, Wolfgang (1978): Formationstheorie und Geschichte. Berlin.
Erdmann, Karl Dietrich (1970): Geschichte, Politik und Pädagogik. Stuttgart.
Feldhoff, Jürgen (1980): Milieu. In: Richter, Joachim / Gründer, Karlfried (Hg.): Historisches Wörterbuch der Philosophie, Bd. 5. Basel-Stuttgart: 1393-1395.
Goehrke, Carsten (2010): Russland. Eine Strukturgeschichte. Paderborn.
Groh, Dieter (1974): Negative Integration und revolutionärer Attentismus. Frankfurt/M.
Haug, Wolfgang Fritz (2008): kapitalistische Produktionsweise. In: Ders. u.a. (Hg.): Historisch-kritisches Wörterbuch des Marxismus, Bd. 7/1. Hamburg: 292-316.
Harstick, Hans-Peter (Hg.) (1977): Karl Marx über Formen vorkapitalistischer Produktion. Frankfurt/M.
Hegel, Georg Wilhelm Friedrich (2014): Vorlesungen über die Geschichte der Philosophie. Frankfurt/M.
– (2015): Vorlesungen über die Philosophie der Geschichte. Frankfurt/M.
Heinrich, Michael (1999): Geschichtsphilosophie bei Marx. In: Behrens, Diethard (Hg.): Geschichtsphilosophie oder das Begreifen der Historizität. Freiburg/Br.: 127-140.
Horkheimer, Max / Adorno, Theodor W. (1988): Dialektik der Aufklärung. Frankfurt/M.
Hubmann, Gerald (2018): Zur Entstehung der materialistischen Geschichtsauffassung aus dem Geiste der Philosophiekritik. In: Marx Engels Jahrbuch 2017/2018: 124-133. DOI: https://doi.org/10.1515/mejb-2018-20170108.
Kößler, Reinhart / Wienold, Hanns (2013): Gesellschaft bei Marx. Münster.
Kracauer, Siegfried (2009): Werke, Bd. 4. Frankfurt/M.
– (1990): Schriften, Bd. 5.2. Frankfurt/M.
Krader, Lawrence (1973): Ethnologie und Anthropologie bei Marx. Frankfurt/M.
– (Hg.) (1976): Karl Marx. Die ethnologischen Exzerpthefte. Frankfurt/M.
Küttler, Wolfgang (1976): Inhaltsbestimmung und Periodisierung von Gesellschaftsformationen in Marx' Briefentwürfen an Vera Zasulic. In: Bartel, Horst u.a. (Hg.): Evolution und Revolution in der Weltgeschichte. Berlin: 217-246.
– (Hg.) (1983): Das geschichtswissenschaftliche Erbe von Karl Marx. Vaduz.
– (2000): Der Formationsgedanke im Spätwerk von Karl Marx und die Perspektiven gesellschaftlichen Wandels. In: Sitzungsberichte der Leibniz-Sozietät (37): 87-103.
– (2001): Gesellschaftsformation. In: Haug, Wolfgang-Fritz u.a. (Hg.): Historisch-kritisches Wörterbuch des Marxismus, Bd 5. Hamburg: 585-598.
Labriola, Antonio (2018): Drei Versuche zur materialistischen Geschichtsauffassung. Berlin.
Lenin, Wladimir Iljitsch (1956ff.) Lenin Werke (LW). Berlin.
Luxemburg, Rosa (1981): Gesammelte Werke, Bd. 5. Berlin.
Mason, Paul (2016): Postkapitalismus. Berlin.
Marx, Karl / Engels, Friedrich (1956ff.): Marx-Engels-Werke (MEW). Berlin.
– (1975ff.): Marx-Engels Gesamtausgabe ($MEGA^2$). Berlin.

O'Leary, Brendan (1989): The Asiatic mode of production. Oxford.
Pasemann, Dieter (1978): Kapitalismus-Analyse und historisch-materialistische Untersuchung der Formationsentwicklung (1852-1867). In: Engelberg, Ernst / Küttler, Wolfgang: Formationstheorie und Geschichte. Berlin: 156-226.
Quante, Michael (2010): Geschichtsbegriff und Geschichtsphilosophie. In: Bluhm, Harald (Hg.) (2010): Karl Marx / Friedrich Engels: Die deutsche Ideologie. Berlin. 83-100.
Schelling, Friedrich Wilhelm Joseph (1979): System des transzendentalen Idealismus. Leipzig.
Schmidt, Alfred (1967): Über Geschichte und Geschichtsschreibung in der materialistischen Dialektik. In: Mohl, Ernst Theodor (Hg.): Folgen einer Theorie. Frankfurt/M.: 103-129.
– (1974): Zum Erkenntnisbegriff der Kritik der politischen Ökonomie. In: Euchner Walter / Schmidt, Alfred (Hg.): Kritik der Politischen Ökonomie heute. Frankfurt/M.: 30-43.
Schwemmer, Oswald (2008): Geschichtsphilosophie. In: Mittelstraß, Jürgen (Hg.): Enzyklopädie Philosophie und Wissenschaftstheorie, Bd. 3. Stuttgart: 752-755.
Sofri, Gianni (1969): Über asiatische Produktionsweise. Frankfurt/M.
Stalin, Josef (1957): Über dialektischen und historischen Materialismus. Frankfurt/M.
Stützle, Ingo (2015): Rebellische Verhältnisse. In: Demirović, Alex / Klauke, Sebastian / Schneider, Etienne (Hg.): Was ist der »Stand des Marxismus«? Soziale und epistemologische Bedingungen der kritischen Theorie heute, Münster: 130-140.
Tenfelde, Klaus (1996): Historische Milieus. Erblichkeit und Konkurrenz. In: Hettling, Manfred (Hg.): Nation und Gesellschaft in Deutschland. München: 247-268.
Tökei, Ferenc (1969): Zur Frage der asiatischen Produktionsweise. Neuwied.
van Rahden, Till (2018): Lumpen sammeln. In: Historische Zeitschrift, 307. 319-340. DOI: https://doi.org/10.1515/hzhz-2018-0027.
Vargas Lozano, Gabriel (2001): Geschichtsgesetz. In: Haug, Wolfgang-Fritz u.a. (Hg.): Historisch-kritisches Wörterbuch des Marxismus, Bd 5. Hamburg: 448-456.
Vester, Michael; u.a. (2015): Soziale Milieus im gesellschaftlichen Strukturwandel. Frankfurt/M.
Wemheuer, Felix (Hg.) (2016): Marx und der globale Süden. Köln.
Wittfogel, Karl August (1981): Die orientalische Despotie. Frankfurt/M.
Wolf, Frieder Otto (2001): Geschichtsphilosophie. In: Haug, Wolfgang-Fritz u.a. (Hg.): Historisch-kritisches Wörterbuch des Marxismus, Bd 5. Hamburg: 460-470.
– (2006): Marx' Konzept der ›Grenzen der dialektischen Darstellung‹. In: Hoff, Jan / Petrioli, Alexis / Stützle, Ingo, u.a. (Hg.): Das Kapital neu lesen. Beiträge zur radikalen Philosophie. Münster: 159-188.

Au Loong-Yu
Revolte in Hongkong
Die Protestbewegung und
die Zukunft Chinas
320 Seiten, 31 Fotos
Paperback | 12 x 16,5 cm
€ 14,- [D] / € 14,50 [A]
ISBN 978-3-86505-765-5

BERTZ + FISCHER

Hongkong ist in Aufruhr: Eine neue Generation junger und politisch aktiver Bürgerinnen und Bürger erschüttert das Regime. Das Buch stellt die – sozial und ideologisch durchaus heterogenen – neuen Protestbewegungen in den Zusammenhang von Kolonisierung, Revolution und Modernisierung in China.

www.bertz-fischer.de | mail@bertz-fischer.de | Newsletter: bertz-fischer.de/newsletter

Reihe

KRITISCHE WISSENSCHAFT

Fabian Georgi
Managing Migration?
Eine kritische Geschichte
der Internationalen Organ-
isation für Migration (IOM)
Kritische Wissenschaft 2
448 Seiten | Pb. | 14,8 x 21 cm
€ 25,- [D] / 25,70 [A]
ISBN 978-3-86505-803-4

BERTZ + FISCHER

Hendrik Sander
Auf dem Weg zum grünen Kapitalismus?
Die Energiewende nach Fukushima
Kritische Wissenschaft 1
324 Seiten | 22 Fotos | Paperback | 14,8 x 21 cm
€ 19,90 [D] / 20,50 [A]
ISBN 978-3-86505-801-0

www.bertz-fischer.de | mail@bertz-fischer.de | Newsletter: bertz-fischer.de/newsletter

BERTZ + FISCHER

Stephan Kaufmann /
Antonella Muzzupappa
Crash Kurs Krise
Wie die Finanzmärkte funktionieren
Eine kritische Einführung
176 Seiten | Paperback
10,5 x 14,5 cm
€ 8,- [D] / € 8,30 [A]
ISBN 978-3-86505-756-3

Bevor das Virus Sars-CoV-2 die Nachrichten der Welt beherrschte, stritten Ökonomen darüber, wann und woher die nächste Finanzkrise wohl kommen würde. Die Wetten liefen bereits – würde es schon 2021 so weit sein? Oder erst 2026? Doch es kam anders. Wann genau eine Krise eintreten wird, lässt sich nicht seriös prognostizieren. Warum (Finanz-)krisen aber unvermeidlich sind, erklärt dieses Buch.

In kompakter Form beleuchtet der Band die Rolle des Finanzsektors im Kapitalismus. Die AutorInnen erörtern, warum die sogenannte Realwirtschaft den Finanzsektor braucht und warum die Entgegensetzung von »produktiver Realwirtschaft« und »unprodukiver Finanzsphäre« nicht trägt. Zudem analysieren sie, wie sich die Finanzmärkte vom Rest der Wirtschaft entkoppeln – und dies doch nie ganz gelingt. Was also hat es mit der »Finanzialisierung« der Wirtschaft und der heutigen »Dominanz des Finanzsektors« auf sich? Woher kommen die Wirtschaftskrisen eigentlich? Warum beginnen sie heutzutage meistens als Finanzkrisen? Und warum kann kein Gesetz der Welt den Finanzsektor krisenfest machen? Zu guter Letzt geht das Buch auf die sogenannte Corona-Krise ein: Handelt es sich dabei um eine Naturkatastrophe? Und wie kann es sein, dass ein Virus die Weltwirtschaft ins Wanken bringt?

www.bertz-fischer.de | mail@bertz-fischer.de | Newsletter: bertz-fischer.de/newsletter

BERTZ + FISCHER

Reihe **KAPITAL & KRISE**

Ulf Kadritzke: **Mythos »Mitte«**
Oder: Die Entsorgung der Klassenfrage

Stephan Kaufmann / Ingo Stützle:
Kapitalismus: Die ersten 200 Jahre
Thomas Pikettys »Das Kapital im 21. Jahrhundert« – Einführung, Debatte, Kritik

Autor_innenkollektiv: **Mythen über Marx**
Die populärsten Kritiken, Fehlurteile und Missverständnisse

Paperback | A6 | jeweils 7,90 € bzw. 8,- €

www.bertz-fischer.de | mail@bertz-fischer.de | Newsletter: bertz-fischer.de/newsletter

BERTZ + FISCHER

Jens Renner
Neuer Faschismus?
Der Aufstieg der Rechten in Italien
Politik aktuell 8
160 Seiten
Paperback | 10,5 x 14,8 cm
€ 8,- [D] / € 8,30 [A]
ISBN 978-3-86505-761-7

Kann es in Italien, dem Mutterland des historischen Faschismus, einen Rückfall in die Barbarei geben? Die Faschismusfrage sehr ernsthaft, aber ohne Alarmismus zu diskutieren, ist Ziel des Buches.

www.bertz-fischer.de | mail@bertz-fischer.de | Newsletter: bertz-fischer.de/newsletter

Themen früherer Hefte

PROKLA 200: Probleme des Klassenkampfs – heute: Bebnowski: Problemorientierung statt Revolutionserwartung. Zur Vor- und Frühgeschichte der PROKLA | Demirović | Undoing Class. Warum von Klasse, Klassenkampf und Klassenpolitik reden? | Wissen: Klimakrise und Klassenkampf. Zum Verhältnis von ökologischen und sozialen Konflikten | Graf • Landherr: Der Tanz der Überflüssigen. Klassenkämpfe im Globalen Süden am Beispiel Chiles | Schmidt: Grenzen eigenständiger Organisierung. Klassenkampf und Revolution – Petersburg 1917, Berlin 1918 | Sablowski: Klassenkämpfe in der Corona-Krise. Die Auseinandersetzung um die wirtschaftspolitischen Maßnahmen der Bundesregierung | Schütt • Haas: Corona und Mobilität. Eine Einschätzung zu den Auswirkungen des Konjunkturpakets | Brie: Gründungsdokument des wissenschaftlichen Sozialismus. Engels' *Die Lage der arbeitenden Klasse in England* als praktisch eingreifende verbindende Erzählung. **PROKLA 199: Politische Ökonomie des Eigentums:** Nuss: »Geld oder Leben«. Corona und die Verwundbarkeit der Eigentumslosen | Stützle: »Blut- und schmutztriefend«. Der diskrete Charme der Staatsgewalt: Genese und Geltung von Eigentum und Geld | Simon: Konzentration im Kommando über Kapital. | Exner: Gabe statt Tausch. Mit Solidarischer Ökonomie zur sozial-ökologischen Transformation | Maschke • Köncke | Wirtschaftsdemokratie und ihre systemischen Grenzen | Rahe: »Meine Eizelle gehört mir«. Inwertsetzung und Eigentum in der Kinderwunsch-Ökonomie | Wawzyniak: Die Form des Wirtschaftens ändern. Mit dem Sozialstaatsprinzip zu Vergesellschaftungen | Schlaudt: Piketty, die Ideologie und das Eigentum **PROKLA 198: Globale Stoffströme und internationale Arbeitsteilung:** Graf • Landherr • Puder • Rackwitz • Reitz • Seyd • Sittel • Tittor: Abhängigkeit im 21. Jahrhundert. Globale Stoffströme und internationale Arbeitsteilung | Fischer: Dependenz trifft Warenketten. Zur Überausbeutung von Arbeit im Globalen Süden | Schaffartzik • Kusche: Ökologisch ungleicher Tausch | Becker • Weissenbacher: Finanzielle Abhängigkeit der (Semi-)Peripherien | Rodríguez: Endstation China? Die globalen Stoffströme auf ihrem Weg durch die »Werkstatt der Welt« | Boatcă: Wann war die Dekolonisierung? Denk-Zettel aus der Karibik | Butollo: Kein Ende globalisierter Wertschöpfung. Warum Erwartungen an eine Rückverlagerung der Fertigung sich nicht erfüllen werden | Wendl: Zeit der Scharlatane – die Selbstzerstörung der SPD. | Lessenich: Und ewig grüßt der Maulwurf. Ein Kommentar zu Martin Kronauers Plädoyer für ein »Recht auf Arbeit« | Haas: Die Lausitz im Strukturwandel. Der Kohleausstieg im Spannungsfeld zwischen autoritärem Populismus und progressiver Erneuerung | Hürtgen: Arbeit, Klasse und eigensinniges Alltagshandeln. Kritisches zur imperialen Lebensweise **PROKLA 197: Krisen der Reproduktion:** Fritzsche • Lang: »Ein Papa, eine Mama, ganz einfach!« Eine hegemonietheoretische Analyse der Gegnerschaft zur »Ehe für alle« | Wichterich: Reproduktionskrisen, Sorgeextraktivismus und Sorgekämpfe in Indien | Kordes: Anwerbeprogramme in der Pflege | Trott: »Etwas Begehrenswertes«. Zur Reproduktion queerer Lebensweisen | Kipka • Streichhahn: Kapital gegen Leben. Plädoyer für einen politik-ökonomischen Reproduktionsbegriff | Hajek • Dück: Über die Kapitallogik hinaus – feministische Klassenpolitiken | Syrovatka: Resilienz als Fortschreibung neoliberaler Krisenbearbeitung | Kronauer: Konzepte der Teilhabe: Bedingungsloses Grundeinkommen oder Recht auf Arbeit? | Huke: Neoliberale Alternativlosigkeit, progressiver Liberalismus und der Aufstieg des autoritären Populismus | Georgi • Mayer • Roth • Vogelskamp • Wissen: Herrschaftskritik und radikale Demokratie. Zum Tod von Wolf-Dieter Narr (1937–2019).

Diese Buchhandlungen haben die PROKLA vorrätig

Augsburg: Probuch • Gögginger Str. 34 | **Bamberg**: Collibri • Austr. 14 | **Berlin**: Buchladen zur Schwankenden Weltkugel • Kastanienallee 85 | Motzbuch • Motzstr. 32 | OH*21 • Oranienstr. 21 | Pro qm • Almstadtstr. 48-50 | Schwarze Risse • Gneisenaustr. 2 | Schweitzer Sortiment • Französische Str. 13/14 | **Bielefeld**: Eulenspiegel Buchladen • Hagenbruchstr. 9 | **Bochum**: Notstand e.V. • Universitätsstr. 150 | Universitätsbuchhandlung • Brüderstr. 3 | **Bonn**: Buchladen 46 • Kaiserstr. 46 | **Braunschweig**: Guten Morgen Buchladen • Bültenweg 87 | **Bremen**: Albatros Buchversand • Fedelhören 91 | Buchladen in der Neustadt • Lahnstr. 65 B | Buchladen im Ostertor • Fehrfeld 60 | **Darmstadt**: Georg-Büchner-Buchladen • Lautenschlägerstr. 18 | **Dortmund**: Buchladen Litfass • Münsterstr. 107 | Taranta Babu • Humboldtstr. 44 | **Dresden**: Im Kunsthof • Bucher Str. 31 | **Düsseldorf**: Buchhandlung BiBaBuze • Aachener Str. 1 | **Essen**: Heinrich-Heine-Buchhandlung • Viehofer Platz 8 | **Flensburg**: Carl v. Ossietzky Buchhandlung • Große Str. 34 | **Frankfurt/M**: Karl-Marx-Buchhandlung • Jordanstr. 11 | Land in Sicht • Rotteckstr. 13 | Theo Hector • Gräfstr. 77 | Ypsilon-Buchladen • Bergerstr. 18 | **Freiburg**: Jos Fritz • Wilhelmstr. 15 | **Gießen**: Ricker'sche Universitätsbuchhandlung • Ludwigsplatz 12-13 | **Göttingen**: Buchladen Rote Straße • Nikolaikirchhof 7 | **Hamburg**: Buchhandlung im Schanzenviertel • Schulterblatt 55 | Buchladen in der Osterstraße • Osterstr. 171 | Heinrich-Heine-Buchhandlung • Grindelallee 26 | **Hannover**: Buchladen Annabee • Stephanusstr. 12-14 | **Kassel**: ABC-Buchladen • Goethestr. 77 | **Köln**: Der andere Buchladen GmbH • Weyertal 32 | Der andere Buchladen GmbH • Wahlenstr. 1 | Der andere Buchladen GmbH • Ubierring 42 | **Konstanz**: Zur Schwarzen Geiß • Am Obermarkt 14 | **Krefeld**: Der andere Buchladen • Donysiusstr. 7 | **Leipzig**: Infoladen Conne Island • Koburger Str. 3 | **Lüneburg**: Delbanco • Bessemerstr. 3 | **Marburg**: Buchhandlung Roter Stern • Am Grün 28 | **Mönchengladbach**: Prolibri-Buchladen • Schillerstr. 22-24 | **München**: Arabella Versandbuchhandlung • Wimmerstr. 5 | **Münster**: Rosta-Buchladen • Aegidiistr. 12 | **Nürnberg**: Ex Libris • Bismarckstr. 9 | **Oldenburg**: Carl-von-Ossietzky Buchhandlung • Uhlhornsweg 99 | **Osnabrück**: Buchhandlung Dieter zur Heide • Osterberger Reihe 2-8 | **Potsdam**: Buchladen Sputnik • Charlottenstr. 28 | **Ratingen**: Buchcafé Peter & Paula • Grütstr. 3-7 | **Tübingen**: Rosalux • Lange Gasse 27 | **Saarbrücken**: Der Buchladen • Försterstr. 14 | **Siegen**: Bücherkiste • Bismarckstr. 3 | **Wiesbaden**: Buchh. Otto Harrassowitz • Taunusstr. 5 | **Würzburg**: Buchladen Neuer Weg • Sanderstr. 33-35 | **ÖSTERREICH: Graz**: dradiwaberl • Zinzendorfgasse 25 | **Wien**: FRICK International • Schulerstraße 1-3 | Lhotzkys Literaturbuffet • Rotensterngasse 2 | Littrade Literaturservice • Währinger Straße 3/7

Abonnement

Wer ein Jahresabo der PROKLA abschließt, kann dies über unser Formular unter www.bertz-fischer.de/prokla-abo tun und sich dort eine Abo-Prämie auswählen.

Liebe Abonnent*innen!
Wer von euch/Ihnen umzieht, schicke uns bitte frühzeitig die neue Adresse an: prokla-abo@bertz-fischer.de – oder an:
PROKLA-Aboservice, Gneisenaustr. 33, 10961 Berlin, Tel. 030/7478 62640. **Danke!**